普通高等院校“十四五”规划教材

外贸单证实务

刘永芝　张春娇◎主　编
孙艳萍◎副主编

中国铁道出版社有限公司
CHINA RAILWAY PUBLISHING HOUSE CO., LTD.

内 容 简 介

本书详细阐述了外贸业务中常用的外贸单证的种类、内容、缮制方法，主要涉及履行合同的运输、保险、报关和报检各环节的单证制作知识与实务。全书以进出口业务过程为主线，以单证为纽带，主要介绍外贸业务中的往来函电、拟定合同、单证，以及这些单证的作用、内容和缮制等方面的基本专业知识。书中讲解注重理论联系实际，以职业能力为本位，把教学过程与具体工作的项目充分地融为一体，突出讲解外贸单证实务中的具体操作，注重能力培养。

本书可以作为高校国际经济与贸易、商务英语、经贸英语、货运与报关等专业的教材，也适合外贸从业人员岗位培训或自学使用。

图书在版编目(CIP)数据

外贸单证实务/刘永芝，张春娇主编．—北京：中国铁道出版社有限公司，2021. 6

普通高等院校“十四五”规划教材

ISBN 978-7-113-27882-3

Ⅰ. ①外… Ⅱ. ①孙… ②张… Ⅲ. ①进出口贸易-原始凭证-高等学校-教材 Ⅳ. ①F740. 44

中国版本图书馆 CIP 数据核字(2021)第 066628 号

书　　名：外贸单证实务
作　　者：刘永芝　张春娇

策　　划：潘星泉　　**编辑部电话：**(010)51873090
责任编辑：潘星泉　贾淑媛
封面设计：刘　莎
责任校对：焦桂荣
责任印制：樊启鹏

出版发行：中国铁道出版社有限公司(100054，北京市西城区右安门西街 8 号)
网　　址：http://www.tdpress.com/51eds/
印　　刷：三河市兴博印务有限公司
版　　次：2021 年 6 月第 1 版　2021 年 6 月第 1 次印刷
开　　本：787 mm×1 092 mm 1/16　**印张：**17.5　**字数：**403 千
书　　号：ISBN 978-7-113-27882-3
定　　价：45.00 元

版权所有　侵权必究

凡购买铁道版图书，如有印制质量问题，请与本社教材图书营销部联系调换。电话：(010) 63550836
打击盗版举报电话：(010) 63549461

前　言

“外贸单证实务”是国际经济与贸易类专业的主干课程之一，是从事国际贸易，尤其是外贸单证业务必须掌握的知识和技能。随着我国国际贸易的飞速发展，社会上急需大量从事外贸单证工作的人员，从而为本课程的开设和教材的编写奠定了基础。

本书详细阐述了外贸业务中常用的外贸单证的种类、内容、缮制方法，主要涉及履行合同的运输、保险、报关和报检各环节的单证制作知识与实务，以进出口业务过程为主线，以单证为纽带，主要介绍外贸业务中的往来函电、拟定合同、单证（信用证、发票、装箱单、提单、保险单、产地证、汇票及其他相关单据），以及这些单证的作用、内容和缮制等方面的基本专业知识。本书在编写时注重理论联系实际，以职业能力为本位，把教学过程与具体工作的项目充分地融为一体，围绕具体的项目构建教学内容体系，突出讲解外贸单证实务中的具体操作，注重能力培养。一方面，在各章内容的编写过程中运用较多的单证和案例，先直观展示企业实际工作情境，让学生感知并产生兴趣，然后剖析流程和制作范本单证，详细说明知识点，让学生认知单证的缮制并掌握该环节的理论；另一方面，配以实训练习，既可以让学生对相应的知识点进行巩固练习，也有助于开拓学生外贸单证操作的思路。

本书专业性、实用性、系统性与全面性兼具，能力点和知识点相结合，目标是使读者储备一定的外贸专业理论知识，培养其熟练的制单技能，使其能够熟练处理外贸单证各个环节的问题，并具备一定的语言能力。为了帮助读者更好地理解外贸单证的理论知识和实务操作，本书在附录中增加了最新版的《跟单信用证统一惯例（UCP600）》、《国际贸易单证样本》、《世界各国（地区）货币代码》和《国别编码》等，以供读者参考。

本书由长期从事国际经济与贸易专业教学的资深教师编写而成，刘永芝（哈尔滨华德学院）、张春娇（黑龙江工商学院）担任主编，孙艳萍（哈尔滨华德学院）担任副主编。具体章节分工如下：第一、二、三、五、七章由孙艳萍编写，第四、十一章及附录A～附录D由张春娇编写，第六、八、九、十章由刘永芝编写。本书在编写过程中，参考了国内外有关的著作，谨此致谢。由于编者的水平所限，疏漏之处在所难免，恳请同行专家与读者不吝赐教。

编　者

2021年2月

目　　录

第一章 导　论

【本章导读】

国际贸易实务和国际贸易单证是密不可分的。

一方面，在国际贸易业务中，买卖双方身处不同国家或地区，在交易磋商、合同的履行、货物和货款的交接过程中，交易双方没必要、也不可能始终面对面沟通，但是，卖方又必须通过某种方式证明自己履行了交货义务，因此，目前绝大多数外贸业务采用“象征性交货”方式进行交易。所谓“象征性交货”，实质是“卖方凭单交货，买方凭单付款”，即单据代表货物，卖方以提交符合合同或信用证的单据作为按时、按质、按量交货的凭证；如果卖方提交的单据不符合规定，则买方和银行有权拒付货款。

另一方面，从贸易合同的签订到合同履行完毕，整个贸易流程要经过备货、报关、装运、保险、收汇和提货等几十个步骤，要分别和工厂、海关、运输部门、保险公司、银行和政府部门发生业务往来，每个环节都需要相应单证的缮制、处理和交接，以满足各部门和单位的需要，以及配合国家的相关外贸管理政策。

所以，国际贸易单证是国际贸易的核心。单证业务贯穿买卖双方履行贸易的始终。单证是买卖双方凭以交接货物、收付货款的依据，可保证进出口贸易顺利进行。

【学习目标】

通过本章学习，使学生能够了解国际贸易流程和国际贸易单证流程，掌握国际贸易单证的基本概念和分类，理解国际贸易单证工作的意义和发展趋势。

【关键概念】

单证（Documents）　相符交单（Complying Presentation）

第一节 外贸单证概述

一、单证的概念和作用

单证(Documents),基本含义为“官方文件”,此外还有“证明”“证据”的意思。国际贸易单证,是指在国际结算中应用的单据、文件和证书等,凭借这种文件来处理国际货物的交付、运输、保险、商检、报关和结汇等。从广义上讲,指文件和凭证;从狭义上讲,指单据和信用证。

由于国际贸易大多采用凭单交货、凭单付款的方式,因此,单据是国际贸易的核心,在出口业务中做好制单工作,对安全及时收汇意义重大。具体而言,单证的作用体现在以下几点。

1. 单证是国际结算的基本工具

在国际贸易实践中,结算方式可以有汇付、托收和信用证等,但无论采用何种方式,出口商要想收回货款,都必须向付款人提供所要求的结汇单据。由于大多数交易都采用“象征性交货”的方式,因此,出口商签发、提交的单据正确与否,很大程度上影响着能否安全、顺利收汇。

《UCP600》(《跟单信用证统一惯例》)第五条中规定:在信用证业务中,各有关当事人处理的是单据而不是有关的货物、服务或其他行为。这就是说,当开证行或其指定的银行收到单据时,必须审核单据,确定单据内容与信用证表面相符,否则,银行可以拒收单据,拒付货款。

《URC522》(《托收统一规则》)中指出:托收是指银行根据所收到的指示处理金融单据和/或商业单据,以便于取得付款和/或承兑。为此,银行必须确定它所收到的单据与托收指示书中所列内容表面相符,若发现单据有任何缺陷,都必须通知指示方,不得延误。

2. 单证是合同履行的必要手段和凭证

目前大多数的国际贸易主要表现为单据的买卖。在卖方履行备货、报验、报关、装运的各个环节,都有与之相对应的单据的缮制或取得,一是满足运输、银行、保险、商检、海关及政府有关部门对出口贸易的管理等多方面的要求,二是以此证明卖方按时、按质、按量交货和履行合同。按《联合国国际货物销售合同公约》的规定,出口商不仅有交付货物的义务,同时也有移交单据的义务,因此出口商递交有关单据,是其履行合同义务的一个方面。卖方交单意味着交付了货物,而买方付款则是以得到物权凭证为前提,以单证为核心。所以,单证和货款对流的原则是国际贸易中商品买卖的一般原则。

3. 单证是经营管理的重要环节

进出口企业经营与单证管理关系很大。在国际贸易中,企业一方面要在内部各部门之间协调工作,另一方面,要和海关、商检、银行、保险、运输、外汇管理局和税务局等多个部门打交道,需要与这些机构相互协调配合,任何一个环节出错,都可能影响到相应单证的及时出具，从而影响到结汇。因此单证工作既是为贸易全过程服务，也是为争取迅速安全收汇而进行的细致而又烦琐的工作。外贸企业经营管理得好坏与单证工作组织管理的优劣有很大的关系。管理得好，就能保障经营成果，加快结算速度，也能得到利息上的外汇收益；管理得差，导致延迟交单，必然有暗耗、利息等损失，甚至可能会导致无法收汇，给企业带来更大的经济损失。

因此，单证就是外汇。外贸企业对单证工作的管理好坏，直接关系到企业制单工作的效率和质量，单证制作得标准与否，直接关系到企业能否顺利收回货款。因此，单证工作是企业经营管理的重要环节，单证工作的管理能体现企业经营管理的质量。

4. 单证是融资的手段

由于单证是外贸结算的基本工具，特别在信用证支付方式下，单证中往往都有凭以提货的物权凭证。物权凭证即货物所有权的凭证，其特性是可以通过背书转让单据的权利。这样，如果进出口双方资金紧张，就可以通过背书的方法转让单据，提前获得融资。

二、外贸单证的分类

关于国际贸易单证的分类，不同的国际贸易惯例有不同的规则，同时，外贸界也有不同的分类方法。下面介绍几种比较典型的分类方式。

1.《托收统一规则》(URC522)的分类

(1)金融单据：具有货币属性，汇票、支票、本票或其他用于取得付款资金的类似凭证。

(2)商业单据：除了金融单据以外的所有单据，包括基本单据和附属单据。

①基本单据是指在国际贸易中必不可少的单据，如商业发票、海运提单和保险单等。

②附属单据是指在国际贸易中根据不同业务需要或规定，要求出口方特别提供的单据。一般因进口国家或地区、产品特性和运输方式的不同而异。

进口国官方要求的单据：领事发票、海关发票和原产地证明等。

买方要求的单据：装箱单、重量单、品质证书、寄单证明、寄样证明、装运通知和船龄证明等。

2.《跟单信用证统一惯例》(UCP600)的分类

(1)运输单据：海运提单、非转让海运单、租船合约提单、多式联运单据、空运单据、公路铁路内河运输单据、快递和邮包收据和运输代理人的运输单据等。

(2)保险单据：保险单、保险凭证、承保证明和预保单等。

(3)商业发票。

(4)其他单据：包括装箱单、重量单和各种证明书。

3. UN/EDIFACT 的分类

EDI 国际通用标准将国际贸易单证分为九大类：生产单证、订购单证、销售单证、银行单证、保险单证、货运代理服务单证、运输单证、出口单证、进口和转口单证。

4. 按单证的作用分类

按照单证的作用分类，外贸单证分类如表 1－1 所示。

表 1－1　外贸单证的分类

单据分类	主要单据
商业单据	商业发票、形式发票、包装单据
运输单据	海运提单、海运单、多式联运单据、航空运单、铁路运单
保险单据	保险单、预约保险单、保险凭证
金融单据	汇票、本票、支票
官方单据	出口许可证、商检证书、原产地证明书、海关发票、领事发票
附属单据	受益人证明、寄单证明、装运通知、寄样证明、船公司证明

5. 按单据在结汇时的需要分类

按单据是否属于结汇时需要，分为结汇单证和非结汇单证。结汇单证是指在国际贸易结算中所使用的各种票据、单据和证明的统称。非结汇单证是指在国际贸易中办理出口手续时所使用的各种单据、证书和文件，表 1－2 列出结汇单据与非结汇单据的关系。

表 1－2　结汇单据与非结汇单据

序号	非结汇单证	结汇单证	涉及的机构
1	出口许可证		商务厅
2		商业发票、装箱单	外贸企业自行缮制
3	托运委托书、托运单	海运提单	运输(物流)公司
4	报检单	检验检疫证书	出入境检验检疫局
5	原产地证明书申请书	一般原产地证明书 普惠制原产地证明书	出入境检验检疫局 国际贸易促进委员会
6	报关单		海关
7	货物运输投保单	保险单、保险凭证	保险公司
8		汇票	银行
9	出口收汇核销单		外汇管理局

三、与外贸单证相关的国际贸易惯例

1.《UCP 600》

《跟单信用证统一惯例》(2007 年修订版)，英文全称是 *Uniform Customs and Practice for Documentary Credits*，由国际商会(International Chamber of Commerce，ICC)起草，并在国际商会 2006 年 10 月巴黎年会通过，新版本于 2007 年 7 月 1 日起实施。

该惯例是信用证领域最权威、影响最广泛的国际商业惯例，包括了 39 个条款。它对信用证方式下各当事人的职责、权利和义务，主要信用证单据填写、提交的要求以及一些有关单据的特殊规定等都做了比较详尽的规定，对于统一、规范信用证支付的操作，起着不可替代的重要作用。

2.《ISBP681》

《国际标准银行实务》，全称为《关于审核跟单信用证项下单据的国际标准银行实务》(*International Standard Banking Practice for the Examination of Documents under Documentary Credits*，简称 ISBP)。

ISBP 是国际商会在信用证领域编纂的国际惯例，ISBP 不仅是各国银行、进出口公司信用证业务单据处理人员在工作中的必备工具，也是法院、仲裁机构和律师在处理信用证纠纷案件时的重要依据，它的生效在各国的金融界、企业界、法律界产生重大影响。

为配合《UCP600》的实施，国际商会在 2007 年颁布施行针对新颁布实施的《UCP600》条文，有针对性地对于《ISBP645》的相关条文也作了相应的更新，更新为《ISBP681》，这个出版物已经成为《UCP600》的必要伴侣，用以审核单据和信用证的相符性，它就像一部通俗化了的《UCP600》。因此，《ISBP681》不失为信用证单据业务中不可或缺的国际惯例。

3.《URC 522》

《托收统一规则》英文全称是 *the Uniform Rules for Collections*，简称为 URC。国际商会为统一托收业务的做法，减少托收业务各有关当事人可能产生的矛盾和纠纷，曾于 1958 年草拟《商业单据托收统一规则》。为了适应国际贸易发展的需要，国际商会在总结实践经验的基础上，1978 年对该规则进行了修订，改名为《托收统一规则》(*The Uniform Rules for Collection, ICC Publication No. 322*)，1995 年再次修订，称为《托收统一规则》国际商会第 522 号出版物(简称《URC522》)，1996 年 1 月 1 日实施。《托收统一规则》自公布实施以来，被各国银行所采用，已成为托收业务的国际惯例。

《托收统一规则》共 7 部分 26 条，包括总则及定义、托收的形式和结构，提示方式，义务与责任，付款，利息、手续费及其他费用，其他规定。根据《托收统一规则》规定托收意指银行根据所收的指示，处理金融单据和/或商业单据，目的在于取得付款和/或承兑，凭付款和/或承兑交单，或按其他条款及条件交单。上述定义中所涉及的金融单据是指汇票、本票、支票或其他用于付款或款项的类似凭证；商业单据是指发票、运输单据、物权单据或其他类似单据，或除金融单据之外的任何其他单据。

4.《Incoterms 2010》

《国际贸易术语解释通则》，英文全称是 *International Rules for the Interpretation of Trade Terms*，缩写 Incoterms，是国际商会为统一各种贸易术语的不同解释于 1936 年制定的，随后，为适应国际贸易实践发展的需要，国际商会先后于 1953 年、1967 年、1976 年、1980 年、1990 年、2000 年、2010 年和 2020 年进行过多次修订和补充。

《2010 年国际贸易术语解释通则》(*International Rules for the Interpretation of Trade Terms 2010*，缩写 Incoterms 2010)是国际商会根据国际货物贸易的发展，对《2000 年国际贸易术语解释通则》的修订，2010 年 9 月 27 日公布，于 2011 年 1 月 1 日实施。本书主要对此版本进行介绍。

《2010 年国际贸易术语解释通则》删去了《2000 年国际贸易术语解释通则》4 个术语：DAF (Delivered at Frontier，边境交货)、DES (Delivered Ex Ship，目的港船上交货)、DEQ

(Delivered Ex Quay,目的港码头交货)、DDU (Delivered Duty Unpaid,未完税交货),新增了两个术语:DAT(Delivered at Terminal,在指定目的地或者目的港的集散站交货)、DAP (Delivered at Place,在指定目的地交货),即用 DAP 取代了 DAF、DES 和 DDU 三个术语,DAT 取代了 DEQ,且扩展至适用于一切运输方式。

修订后的《2010 年国际贸易术语解释通则》取消了“船舷”的概念,卖方承担货物装上船为止的一切风险,买方承担货物自装运港装上船后的一切风险。在 FAS、FOB、CFR 和 CIF 等术语中加入了货物在运输期间被多次买卖(连环贸易)的责任义务的划分。考虑到对于一些大的区域贸易集团内部贸易的特点,《Incoterms 2010》不仅适用于国际销售合同,也适用于国内销售合同。

《2010 年国际贸易术语解释通则》共有 11 种贸易术语,按照所适用的运输方式划分为两大类,具体如表 1-3 所示。

表 1-3 Incoterms 2010 的 11 种贸易术语

适用于任何运输方式类(Any Mode of Transport)		
EXW	Ex Works	工厂交货
FCA	Free Carrier	货交承运人
CPT	Carriage Paid To	运费付至目的地
CIP	Carriage and Insurance Paid To	运费、保险费付至目的地
DAT	Delivered At Terminal	指定终端交货
DAP	Delivered At Place	指定目的地交货
DDP	Delivered Duty Paid	完税后交货
仅适用于水运类(Sea and Inland Waterway Transport Only)		
FAS	Free Alongside Ship	装运港船边交货
FOB	Free On Board	装运港船上交货
CFR	Cost and Freight	成本加运费
CIF	Cost, Insurance and Freight	成本加运保费

第一类:适用于任何运输方式的术语七种:EXW、FCA、CPT、CIP、DAT、DAP、DDP。

第二类:适用于水上运输方式的术语四种:FAS、FOB、CFR、CIF。

第二节 外贸单证操作流程

外贸单证是国际贸易活动中最重要的组成部分,国际贸易中的商品交易一般都采取凭单交货、凭单付款的形式。由于国际贸易的复杂性,很难实现国内贸易常用的货物与货款的同时对流形式。尽管在国际贸易中买卖双方交易的是商品,但是在交货和结算过程中,基本上都是以单证为依据的。单证业务贯穿于进出口合同履行的整个过程,如图 1-1 所示。外贸单证的流转过程也就是买卖双方履约的过程,因此进出口双方在此过程中必须注意加强合作,把各项工作做到精确细致,尽量避免工作脱节、单证不一致的情况。

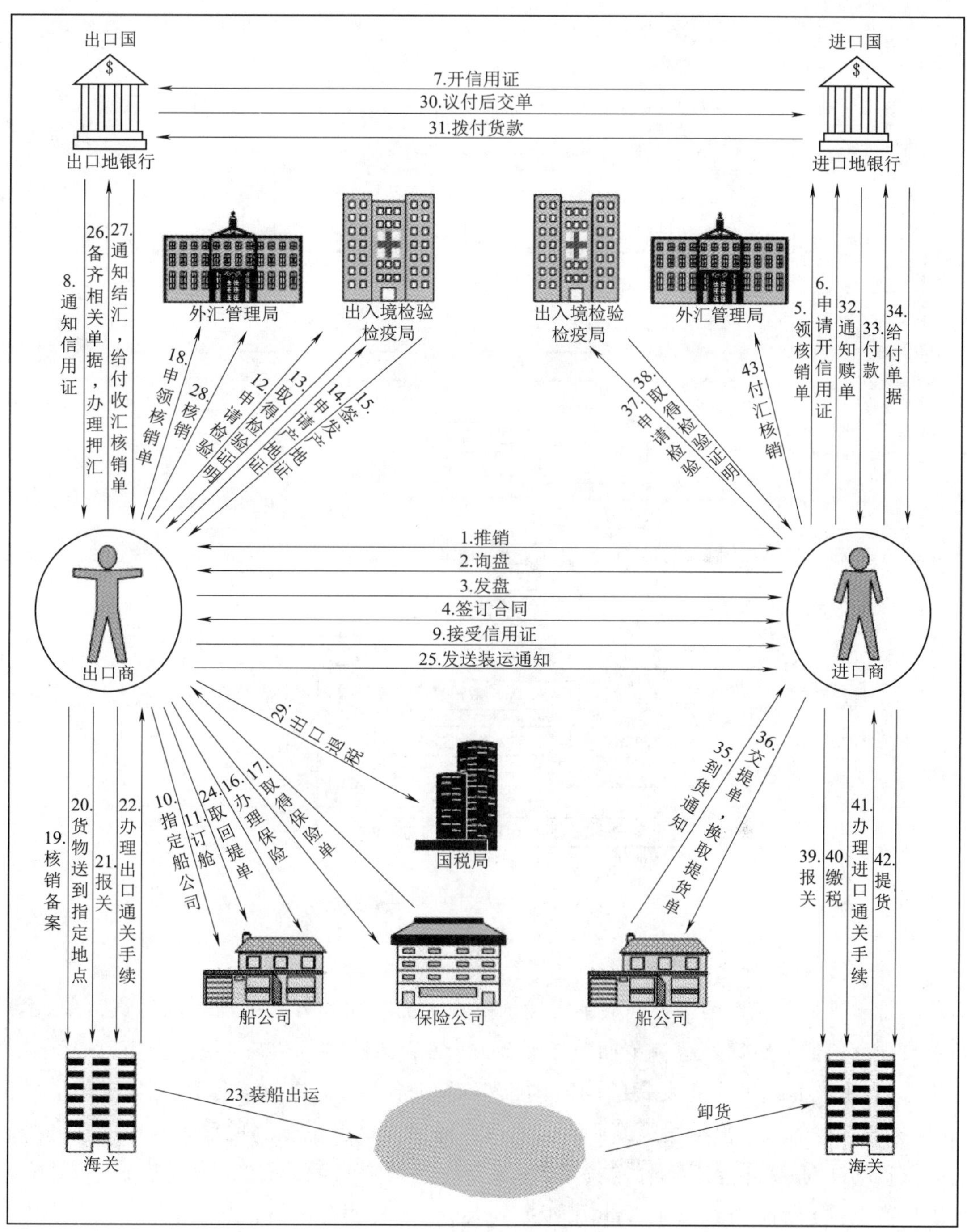

图 1－1　外贸单证程序

一、出口单证工作程序（一般贸易、CIF、L/C）

假设贸易双方采用信用证付款方式，在履行这类出口合同时，出口单证工作必须切实做好货（备货、报验）、证（催证、审证、改证）、运（托运、报关、保险）、款（制单结汇）四个基本环节的工作，如图 1－2 所示。同时还应密切注意买方的履约情况，以保证合同最终得以圆满履行。

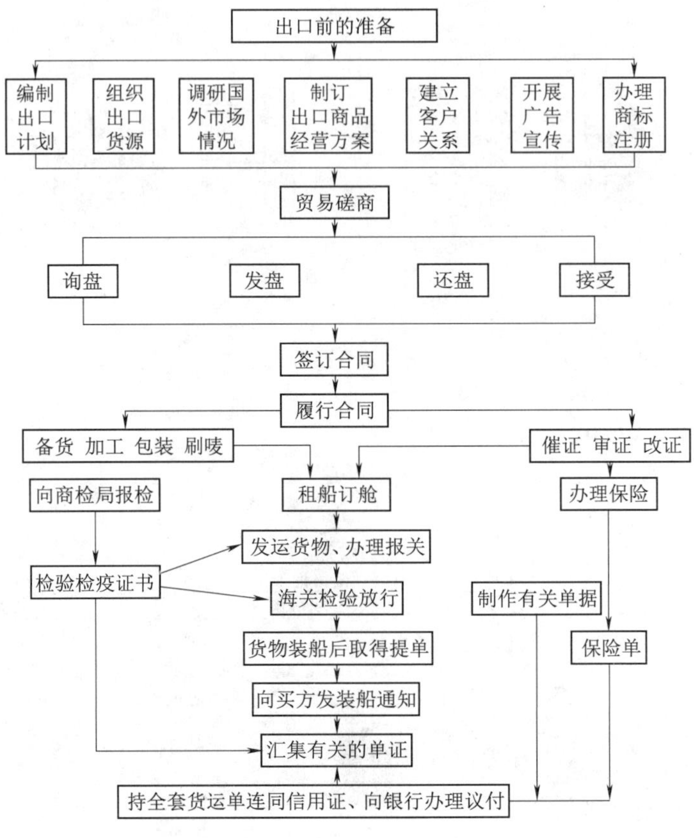

图 1－2　出口单证流程图

1. 收发订单与备货

本阶段进口商应按销售合同或销售确认书规定的时间和方式向出口商发送订单，出口商在收到订单后一般需发送订单回执予以确认，然后向国内的供应商或生产商订货，签订购货合同，生产商或供应商发货的同时向出口商和税务部门提供增值税发票或相应的证明，税务部门凭借该增值税发票或证明向出口商提供出口退税专用税票。生产商在向外贸仓库发货的同时，要求仓库签收送货单，外贸仓库收到货物后，向出口商签发进仓单，然后由出口商根据仓单向外经贸主管部门和税务局进行购货库存申报，以作为在该批货物出口以后向以上两个部门进行退税申报的依据。

2. 催证、审证与改证

在备货的同时，出口商应对外抓紧催开信用证，收到信用证后，必须立即对信用证号码、合同号码、开征申请人、开证银行、总金额、装运期和效期等进行登记，之后，在银行审证的基础上，对信用证进行全面、认真和仔细的审核，若发现信用证中有与合同规定不符或与我国相关制度不符或其他影响及时安全收汇的条款，必须立即要求对方进行修改，在确保收到修改书后再组织发货。

3. 缮制商业发票和装箱单

商业发票是出口单据的核心，其他单据的主要内容都是根据发票制作的。装箱单指装箱单、重量单和尺码单等，是商业发票的补充单据。发票缮制好之后，根据需要可以缮制与本批货物有关的出口许可证或配额许可证以及外汇核销单等，供出口报关备用。

4. 缮制出口报检单

出口商备齐货物，将货物按照合同规定包装并刷制好运输标志准备装运，在装运之前，若属法定检验或双方约定检验的商品，应在出口货物报关前 10 天向当地出入境检验检疫机构申报检验，报验时，应缮制“出口商品检验申请单”，并随附有关合同、商业发票、装箱单或重量单和信用证副本。实际业务中，为了简化手续，有时可以用商业发票副本和报关单代替，相应的，商检局也只在商业发票副本、报关单上加盖商检局的合格印章，海关据此放行，但若信用证中规定必须出具商检证书作为议付单据之一，则应照此办理。

5. 缮制运输单据

(1)在 CFR 或 CIF 条件下，在出口货物装运完毕并收到外运公司的配舱回单后，出口商需要缮制海运提单(Bill of Lading)，再把海运提单送交承运人由其签发，海运提单是重要的物权证明。

(2)在空运情况下，由航空公司凭出口商的“空运货物委托书”内容缮制并签发“航空运单”(Airway Bill)。

(3)在陆路运输的情况下，由外运公司缮制并签发“承运货物收据”(Cargo Receipt)。

(4)在大陆桥运输的情况下，由外运公司缮制并签发“联合运输单据”(Combined Transport Documents)。

上述单据是出口商向银行议付的最重要的单据之一，应严格按合同和信用证的规定缮制，同时，在货物装运后，出口商应及时向进口商发出装运通知，使对方及时掌握装运信息，做好相关准备。

6. 缮制保险单证

以 CIF 或 CIP 条件成交的合同，在货物集港之前出口商应该缮制投保单，凭此向保险公司申请办理保险，并取得相应的保险单。保险单由保险公司缮制和签发，在实际操作中，大多由出口企业按要求制好后交给保险公司签发。

7. 缮制出口货物报关单并报关

货物出运前 24 小时(集装箱货物应于货物出运 3 天前)，出口企业应填写“出口货物报关单”随附合同、商业发票、装箱单、装运单或运单、出口收汇核销单及出境货物通关单等，如有需要，还需提供出口许可证等特殊管理证件。

8. 审单与交单结汇

各种单证缮制或获取完毕后，单证员要对所有单证全部审核一遍。单证的审核方法有纵横审单法、先数字后文字审单法、按装运日期审单法、分地区客户审单法、先读后审法和先审后读法等几种方法。在确认单证完备、单证一致、单单一致、单同一致后，应在信用证的有效期和交单期内向当地银行交单议付。

二、进口单证工作程序(一般贸易、FOB、L/C)

假设贸易双方以信用证方式结算货款。履行这类进口合同的一般程序是：签订贸易合同、开立信用证、租船订舱、装运、办理保险、审单付款、接货报关、检验和索赔等事项。进口单证流程图如图1－3所示。进口商应与卖方及本国各有关部门密切配合，逐项完成。

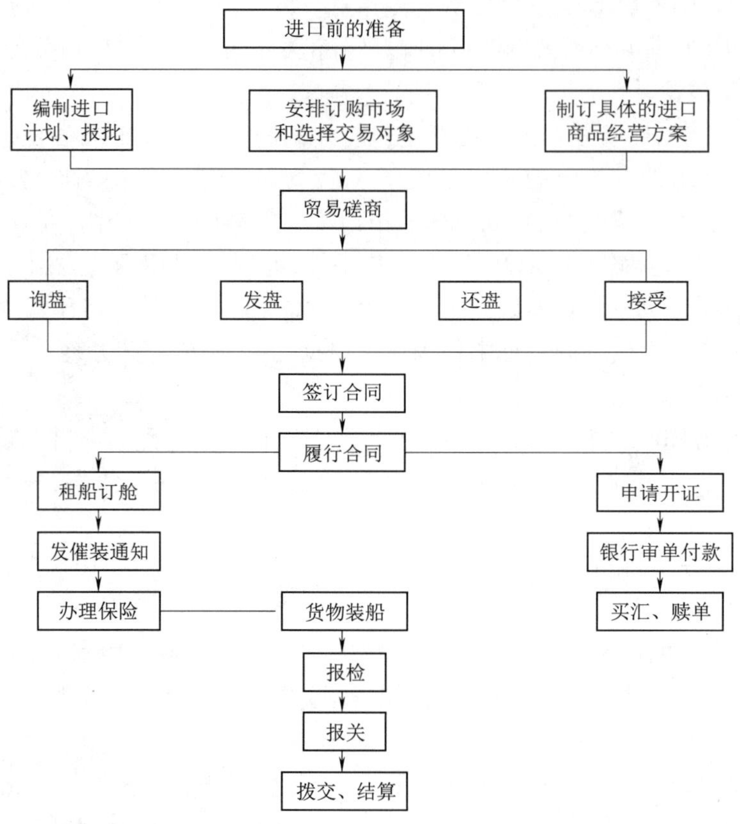

图1－3　进口单证流程图

1. 申请开立信用证

进口合同签订后，进口商应该按合同规定的时间向银行申请开立信用证，到开证行填写开证申请书，开证申请书的内容包括两部分：第一部分是请求银行开立信用证的内容，这一部分内容应与合同条款相一致；第二部分为进口商对开证行的声明，明确双方的责任。

在进口业务实践中，银行会按照开证申请人在银行的信用情况，对其提出的开证申请按比例收取开证保证金，以此降低银行的风险，确保开证申请人在银行付款后及时付款赎单。对于资信良好的开证申请人，银行会按照事先与其签订的授信合同的规定，在其申请开证时按比例减免开证保证金，最高可减免100%。

2. 开证和改证

银行应开证申请人的申请开出信用证并寄交国外通知行，通知行对信用证审核后将其转交给出口商，若信用证需要修改，应立即由开证申请人向开证行递交修改申请书，要求开证行办理修改手续。

3. 租船定舱与投保

1）租船定舱

以FCA或FOB贸易术语成交的进口合同，进口商在接到卖方预计装运日期的通知后及时办理租船定舱手续，并将船名、航次及船期通知出口商，以便出口商备货装运。

2）投保

按 FOB、CFR、FCA 和 CPT 条件成交的进口货物，由进口企业自行办理保险。为简化投保手续和避免漏保，一般采用预约保险的做法，即被保险人（投保人）和保险人就保险标的物的范围、险别、责任、费率以及赔款处理等条款签订长期性的保险合同。投保人在获悉每批货物起运时，应将船名、开船日期及航线、货物品名及数量、保险金额等内容，书面定期通知保险公司。保险公司对属于预约保险合同范围内的商品，一经起运，即自动承担保险责任。

未与保险公司签订预约保险合同的进口企业，则采用逐笔投保的方式，在接到国外出口方的装船通知或发货通知后，应立即填写“装货通知”或投保单，注明有关保险标的物的内容、装运情况、保险金额和险别等后交保险公司，保险公司接受投保后签发保险单。

4. 审单付汇

信用证项下的全套单据经进口方银行审核后送交进口企业，再经进口企业审核认可后，银行即对外付款或承兑。托收（D/P、D/A 等）项下的货运单据也由银行转交给我方进口企业，但不管是出口方的托收银行或是进口方的代收银行，均不负单据审核之责，进口企业更有必要加强审核。

无论信用证或托收，就我国的情况，进口企业的审核往往是终局性的。经过审核，如发现单据不符或有异状，应通过银行及时提出或说明拒绝承兑的理由。

5. 进口报关

货物运达进口方指定目的地后，进口企业应立即缮制“进口货物报关单”并附进口许可证（或类似性质的文件）正本、贸易合同、进口发票、装箱单和运输单据等副本，向进口地海关申报进口，经海关查验单据和货物相符、核定进口关税，进口单位付清关税及附加税后即可凭正本运输单据或有关证明向承运企业或其代理办理提货。

6. 货物到达后的检验

货物到达后，进口企业应抓紧做好数量和质量的检验工作，属于法定检验商品必须由商检局检验。在合同索赔有效期内取得商检局检验证书，列入国家规定的动植物检疫范围的进口货物，应申请进行消毒和检疫、货物卸下后发现有残损的，须及时通知保险公司作残损检验并协商赔款事宜。

7. 索赔

进口货物经过检验后如发现属于卖主责任的数量短缺或质量不符等情况，须在合同索赔有效期内向卖方提出索赔，索赔时须提供检验证明书和发票、提单等货运单据副本。

第三节　外贸单证工作

一、《UCP600》对于外贸单证审核的要求

《UCP600》第二条规定：就本惯例而言，信用证指一项不可撤销的安排，无论其名称或

描述如何,该项安排构成开证行对相符交单予以承付的确定承诺。《UCP600》的特点确立了“相符交单”的原则,它不同于《UCP500》的“单证相符”“单单相符”的原则。

对于单据的审核标准《UCP600》第二条同时指出,所谓相符交单,“指与信用证条款、本惯例的相关适用条款以及国际标准银行实务一致的交单”。这里涉及与信用证条款《UCP600》的相关适用条款和国际标准银行实务的三个一致。

单据审核标准的不同是产生信用证纠纷的一个重要因素。长期以来,人们对不符点的认定存在较大的差异,如对“拼写错误、字母遗漏”等轻微的不符能否构成足以拒付的不符点存在不一致的看法。单证之间和单单之间相符到何种程度才算一致,形成两个标准,一个是“严格相符”,一个是“实质相符”。“严格相符”要求单据和信用证之间逐字逐句完全相同,然而实务中完全相符的单证并不多。“实质相符”是指实质性问题相符即可,只要单据中的不一致不会对申请人造成损害,就不构成不符点,但实质相符的标准却难以掌握。在贸易实务中,当信用证项下的进口货物价格下跌,申请人认为无利可图时,会要求开证行找出细微的、非实质性的不符点而拒付。这不仅会损害开证行的声誉,也极易给申请人以可乘之机,使银行卷入商务纠纷,违背信用证的独立性原则。

《UCP600》第十四条“单据审核标准”d 款指出:“单据中的数据,在与信用证、单据本身以及国际标准银行实务参照解读时,无须与该单据本身中的数据、其他要求的单据或信用证中的数据等同一致,但不得矛盾。”这就意味着,相符交单是指“实质相符”,而非“严格相符”。这就使《UCP600》的“相符交单”审单标准的掌握尺度,变得比较宽松了。这样《UCP600》就从理论和实践上解决了自 1994 年以来人们在执行《UCP500》中的难题。它将使信用证的拒付率大大降低,将有力地促进当代国际贸易的发展。

虽然审单的标准变得比较宽松了,但并不等于说可以无限制地放松标准,对于质量不好和极大短重的商品还是不能放过,必须拒付货款、拒收货物。

二、外贸单证工作的具体要求

1. 正确

外贸单证的正确性是外贸单证工作最重要也是最基本的一个要求。这里所说的正确,是指单证要符合合同和信用证的规定,同时也要符合有关国际惯例和法律的要求,即所谓“单证一致,单单一致”,其次是“单货一致”。从银行的角度来说,它们只控制“单证一致”和“单单相符”;而对于出口商来说,则除以上三个一致外,还有一个“单货一致”需要严密控制。只有这样,单证才能真实代表出运的货物,确保履约正常,安全收汇。外贸单证的正确性具体表现为以下几个方面。

(1)单据与合同的规定相符。

(2)单据与信用证的规定相符。

(3)单据与单据的内容相符。

(4)单据与实际装运的货物相符。

(5)单据与有关国际惯例、法律的规定相符。

(6)单据与进口国/出口国有关法令、行政规章的规定相符。

2. 完整

外贸单证的齐全和完整是构成单证合法性的重要条件之一。外贸单证的完整性主要表现在以下几个方面。

(1)单证的份数完整。份数完整指每一种单证要按要求制作正本××份,副本××份,如,信用证规定提单的份数为"Full set of B/L"(全套提单),按照《UCP600》的规定,卖方应提供包括一份或一份以上的正本提单,如果信用证规定"Sole B/L"(单份提单),则卖方提供一份正本提单即可。

(2)单证的内容完整。任何单证都有其特定的作用,这种作用是通过单据本身的格式、项目、文字和签章等来体现的,所以要求制单时对其中内容描述、应列项目、文字拼写、语句表达以及签章或背书等都要完整、不可遗漏。否则就不能构成有效文件,也就不能为银行接受。

(3)单证的种类完整。各种所需的单证必须完备齐全,不可短缺。比如,按FOB成交的合同,卖方必须提供装运单据,而按CIF成交的合同,卖方除了提供装运单据以外,还必须提供保险单据。

3. 及时

外贸单证工作的时间性强,如制单工作不及时,将会影响到运输、商检、海关监管和港口作业等多部门的工作,轻则打乱了工作秩序,重则造成巨大的经济损失。

一方面,各种单据的出单日期须及时、有序和合理,要符合信用证规定的有效期限或按商业习惯的合理日期,如保单的出单日不得迟于提单的签发日、提单的签发日不得晚于装运期限、装运通知必须在货物装运后立即发出等,这些日期如果搞错了,就会造成单单不符或单证不符,影响安全及时收汇。

另一方面,全部单据制作完毕,要及时交单议付,信用证条件下尤其应注意交单议付日期不得超过规定的信用证有效期,按《UCP600》,如信用证没有规定交单议付期,则银行将拒收迟于运输单据出单日期21天后提交的单据,并不得迟于信用证到期日。过期提单将遭拒付或造成利息损失。

各种单据的签发日期应符合逻辑性和国际惯例,通常提单日期是确定各单据日期的关键,汇票日期应晚于提单、发票等其他单据,但不能晚于L/C的效期。各单据日期关系如下:

(1)发票日期应在各单据日期之首。

(2)提单日期不能超过L/C规定的装运期,也不得早于L/C的最早装运期。

(3)保险单的签发日应早于或等于提单日期(一般早于提单2天),不能早于发票日期。

(4)装箱单应等于或迟于发票日期,但必须在提单日之前。

(5)原产地证明书不早于发票日期,不迟于提单日。

(6)商品检验检疫证书日期不晚于提单日期,但也不能过分早于提单日,尤其是鲜货、容易变质的商品。

(7)受益人证明:等于或晚于提单日。

(8)装船通知:等于或晚于提单日后3天内。

(9)船公司证明:等于或早于提单日。

4. 简明

外贸单证内容要力求简洁明了，各项内容布局合理，层次分明，重点项目醒目突出，避免复杂烦琐。这样不仅可以减少工作量和提高工作效率，而且也有利于提高单证质量，减少差错。如商品名称，除非信用证有特别规定，只要发票使用商品的具体名称即可，其他所有单据均可使用统称。

为防止单证内容复杂化引起混淆和误解，《UCP600》规定银行应劝阻在信用证中列入过多细节的内容，并对“非单证化条款”作出“银行可不予置理”的规定。

5. 整洁

整洁，是指外贸单证表面的清洁、整齐、美观、大方；单证内容的清楚易认、一目了然。单证内容记述的简明，从某种角度上来说，反映了一个企业的业务水平。单证是否整洁，不但反映出制单人制单的熟练程度和工作态度，而且还会直接影响到出单的效果。因此，要求在制作单据时，单据格式的设计和缮制力求标准化和规范化，单证内容的排列要行次整齐、主次有序、重点突出、字迹清晰、语法通顺、文句流畅、词句简明扼要、恰如其分。制作单据时，不能在一份单据上多次涂改，如有更改处一定要盖校对章或手签。如涂改过多，应重新缮制单据。外贸单证的整洁主要从以下几个方面反映出来。

(1)单证的表面整洁、清晰。

(2)单证内容的排列整齐。

(3)单证上的字迹清楚、易认。

(4)单证无更改或涂改。

(5)单证的整洁性要求尽量减少或避免差错，即使允许更改的，也不得随意更改。涂改、多次涂改会影响出单效果。对于一些重要的单证，如汇票、提单以及单据的主要项目如货物的数量、重量、金额等则不能改动，如有差错，最好重新制作。

三、外贸单证工作的发展特点

早在20世纪50年代，国际上就出现单证改革的浪潮。近年来随着科学技术的进步，一些新的科学技术逐渐被应用于国际贸易领域，为单证的改革创造了条件。如大量的信用证传递已经运用环球银行金融电讯协会网络系统(Society For World Wide Interbank Financial Telecommunication，简称SWIFT)，国际电话和传真技术得到广泛应用。目前，由于网络技术的发展和网络应用的普及，电子商务正受到世界各国政府和企业的重视。EDI作为电子商务的一项应用技术，在国际商务活动中得到越来越广泛的应用，使得外贸单证的制作、传递和交接更为快捷和方便。

1. 外贸单证标准化

国际贸易是当今世界最大的经济活动。外贸单证是国际贸易中的重要组成部分。外贸单证标准化主要是指单证格式和所记录数据的标准化。联合国贸易和发展会议和WTO的测算结果表明，外贸单证的平均费用占国际贸易总额的8%；如果严格实施外贸单证标准，将节省其中50%的费用。

1960年成立的联合国贸易简化与电子业务委员会(UN/CEFACT)，是研究、制定、发布和推广国际贸易程序简化与标准化的机构。1982年，联合国贸易简化委员会正式向联合国各成员国推荐使用《联合国贸易单证样式(UNLK)》。1985 年,ISO 将它采纳为国际标准,即《ISO6422》(《国际贸易单证样式》)。联合国贸易简化委员会在随后几年又相继推出了若干项有关国际贸易单证的国际标准,这些标准均以《国际贸易单证样式》为基准。目前共发布了 35 份建议书、7 套标准和 5 套技术规范,形成了一套全球统一的单证标准体系。从 20 世纪 80 年代末开始,随着网络技术和信息技术的发展,国际贸易数据交换已经由过去传统的纸面数据交换过渡到电子数据交换。

为了与国际惯例接轨,我国于 1993 年根据《ISO6422》起草了《国际贸易单证样式》国家标准(即 GB/T 14392—1993),同年发布实施。随着近年来我国国际贸易的发展,原标准部分内容已不适用。于是,我国于 2009 年 11 月对该标准进行了修订,修订后的标准(即 GB/T 14392—2009)于 2010 年 2 月 1 日起实施。

1999 年 10 月,我国电子业务标准化技术委员会成立,秘书处设在中国标准化研究院。目前,该委员会已将 UN/CEFACT 发布的所有建议书、标准和技术规范转化为我国国家标准。同时还根据我国国际贸易的实际情况,研制了 10 项自主知识产权的国家标准。

多年来,我国海关、检验检疫和商务等部门都很好地实施了国际贸易单证标准,即由政府部门签发的单证都能够严格按国际标准执行,这使得我国产品能够走出国门,是我国成为世界第一贸易大国的一个重要的前提。但是,国际贸易单证标准是一个完整的标准体系。滞关、压仓、退货和货物损毁,主要是因为包括与金融保险等服务相关的单证以及更多的由企业填写和申报的单证,却与国际标准的要求相距甚远。理论上讲,对于我国 2010 年近 3 万亿美元的国际贸易总额而言,严格实施国际贸易单证标准将节省 1 200 亿美元。每年数千亿元人民币的损失虽然是个模糊值。但从广东省外经贸协会 2009 年针对广东外贸企业的调查,可以精确地看到没有很好地实施国际贸易单证标准造成的损失。据该协会调查,该省每年 4 000 亿美元的外贸生意,因为对国际贸易标准不了解而造成货款无法回收的比例就达 5%,总额约 200 亿美元。5%的差错率是发达国家 0.25%差错率的 20 倍。

2. 推广使用国际标准代号和代码

为实现外贸单证的简化和规范化,使各国各地区之间便于交流和沟通,为计算机制单创造条件,提高工作效率,国际商会和联合国等有关国际贸易的国际组织就外贸单证的标准化和国际化做了大量基础性工作,联合国设计推荐使用下列国际标准化代号和代码。

(1)唛头代码:收货人简称、目的地、合同号(参考号)、件号。

(2)国家或地区代码(两个英文字母组成):CN(中国)、US(美国)、GB(英国)、KR(韩国)。

(3)货币代码:由三个英文字母组成,前两个符号代表国家或地区名,后一个符号代表货币,如人民币 CNY、美元 USD、英镑 GBP、港币 HKD。

(4)地名代码:由 5 个英文字母组成,前两个符号代表国家或地区名,后三个符号代表地名,如上海 CNSHG、伦敦 GBLON、纽约 USNYC。

(5)用数字表示的日期代码:2020 年 5 月 6 日可写作 2020-05-06 或 20-05-06。

关于更加具体全面的标准代号和代码,参见书后附录 C 和附录 D。

3. 外贸单证制作和管理的现代化

随着打印机、电子计算机及网络技术的发展和应用,目前很多国家的外贸单证制作和传递都实现了现代化，如计算机尤其是 EDI 制单，其优点在于只要数据一次输入，核对正确，便可打印出多种单证，节约了制单、审单的时间，减少了人工制单造成的各种差错，减轻了劳动强度，提高了工作效率，便于单证的归档和管理。而单证传递的现代化更是大大缩减了单证工作的时间，如美国一些银行采用一种称为 ATP（Accelerated Trade Payment，加速贸易付款）的付款方法，银行与公司之间设有电讯联机，使用相互约定的密押，通过电讯把单证内容传递到对方，对方可以从荧光屏上看到传来的单证内容，也可以从联印机中取得文字式的单证。

复 习 题

1. 以海运为例，简述出口单证工作的流程。
2. 以海运为例，简述进口单证工作的流程。
3. 请以图表的形式描绘出口单证的时间顺序。

第二章 进出口业务成本的核算

【本章导读】

货物价格是国际货物买卖的最主要交易条件。正确地计算出口货物的价格是出口贸易的重要环节。从理论上讲,货物的价格主要包括出口商本身的经营成本和预期利润。但在出口实务中,因使用的贸易术语不同,其价格构成会有很大差别。此外,货物出口价格还可能会涉及运费、保险费、佣金和折扣等问题,从而使其更加复杂。因此,进出口商不仅应对交易商品的特性有所了解,而且还应对在每一种货物报价的情况下,对进出口贸易费用、成本计算及其出口盈亏额有所认识和掌握。本章主要介绍进出口业务成本核算的知识内容。通过学习,可以了解出口费用基本构成,尤其是运费及保险费核算的相关内容,掌握佣金、折扣和出口商品经济效益的计算、表示和支付方法,熟悉进出口成本核算方法。

【学习目标】

通过本章的学习,使学生正确掌握进出口业务成本核算方法,在深入了解出口费用、运费及保险费计算内容的基础上,确定具有竞争力的进出口商品价格,适当地应用佣金和折扣,避免交易风险,促进对外贸易的发展,保证和提高对外贸易的经济效益。

【关键概念】

费用(Expenses/Charges)　　出口运费(Freight charges)　　折扣(Discount)
保险费(Insurance premium)　　佣金(Commission)　　成本(Cost)

第一节 费用的计算

一、出口费用概述

出口货物价格中的费用(Expenses/Charges)主要是指商品流通费用,比重虽然不大,但内容繁多,且计算方法不尽相同,因此是价格核算中较为复杂的因素。进出口业务中经常出现的费用有如下几种。

1. 国内费用

(1)包装费。包装费用通常包括在采购成本之中,但如果客户对货物的包装有特殊要求,由此产生的费用就要作为包装费另加。

(2)国内运输费。国内运输费是出口货物在装运前所发生的国内运输费,通常有卡车运输费、内河运输费、路桥费、过境费及装卸费。

(3)仓储费。指需要提前采购或另外存仓的货物往往会发生仓储费用。

(4)认证费。认证费是出口商办理出口许可、配额、产地证明以及其他证明所支付的费用。

(5)港区港杂费。港区港杂费是出口货物装运前在港区码头所需支付的各种费用。

(6)商检费。商检费是出口商品检验机构根据国家的有关规定或应出口商的请求对货物进行检验所发生的费用。

(7)捐税。捐税是国家对出口商品征收、代收或退还的有关税费,通常有出口关税、增值税等。

(8)垫款利息。垫款利息是出口商由向国内供应商购进货物至从国外买方收到货款期间,由于资金的占用而造成的利息损失,也包括出口商给予买方延期付款的利息损失。

(9)业务费用。业务费用是出口商在经营中发生的有关费用,如通信费、交通费、交际费和广告费等,又称为经营管理费。出口商可根据商品、经营和市场等情况确定一个费用率,一般是在进货成本基础上计算业务费用。

(10)银行费用。银行费用是出口商委托银行向国外客户收取货款、进行资信调查等所支出的费用。

出口货物涉及的各种国内费用在报价时大部分还没有发生,因此该费用的核算实际是一种估算。其方法有两种:

第一,将货物装运前的各项费用根据以往的经验进行估算并叠加。

第二,由于此类费用在货价中所占比重较低,而且项目繁杂琐碎,贸易公司根据以往经营各种商品的经验,采用定额费用率的做法。所谓定额费用率,是指贸易公司在业务操作中对货物装运前发生的费用按公司年度支出规定一个百分比,一般为公司购货成本的5% ~ 10%。实际业务中,该费率由贸易公司按商品的不同、交易额的大小及竞争激烈程度自行确定。

$$定额费用 = 出口商品购进价格 \times 定额费用率$$

【例2-1】某出口公司出口某冷冻食品20吨,每吨的进货价格为6 000元人民币,估计该批货物国内运杂费1 500元/吨,出口商检费300元/吨,报关费100元/吨,港区港杂费1 000元/吨,其他各种费用共计1 800元/吨,另外,银行手续费为800元/吨,求该冷冻食品国内费用。

案例中已估算了装运前各项费用,故采用第一种方法:

该批出口货物国内总费用(各项装运前费用之和)=1 500+300+100+1 000+1 800+800=5 500(元/吨)

若采用第二种方法,假定定额费用率为进货价的5%,则:

该批出口货物国内定额费用 = 20 × 6 000 × 5% = 6 000(元/吨)

究竟用哪一种方法确定产品国内费用,应由所采集数据的准确性、价格的竞争性及定价策略等综合因素决定。在实践中,因出口费用涉及项目繁杂,单位众多,各项费用不易精确估算,故而常用定额费用率的方法加以核算。

2. 出口运费

出口运费(Freight Charges)是货物出口时支付的海运、陆运、空运和多式联运费用,即承运人对所承运货物收取的报酬,它直接影响到进出口商品的成本核算和经济效益,因此,正确掌握运费知识,对提高外贸企业的经济效益具有重要的意义。

3. 保险费

保险费(Insurance Premium)包括出口商向保险公司购买货运保险或信用保险支付的费用。在 CIF 和 CIP 价格条件中,保险费是售价的组成部分之一。

4. 佣金和折扣

佣金和折扣是国际贸易价格的构成要素之一,佣金(Commission)是出口商向中间商支付的报酬。折扣(Discount)是卖方在一定条件下给予买方的价格减让。

二、运费

进出口货物的运输通常采用的是海洋运输方式,在采用 CIF 和 CFR 价格术语成交时,办理运输并支付运费是出口商的责任。这时,运费成为构成货价的要素之一。在海运方式中,根据承运货物船舶营运方法的不同可以分为班轮运输和租船运输两种。进出口贸易中除大宗初级产品的交易外,多数采用班轮运输的方式。在班轮运输中,根据托运货物是否装入集装箱,又可分为件杂货物与集装箱货物两类,因此,班轮运费的核算分为以下几种。

(1)件杂货物(散装)海运运费核算。件杂货物海运运费主要由基本运费和附加运费两部分组成。基本运费一般不常发生变动,但由于构成海运运费的各种因素会经常发生变化,各船公司就采取征收各种附加费的办法以维护其营运成本,附加运费主要有:燃油附加费、货币附加费、港口拥挤费、转船附加费、港口附加费等。

(2)集装箱货物海运运费核算。国际标准化组织为了统一集装箱的规格,推荐了 3 个系列 13 种规格的集装箱,而在国际货物运输中经常使用的是 20 英尺和 40 英尺集装箱。在进出口交易中,集装箱类型的选用,对于贸易商减少运费开支起着很大的作用。货物外包装箱的尺码、重量、货物在集装箱内的配装、排放以及堆叠都有一定的讲究,需要在实践中摸索。当然,这些也和货物的种类、特性以及客户的要求有关。集装箱货物海运费用根据货量的大小,按拼箱和整箱货分为不同的计算方法。①件杂货基本费率加附加费,即以吨为计算单位,按照传统的件杂货等级费率收取基本运费外,再加收一定的附加费。拼箱货运输运费通常采用这种方法。②包箱费率,是以每个集装箱为计算单位,常用于整箱货物运输。

1. 运费计算的基础

运费单位,是指船公司用以计算运费的基本单位。由于货物种类繁多,打包情况不同,装运方式有别,计算运费标准不一。

(1)整箱装:以集装箱为运费的单位,有 20 英尺①集装箱与 40 英尺集装箱两种。20 英

---

① 1 英尺 = 0.304 8 米

尺集装箱有效容积为 25 CBM(立方米),限重 17.5 TNE(公吨),40 英尺集装箱有效容积为 55 CBM,限重 26 TNE,其中 1TNE = 1 000 KGS①。

(2)拼箱装:由船方以能收取较高运价为准,运价表上常注记 M/W 或 R/T,表示船公司将就货品的重量吨或体积吨二者中择其运费较高者计算。

拼箱装时计算运费的单位为:

①重量吨(Weight Ton):按货物总毛重,以一公吨为一个运费吨。

②体积吨(Measurement Ton):按货物总毛体积,以一立方公尺(1 Cubic Meter;简称 1 MTQ、1 CBM 或 1 CUM)为一个运费吨。

在核算海运费用时,出口商首先要根据报价数量算出产品体积,找到对应该批货物目的港的运价。如果报价数量正好够装整箱(20 英尺集装箱或 40 英尺集装箱),则直接取其运价为基本运费;如果不够装整箱,则用产品总体积(或总重量,取运费较多者)× 拼箱的价格来算海运费用。

2. 运费分类计算方法

(1)整箱装:整箱运费分三部分,总运费 = 三部分费用的和。

①基本运费:基本运费 = 单位基本运费 × 整箱数

②港口附加费:港口附加费 = 单位港口附加费 × 整箱数

③燃油附加费:燃油附加费 = 单位燃油附加费 × 整箱数

(2)拼箱装:拼箱运费只有基本运费,分按体积与重量计算两种方式。

①按体积计算,X_1 = 单位基本运费(MTQ)× 总体积

②按重量计算,X_2 = 单位基本运费(TNE)× 总毛重

注:取 X_1、X_2 中较大的一个。

【例 2-2】飞达牌自行车出口到美国,目的港是波士顿港口,该商品的体积是每箱 0.057 6 CBM,每箱毛重 21 KGS,每箱装 6 辆。运至美国波士顿港的基本运费为:

每 20 英尺集装箱 USD 3 290,每 40 英尺集装箱 USD 4 410,拼箱每体积吨(MTQ)USD 151,每重量吨(TNE)USD 216。

港口附加费为:每 20 英尺集装箱 USD 132,每 40 英尺集装箱 USD 176。

燃油附加费为:每 20 英尺集装箱 USD 160,每 40 英尺集装箱 USD 215。

假设美元兑换人民币的汇率为 6.60。试分别计算交易数量为 1 000 辆和 2 598 辆的海运费。

解:

①计算产品体积与重量。

a. 报价数量为 1 000 辆,则:

则总包装箱数 = 1 000 ÷ 6 = 166.6 ≈ 167(箱)

总体积 = 167 × 0.057 6 = 9.6(CBM)

总毛重 = 1 000 ÷ 6 × 21 = 3 500(KGS) = 3.5(TNE)

b. 报价数量为 2 598 辆,则:

则总包装箱数 = 2 598 ÷ 6 = 433(箱)

总体积 = 433 × 0.057 6 = 24.940(CBM)

---

① KGS 是 kilograms 的缩写,代表千克(kg),贸易中常见,用于表述货品的重量,有时也写为 kgs。

总毛重 = 2 598 ÷ 6 × 21 = 9 093 KGS = 9.093(TNE)

②查运价，计算运费。

根据第①步计算出的结果来看，比照集装箱规格(已在运费计算基础中写明，20 英尺集装箱的有效容积为 25 CBM，限重 17.5 TNE，40 英尺集装箱的有效容积为 55 CBM，限重 26 TNE，1 000 辆的运费宜采用拼箱，2 598 辆的海运费宜采用 20 英尺集装箱。

a. 报价数量为 1 000 辆，按体积计算基本运费 = 9.6 × 151 = 1 449.6(美元)

按重量计算基本运费 = 3.5 × 216 = 756(美元)

两者比较，体积运费较大，船公司收取较大者，则基本运费为 USD 1 449.6。

总运费 = 1 449.6 × 6.60 = 9 567.36(元)

b. 报价数量为 2 598 辆，由于体积和重量均未超过一个 20 英尺集装箱的体积与限重，所以装一个 20 英尺集装箱即可，

总运费 = 1 × (3 290 + 132 + 160) × 6.60 = 23 641.2(元)

三、保险费

出口交易中，在以 CIF(或 CIP)术语成交的情况下，出口方就需要进行保险费的核算。保险费是按照货物的保险金额乘以一定的百分比(保险费率)来计算的，保险费率是按照不同商品、不同目的地、不同运输方式和不同险别分别制定的，计算时可参阅保险公司提供的费率表。有关公式如下：

保险费 = 保险金额 × 保险费率

保险金额 = CIF(或 CIP)货价 × (1 + 保险加成率)

由以上两公式可得：

保险费 = CIF(或 CIP)货价 × (1 + 保险加成率) × 保险费率

在外贸实务中，保险加成率亦称投保加成率，由买卖合同确定，一般为 10%、20% 和 30%，出口商也可根据进口商的要求与保险公司约定不同的保险加成率。保险金额按惯例是发票金额的 110%，一般不超过 30%。

1. 一般保险费计算

一般保险费计算公式如下：

保险费 = 保险金额 × 保险费率

【例 2-3】某商品的 CIF 总价为 9 000 美元，进口商要求按成交价格的 110%投保协会货物保险条款(A)(保险费率 0.8%)和战争险(保险费率 0.08%)，则出口商应付给保险公司的保险费用为：

保险金额 = 9 000 × 110% = 9 900(美元)

保险费 = 9 900 × (0.8% + 0.08%) = 87.12(美元)

若美元兑换人民币的汇率为 6.60，则换算人民币 = 87.12 × 6.60 = 574.992(元)。

2. 含折扣价保险费的计算

除非合同规定或信用证规定，保险金额应以减除折扣后的净价为基数，计算公式如下：

保险费 = CIF(或 CIP)价 × (1 - 折扣率) × (1 + 保险加成率) × 保险费率

若上例 CIF 总价为 9 000 美元，如含折扣 5%，则投保金额的基础和保险费应为：

$$投保金额的基数 = 9\ 000 \times (1 - 5\%) = 8\ 550(美元)$$

$$保险费 = 8\ 550 \times 110\% \times (0.8\% + 0.08\%) = 82.764(美元)$$

若美元兑换人民币的汇率为6.60,则换算人民币 = 82.764 × 6.60 = 546.242 4(元)。

四、佣金和折扣

佣金和折扣是国际贸易中普遍采用的习惯做法,它直接关系到价格,并在事实上改变了价格水平。在买卖双方磋商价格和估算构成价格的各种因素时,应把佣金和折扣考虑在内。

1. 佣金

1)佣金、折扣的含义和作用

佣金(Commission)是卖方或买方付给中间商为介绍商品成交而提供服务的酬金。佣金一般由卖方付给,但有时也可由买方付给。在实际业务中,佣金的名目很多,如销售佣金、购货佣金和累计佣金等。

2)佣金的表示方法

凡价格中包含佣金的,称为“含佣价”。含佣价的表示方法,可在价格条款中加注文字说明,例如:每打300英镑CFR伦敦包含佣金1.5%(£300 Per doz. CFR London Including 1.5% Commission);也可在贸易术语后加注佣金英文缩写“C”并注明佣金的百分比,例如:每打300英镑CFRC1.5%伦敦(£300 Per doz. CFRC1.5% London)。以上两种称为明佣。另外,有的合同表面不表示含有佣金,但买卖双方在合同之外另行协议价格中包括一定的佣金,通常把这种佣金称为暗佣,暗佣对实际买方保密,由卖方暗中支付给中间人,不在发票等有关单证上显示。

3)佣金的计算方法

按照国际贸易的一般习惯,计算佣金时,不论使用何种贸易术语,都是以合同金额(即发票金额)为基础直接计算的。在我国出口业务中,如我方原核定的基价是“净价”,或双方本以净价磋商交易,后买方要求改报含佣价,如不降低净收入,则应按以下公式计算:

$$佣金 = 含佣价 \times 佣金率$$

$$含佣价 = \frac{净价}{1 - 佣金率}$$

例如:CIF发票金额为15 000美元,佣金率4%,则应付佣金600美元(15 000 × 4%);CFRC3%发票金额为15 000美元,则应付佣金450美元(15 000 × 3%)。也有些合同中规定,合同单价是CIF或CFR,但以FOB金额作为计算佣金的基础,理由是运费和保险费不是出口商收入,不应支付佣金。这两种方法都可采用,看买卖双方如何约定;如未约定,则按一般习惯做法。

4)佣金的支付方法

买卖双方签订合同时,应就支付佣金的办法取得协议,在合同中订明。支付佣金的方法一般有三种。

(1)从发票中直接扣除。有些中间商以买方身份同卖方签订合同,并承担履行合同的责任。为简化手续,卖方在履行交货、开具发票向买方收取货款时,在发票金额中直接扣除佣金,按净价收款。

(2)由银行从汇票金额中扣除,直接汇付中间商。在信用证支付方式下,买方开来的信用证中规定,议付行议付受益人汇票时,从议付金额中扣除约定比率的佣金,由议付行直接汇给信用证中指定的中间商。这样,卖方实收货款为扣除佣金后的净价货值。

(3)卖方收到货款后,按约定佣金率,将佣金汇给中间商。这种支付佣金的办法比较常用,特别是同那些贸易往来较多或有代理协议的客户,一般都是卖方收妥货款后另行汇付佣金,可以逐笔汇付,也可按月或按季累总汇付。

2. 折扣

1)折扣的含义和作用

折扣(Discount)是卖方给予买方在价格上的一定比例的减让,习惯上以百分率表示。正确和灵活运用佣金和折扣,可调动中间商和进口商推销和经营我方货物的积极性,增强有关货物在国外市场的竞争力,从而扩大销售。在实际业务中,折扣的名目很多,如数量折扣、特别折扣、贸易折扣等。

2)折扣的表示方法

如价格中允许给予折扣,即折扣价,一般要用文字作具体表示,例如:每公吨 150 美元 CIF 新加坡减 3%折扣(USD 150 Per M/T CIF Singapore Less 3% Discount)。如果有关价格未对含佣或有折扣作出表示,而且双方又无任何约定,则应理解为不含佣价或不给折扣。凡价格中不含佣金,也不给折扣的,称为“净价”(Net Price)。例如:每公吨 150 美元 FOB 釜山(USD 150 Per M/T FOB Busan),一般情况下都视为净价。有时为了明确说明合同价格是净价,可在贸易术语后加注“净价” 字样,例如:每公吨 150 美元 FOB 釜山净价(USD 150 Per M/T FOB Net Busan)。

3)折扣的计算方法

折扣的计算很简单,按照一般习惯做法,不论使用何种贸易术语,都是以合同金额(即发票金额)为基础直接计算,应按以下公式计算:

$$折扣 = 发票金额 \times 折扣率$$

如 CIF 发票金额为 20 000 美元,折扣率 4%,则应付折扣 800 美元(20 000 ×4%)。

4)折扣的支付方法

折扣一般是由卖方在发票金额中扣除,即按扣除折扣后的净价向买方收取货款。

第二节　成本核算

在国际货物买卖中,进出口商品价格的确定直接影响企业的经济效益和产品市场竞争力,是企业对外开展业务时必须面临的问题。外贸企业在控制出口商品价格时,要注意加强成本核算,以便采取措施不断降低成本,提高经济效益。

一、出口成本核算

在进出口商品价格的确定过程中,必须加强成本核算,防止出现不计成本、不计盈亏和单纯追求成交量的倾向。以下以出口为例,说明出口商品的成本核算。出口成本核算是将出口商品所做出的投入与通过出口该商品所创造的 FOB 外汇净收入或 FOB 出口销售人民币净收入所进行的比较,即在计算出口总成本、出口外汇净收入和出口换汇成本等数据的基础上,核算出出口商品盈亏额和出口商品换汇成本。

1. 出口总成本

出口总成本是指出口企业为出口商品支付的国内总成本。它由两个基本因素构成:进货成本和国内费用。如果是需要缴纳出口税的商品,出口总成本中还要包括出口税,但应扣除出口退税款。

出口总成本(退税后) = 出口货物本身的成本 + 国内总费用 - 出口退税款

1)出口货物本身的成本

货物本身的成本(Cost)包括生产成本、加工成本和采购成本三种类型。其中,生产成本是生产厂商生产某一产品所需的投入;加工成本是加工商对成品或半成品进行加工所需的成本;采购成本是贸易商向供应商采购的价格,亦称进货成本。出口货物的成本主要是指采购成本,它在出口价格中所占比重最大,是价格中的主要组成部分。

2)国内总费用

国内总费用是指货物出口时所发生的除货物购进价(或生产成本)和国外费用(国际货物运费及其保险费等)之外的所有费用。

3)出口退税

出口退税款 = [出口商品购进价(含增值税)/(1 + 增值税率)] ×退税率

2. 出口外汇净收入

出口外汇净收入是指出口商品按 FOB 价出售所得的外汇净收入,即扣除运费和保险费后的 FOB 外汇净收入。根据上述这些数据,可以计算出出口商品的盈亏额、出口商品换汇成本。

出口销售外汇净收入 = 出口商品 FOB 单价 × 出口商品总量

3. 出口换汇成本(换汇率)

出口换汇成本是指以某种商品的出口总成本与出口所得的外汇净收入之比,该指标反映出用多少人民币换回一美元。出口换汇成本如高于银行外汇牌价,则出口为亏损;反之,出口为盈利。出口换汇成本越低,出口的经济效益越好。其计算公式如下:

出口换汇成本 = 出口总成本(人民币)/出口外汇净收入(美元)

【例 2-4】某商品国内进价为人民币 7 270 元,加工费 900 元,流通费 700 元,税金 30 元,出口销售外汇净收入为 1 100 美元,计算出口总成本及出口换汇成本。

解:

出口总成本 =7 270 +900 +700 +30 =8 900(元)

出口换汇成本 =8 900 元/1 100 美元≈8(元/美元)

4. 出口盈亏额

出口盈亏额是指出口销售人民币净收入与出口商品总成本的差额。其中,出口销售人民币净收入是由该出口商品的出口外汇净收入按当时外汇牌价折成人民币的数额。它是衡量出口盈亏程度的一项重要指标,其公式表示如下:

出口商品盈亏额 = 出口销售人民币净收入 - 出口总成本

其中：　　　　出口销售人民币净收入＝出口外汇净收入×银行外汇买入价

【例2－5】我国某企业向新加坡A公司出售一批货物，出口总价为10万美元CIF新加坡，其中从大连港运至新加坡的海运运费为4 000美元，保险按CIF总价的110%投保一切险，保险费率1%。这批货物的出口总成本为人民币72万元。结汇时，银行外汇买入价为1美元折合人民币8.30元。试计算这笔交易的出口换汇成本和出口盈亏额。

（1）出口外汇净收入：

$$
\begin{aligned}
\text{FOB} &= \text{CIF} - \text{F} - \text{I} \\
&= 100\,000 - 4\,000 - (100\,000 \times 110\% \times 1\%) \\
&= 94\,900（美元）
\end{aligned}
$$

（2）出口换汇成本：

$$
\begin{aligned}
出口换汇成本 &= 出口总成本（元）/出口外汇净收入（美元） \\
&= 720\,000/94\,900 \\
&\approx 7.587（元/美元）[或7.59（元/美元）]
\end{aligned}
$$

（3）出口盈亏额：

$$
\begin{aligned}
出口盈亏额 &= 出口销售人民币净收入 - 出口总成本 \\
&= 94\,900 \times 8.3 - 720\,000 \\
&= 67\,670（元）
\end{aligned}
$$

因此，此笔交易的出口换汇成本为7.587元/美元（或7.59元/美元）；出口盈亏额为67 670元。

二、进口成本核算

进口成本由进口合同价格和进口费用组成，即：

货物的进口成本＝进口合同价格＋进口费用

1. 进口合同价格

进口合同价格在进口合同成立之前是一种估价，是买卖双方通过磋商可以取得一致意见的合同价格，有时也是进口方争取以此为基础交易的价格。在合同成立后，就是合同写明的商品价格。

2. 进口费用

进口的费用包括很多内容，如果以FOB条件从国外装运为基础，有如下内容：

（1）国外运输费用：从出口国港口、机构或边境到我国边境、港口、机场等的海、陆、空的运输费用。

（2）运输保险费：上述运输途中的保险费用。

（3）卸货费用：这类费用包括码头卸货费、起重机费、驳船费、码头建设费、码头仓租费等。

（4）进口税货物在进口环节由海关征收（包括代征）的税种有：关税、产品税、增值税、工商统一税及地方附加税、盐税、进口调节税、车辆购置附加费等。

①关税：是货物在进口环节由海关征收的一个基本税种。

关税的计算公式为：

进口关税税额 = 完税价格(合同的到岸价)× 关税税率

②产品税、增值税、工商统一税、地方附加税：都是在货物进口环节由海关代征的税种。

产品税、增值税和工商统一税 3 种税额的计算方法如下：

完税价格 = (到岸价格 + 关税)/(1 - 税率)

应纳税额 = 完税价格 × 税率

③进口调节税：是对国家限制进口的商品或其他原因加征的税种。其计算公式为：

进口调节税税额 = 到岸价格 × 进口调节税税率

④车辆购置附加费：进口大小客车、通用型载货汽车、越野车、客货两用车、摩托车、牵引车、半挂牵引车以及其他运输车，均由海关代征车辆购置附加费，费率是 15%。其计算公式是：

计费组合价格 = 到岸价 + 关税 + 增值税

车辆购买附加费 = 计费组合价格 × 15%

上述各种税金均以人民币计征。

⑤银行费用。我国进口贸易大多通过银行付款。银行要收取有关手续费，如开证费、结汇手续等。

⑥进口商品的检验费和其他公证费。

⑦报关提货费。

⑧国内运输费。

⑨利息支出。即从开证付款至收回货款之间所发生的利息。

⑩外贸公司代理进口费。

此外还包括其他费用，如杂费等。

【例 2-6】 甲公司向乙公司购买一批非彩色投影机，进口合同价格为 30 万美元，价格条款为 CIF 上海。丙外贸公司的进口代理费为 1%，海关关税税率为 20%，增值税税率为 17%，港口港杂费为 500 元人民币，内陆运费需要 1 000 元人民币，当日外汇汇率为 6.56。

解：

投影机进口成本 = 进口合同价格 + 进口费用

= 6.56 × 300 000 × (1 + 0.01 + 0.2 + 0.17 + 0.2 × 0.17) + 500 + 1 000

= 1 968 000 × 1.414 + 500 + 1 000

= 2 784 252(元)

如遇所进口的货物以 FOB 价格条款报价，则计算 CIF 价格公式为：

CIF = C + I + F = FOB + I + F

其中，FOB 是货物的离岸价，C 是进口货物成本即离岸价，I 为保险费，F 为海运和空运费。

第三节　案例讨论

一、运费计算案例

【例 2-7】 某公司向西欧推销箱装货，原报价每箱 50 美元 FOB 上海，现客户要求改报

CFRC3% 汉堡。问:在不减少收汇的条件下,应报多少?(该商品每箱毛重 40 千克,体积 0.05 立方米。在运费表中的计费标准为 W/M,每运费吨基本运费率为 200 美元,另加收燃油附加费 10%。)

解:

(1)计算运费:

因 0.05 立方米 >0.0 4 公吨,应按体积吨计收。

$$F = 200 \times (1 + 10\%) \times 0.05 = 11 (美元)$$

(2)CFR 价格:

$$CFR = FOB + F = 50 + 11 = 61 (美元)$$

(3)求 CFRC3 价:

$$含佣价 = 净价/(1 - 佣金率)$$

$$CFEC3\% = 61/(1 - 3\%) = 62.89 (美元)$$

则应报价为每箱 62.89 美元 CFRC3% 汉堡。

二、保险费计算案例

【例 2-8】我出口一批货物发票金额为 12 000 美元,设加一成投保一切险和战争险,费率分别为 0.6%和 0.4%。该笔的投保金额和保险费各多少?

解:

保险金额为:　　　　$12\,000 \times 110\% = 13\,200$(美元)

保险费为:　　　　$13\,200 \times (0.6\% + 0.4\%) = 132$(美元)

【例 2-9】我公司对外报某商品每公吨£ 1 200 CFR London,外商要求改报 CIF London 价。设加一成投保一切险和战争险。保险费率分别为 0.65% 和 0.04%。我公司应报多少?

解:

$$CIF = CFR/(1 - 投保加成 \times 保险费) = 1\,200/[1 - 110\% \times (0.65\% + 0.04\%)]$$
$$= 1\,209.18 (英镑)$$

三、佣金和折扣计算案例

【例 2-10】国内某公司向国外出口衬衫,单价每件 2.50 美元,共 2 000 件。国外开来的信用证中规定的金额为“about USD 5 000, CIF SanFrancisco, less 5% commission and 5% discount”(约 5 000 美元,CIF 旧金山,减 5%的佣金和 5%的折扣)。该公司将衬衫装船发运后、向银行交单议付时,该公司业务人员认为信用证规定了“减 5%的佣金和 5%的折扣”,那么 CIF 净价就是在 5 000 美元的总价上直接减 10%就可以了,因此出口商业发票 CIF 净额缮制为 4 500 美元。试就该处理方式进行分析。

解:由于公司经办人员对于国际贸易中商品价格表示方法以及计算方法缺乏了解,所以在该笔业务中使公司蒙受了损失。按商业习惯做法,在既有折扣又有佣金的交易中,应先扣除折扣,然后再扣佣金,因为折扣部分是不应支付佣金的。

四、成本核算案例

【例 2 - 11】中国某公司出口商品，每公吨出口总成本为 RMB 8.27，出口价格为每公吨 3.80 美元 CIFC3 某港口，设运费为 USD 0.35，保费为 USD 0.02，佣金为 USD 0.11。试计算该商品的换汇成本。

解：

出口换汇成本 = 出口总成本(元)/出口外汇净收入(美元)
= 8.27/(3.80 - 0.35 - 0.02 - 0.11)
= 8.27/3.32
= 2.49(元/美元)

【例 2 - 12】出口碳刷 100 万只，出口总价 USD 73 000 CIF 旧金山，其中运费 USD 1 540，保险费 USD 443。进价 500 000 元(含增值税 17%)，费用定额率 6%，出口退税率 9%。当时人民币市场美元银行买入价为 7.30 元。试求该批商品的盈亏额。

解：

(1)出口销售人民币净收入(外汇折成本币) = (73 000 - 1 540 - 443) × 7.30
= 518 424.10(元)

(2)出口总成本(本币) = 500 000 + (500 000 × 6%) - [500 000 ÷ (1 + 17%) × 9%]
= 491 538.46(元)

(3)出口商品盈亏额 = 518 424.10 - 491 538.46 = 26 885.64(元)

【例 2 - 13】如一批进口货物的 FOB 总价是 10 万美元，从国外港口运到上海的海运费为 2 600 美元，保险费为 200 美元，则该批货物的进口成本为多少。

解：

进口成本 = CIF
= FOB + I + F
= 100 000 + 2 600 + 200 = 102 800(美元)

货物运至仓库后，仓库费用应由货物实现国内销售的日期而定。

复　习　题

一、单选题

1. 我某公司出口某商品，对外报价为 400 美元/台 CIF 纽约，外商要求将价格改报为 CIFC3%，我方应将价格改报为(　　)美元。

A. 412　　B. 388
C. 387.63　　D. 412.37

2. 某公司对外发盘，200 台 1 匹空调机，每台 150 美元 FOB 广州，外商要求改报 CIF 汉堡，经查，运至汉堡的总运费为 3 500 美元，保险费为 100 美元，则报价应改为(　　)美元。

A. 3 750　　B. 167.5
C. 168　　D. 184

3. 如果 FOB 价格为 200 美元，运费为 22 美元，投保加一成，保险费率为 2%，CIF 价格应为（　　）美元。

A. 226　　B. 226.4　　C. 226.9　　D. 227

4. 出口换汇成本高于当时的外汇牌价时，说明该次出口（　　）。

A. 亏损　　B. 盈利　　C. 不能确定　　D. 不盈不亏

二、计算题

1. 某公司出口箱装货物，报价为每箱 50 美元 CFR 伦敦。英商要求改报 FOB 价，我方应报价多少？（已知：该货物每箱长 45 厘米、宽 40 厘米、高 25 厘米，每箱毛重 35 千克，运费计算标准为 W/M，每运费吨基本运费为 120 美元，并加收直航附加费 20%，港口附加费10%）。

2. 我国某出口商品报价为 USD 300 Per Set CFRC3% New York 试计算 CFR 净价和佣金各为多少。如对方要求将佣金增加到 5%，我方同意，但出口净收入不变，CFRC5%应如何报价？

3. 某商品每公吨 CIF 热那亚£ 500，设运费每公吨£ 45，投保加一成，保险费率为 8‰，求 FOB 价。

4. 某商品的出口总成本为每公吨 2 100 元人民币，出口 FOB 价为 300 美元，按折算率 6.72 计算，求其出口换汇成本。

5. 我国某外贸公司出口某商品 1 000 箱，该货每箱收购价人民币 200 元，国内费用为收购价的 15%，出口后每箱可退税人民币 14 元，外销价每箱 CFRC5%曼谷 38 美元，每箱货应付海运运费 2.35 美元，银行外汇牌价 100 美元 =680 元人民币。试计算该商品的出口换汇成本及盈亏率，并按换算公式进行验算。

第三章　进出口合同

【本章导读】

进出口合同是国际贸易活动的法律依据，是进出口双方履行义务的依据，更是保障合同当事人权利的重要凭证。

由于进出口合同在“国际贸易实务”课程中有详细讲授，因此，本章将主要针对进出口合同条款进行简要介绍，同时重点为读者提供一些典型的合同样本，便于读者从中了解一些有关进出口合同条款的起草和规定方法。

【学习目标】

通过本章学习，使学生能够了解国际贸易合同的类型，熟悉不同类型合同的区别，掌握国际贸易合同的内容条款。

【关键概念】

合同(Contract)　销售确认书(Sales Confirmation)　协议(Agreement)
订单(Order)　备忘录(Memorandum)

第一节　进出口合同的形式与类型

一、进出口合同的形式

1. 书面形式

书面形式包括合同书(Contract)、信件以及数据电文(如电报、电传、传真、电子数据交换和电子邮件)等可以有形地表现所载内容的形式。

2. 口头形式

口头形式即指当事人之间通过当面谈判或通过电话方式达成协议而订立的合同。

3. 其他形式

进出口合同还包括一些其他形式，例如以行为表示而订立的合同。

在现在的国际贸易中，一般以书面形式的合同作为双方都接受的合同形式。

二、书面合同的类型

1. 正式合同

正式合同又称繁式合同，包括销售合同（Sales Contract）和购买合同（Purchase Contract）。

正式合同的条款内容翔实、全面、完整，几乎将买卖双方所有想到的内容都列在其中。正式合同的格式一般为：正面填写主要条款，如合同的标题、进出口双方的名称及地址、品名品质条款、数量条款、包装条款、价格条款、运输条款、支付条款、保险条款等；背面印制固定的格式条款，如检验与索赔条款、仲裁条款、不可抗力条款、违约和罚金条款等。

其中，销售合同由卖方拟定，购货合同由买方拟定。谁草拟合同，谁就掌握着一定程度的主动权，合同条款会有利于己方的倾向。

2. 确认书

确认书（Confirmation），又称简式合同。确认书包括销售确认书和购货确认书。

合同确认书通常一式两份，由双方合法代表分别签字后各执一份，作为合同订立的证据和履行合同的依据。

确认书一般在成交金额较小、买卖双方比较熟悉、建立充分信任时使用，其内容较简略，只在文本正面印有主要交易条件。但是不论是合同，还是确认书，都是对于买卖双方有约束力的有效法律文件。

第二节　合同条款

一、合同条款概述

在国际货物买卖中，一项发盘被有效接受后，交易即告达成，买卖双方合同关系成立。合同是买卖双方达成交易的协议书，它明确了买卖双方的权利和义务，对双方都具有法律约束力。从事进出口贸易的企业通常都有其固定的合同格式，出口交易达成以后，进口方或出口方应根据交易磋商的结果，将各项内容填入贸易合同中。

合同有正本和副本之分。在我国的对外贸易中，通常由我方缮制合同正本，一式两份，经双方签字后，买卖双方各保存一份。合同副本毋须签字，亦无法律效力。在国际贸易中，书面合同的主要形式有合同和确认书两种。

进出口合同的内容一般包括三部分，即约首、主体和尾部。约首包括合同的名称、编号、订约日期、地点、双方当事人的名称、地址等；主体包括商品名称、品质规格、数量、包装、单价、总价、交货、保险、支付方式、商检、索赔、仲裁和不可抗力等；尾部包括合同的份数、使用的文字和效力以及双方的签字等。

二、进出口合同的基本条款

1. 品名及规格条款

品名及规格条款是商品说明的重要组成部分，也是交易双方在交接货物时对货物品质界定的主要依据。在出口交易中表示商品品质的主要方法有用文字说明和用实物样品表示。合同中品质条款实例如下。

【例3-1】圣诞熊,货号S235,20厘米,带帽子和围巾,根据卖方于2019年8月20日寄送的样品。

S235 20cm Christmas bear with caps and scarf, as per the samples dispatched by the seller on 20AUG. 2019.

【例3-2】芝麻水分(最高)8%,杂质(最高)6%,含油量(最低)48%。(如实际装运货物的油量高于或低于1%,价格应相应增减1%。)

Sesame seeds Moisture(max.)8%, Admixture(max.)6%, Oil Content(min.)48%. (Should the Oil content of the goods actually shipped be 1% higher or lower, the price will be accordingly increased or decreased by 1%.)

订立品质条款时应注意以下几个问题。

(1)要明确是按样品还是凭规格的方式买卖。在实际业务中一般不宜采用既凭规格买卖又凭样品买卖的方式。

(2)要注意品质条款的科学性和灵活性,不能订得过高、过低、过繁、过死。

2. 商品的数量条款

进出口合同中的数量条款一般包括商品的数量、计量单位及/或数量机动幅度的规定。在国际贸易实务中,根据商品的不同性质,通常使用的计量单位有重量、个数、长度、面积、体积和容积6种。重量的计算方法有按净重、毛重、公量和理论重量等。在签订合同时一般应明确规定买卖货物的具体数量作为买卖双方交接货物的数量依据。但在实际业务中某些商品由于其本身的特性或是受其他条件的限制,卖方的交货数量要做到与合同完全一致非常困难。为此,对一些难以严格计量的商品,通常在合同中规定溢短装条款或"约"量。常见的数量条款如下。

【例3-3】中国大米10 000公吨,5%上下由卖方决定。

CHINESE RICE 10 000 metric tons, 5% more Or less at Seller's option.

【例3-4】中国花生1 000公吨,以毛作净,卖方可溢短装5%,增减部分按合同价计算。

CHINESE PEANUT, gross for net, 5% more Or less at Seller's option at contract price.

在订立数量条款时要注意以下几个问题:

(1)按重量计算的商品应明确用哪种计重方法,即按毛重、净重或以毛作净等明确按毛重或净重计量时,按惯例应以净重计量。

(2)使用约量必须注意其机动幅度及适合的情况。

(3)在使用溢短装条款时,应注明溢短装部分的百分比、溢短装部分的选择权及溢短装部分的作价原则等。

3. 商品的包装条款

商品的包装条款一般包括包装的材料、包装的方式、包装的费用及包装的标志等内容。

【例3-5】×××商品,木箱装,每箱30匹,每匹40码①。

××× to be packed in Wooden Cases containing 30 pcs. of 40yds. each.

---

① 1码=0.914 4米

【例 3－6】用涤纶袋包装。25 磅①装一袋，4 袋装一箱。箱子需用以金属作衬里的木箱。包装费用由卖方承担。

To be packed in poly bags, 25 pounds in a bag, 4 bags in a sealed Wooden Case which is lined with metal. The cost of packing is for seller's account.

下面介绍国际贸易用标准运输标志。

1）标准运输标志的构成

标准运输标志（Shipping Marks 或 Mark and Number）由收货人（买方）、参考号、目的地、件数编号四个数据元组成。

（1）收货人（买方）：为收货人（买方）名称的首字母缩略名或简称。

（2）参考号：只可使用托运单号、合同号、订单号或发票号中的一个编号，并且避免在编号后跟随日期信息。

（3）目的地：为货物最终抵达的港口或地点。

（4）件数编号：为件数的连续编号和已知的总件数。如"1/50、2/50…50/50"。制单时，给出 1/50 即可。

2）标准运输标志的制作规则

（1）标准运输标志最多不应超过 10 行，每行不应超过 17 个字符。

（2）标准运输标志应使用下列字符：

- 大写英文字母　　A～Z
- 数字　　0～9
- 空格
- 句点　　.
- 连字符　　-
- 圆括号　　(　)
- 斜线　　/
- 逗号　　,

标准运输标志不应使用下列字符：

- 加号　　+
- 冒号　　:
- 单引号　　'　'
- 等号　　=
- 问号　　?
- 星号　　*

（3）标准运输标志中不允许使用几何图形或其他图案，如菱形、三角形、正方形等。

（4）不应使用颜色编码作为运输标志。

（5）当需要两种及两种以上文字标识运输标志时，则至少有一个运输标志要使用罗马字母，其他语言的运输标志用括号标在一旁或标在包装的另一面。单证上的运输标志应使用罗马字母。

---

① 1 磅＝0.454 千克

【例 3－7】运输标志式样举例。

D. D. T. P.

18－5688

SAN FRANCISCO

NO. 1－100

订立包装条款时应注意的几个问题：

（1）条款中必须包括包装材料、包装方式，有时还要规定包装费用的支付等，所在国对包装的特殊要求应特别注意。

（2）除非买卖双方对包装方式的具体内容经事先充分交换意见或由于长期的业务交往已经取得一致认识，在合同中一般以采用具体的规定方法为宜。

（3）运输标志中的唛头一般由卖方提供，无须在合同中规定，如买方要求提供也可接受，但必须在装运前一定时间将唛头通知卖方，否则卖方有权自行决定。

4. 商品的价格条款

买卖合同中的价格条款由两部分组成：单价和总值。

常见的价格条款实例如下：

【例 3－8】每公吨 500 港元 CIFC5 香港（或 CIF 香港，包含 5%的佣金）。

HKD 500 PER M/T CIFC5 HONGKONG（Or CIF HongKong including 5% commission）.

【例 3－9】每纸箱 800 美元 FOB 南通，以毛作净。

USD 800 PER CARTON FOB NANTONG，GROSS FOR NET.

【例 3－10】每件 85 美元成本加运保费至纽约港，减 1%的折扣。

USD 85 PER PC. CIF NEW YORK LESS 1% DISCOUNT.

订立价格条款时应注意的几个问题：

（1）单价条款由四个部分组成，即计价的数量单位、单位价格金额、计价货币和贸易术语等。四者缺一不可，且前后左右顺序不能随意颠倒。

（2）单价与总值的金额要吻合，且币别保持一致。

（3）如果数量允许增加，则合同中的总金额也应有相应的增减。

5. 货物装运条款

合同中的装运条款主要包括装运时间、起运港和目的港及分批装运、转运等。

常见的装运条款实例如下。

【例 3－11】2018 年 10 月 25 日或 25 日前装运，收到信用证后 30 天内装运，相关的信用证必须最迟于××天开到卖方。

Shipment on or before OCT. 25，2018 within 30 days after receipt of L/C，the relative letter of credit must be opened and reach the seller before ××.

【例 3－12】

2018 年 1/2 月每月平均装运。

装运港：上海/南京/南通。

目的港:伦敦/汉堡/鹿特丹。

Shipment during Jan. /Feb. 2018 in two equal monthly lots.

Port Of loading:Shanghai/Nanjing/Nantong.

Port Of destination:London/Hamburg/Rotterdam.

订立装运条款时应注意的几个问题:

(1)一般在合同中应明确规定具体的装运时间。

(2)一般应选择费用低、装卸效率高的港口作为装运港或目的港。

(3)注意分批装运、转运,尤其是特殊的分运、转运条款的规定。

6. 保险条款

合同中的保险条款因不同的贸易术语而异。

(1)在 FOB、CFR 合同下,保险条款可规定为:保险由买方办理。(Insurance to be covered by the Buyers.)

(2)在 CIF 合同下,保险条款一般包括四个方面的内容:由何方办理保险、投保金额、投保险别、以哪一个保险公司保险条款为准。

常见的保险条款实例如下:

由卖方按发票金额的 110%投保一切险加战争险,以 1981 年 1 月 1 日中国人民保险公司海洋运输货物保险条款为准。

Insurance is to be covered by the Sellers for 110% of the invoice value against All Risks and War Risks as per or subject to ocean Marine Cargo Clause of the People's lnsurance Company of China dated 01/01 1981.

7. 支付条款

进出口合同中的支付条款,依据不同的付款方式或支付方式内容各异。

1)汇付方式

在采用汇付方式时,应在合同中明确规定汇付的时间、方式及金额等。

【例 3-13】买方应在 2019 年 9 月 15 日前将 100% 的货款以电汇方式付给卖方。

The Buyer should pay 100% of the contract value by T/T before Sep. 15th,2019.

【例 3-14】买方应于收到卖方提交的正本提单后立即将 100% 的货款用电汇付交卖方。

The Buyer should pay 100% of the contract value by T/T upon the receipt of the original Bills of Lading sent by the seller.

2)托收方式

采用托收方式时,要具体说明使用即期付款交单、远期付款交单还是承兑交单。

【例 3-15】即期付款交单。

买方凭卖方开具的即期跟单汇票,于第一次见票时立即付款,付款后交单。

Upon first presentation the Buyer shall pay against documentary draft drawn by the Seller at sight. The shipping documents are to be delivered against payment Only.

三、合同样本

式样 3－1

<table>
<tr><th colspan="4">销 售 确 认 书</th></tr>
<tr><td colspan="2">SALES CONFIRMATION</td><td colspan="2">编号：　NO.：
日期：　DATE：
地点：　PLACE：</td></tr>
<tr><td colspan="2">卖方：
The seller：
Address：</td><td colspan="2">买方：
The buyer ：
Address：</td></tr>
<tr><td colspan="4">确认售予你方下列货物，其条款如下：
We hereby confirm having sold to you the following goods on terms and conditions as stated below：</td></tr>
<tr><td>(1)货物名称及规格，包装及装运唛头
Name of commodity & specification，
Packing and shipping marks</td><td>(2)数量
Quantity</td><td>(3)单价
Unit price</td><td>(4)总值
Total amount</td></tr>
<tr><td></td><td></td><td></td><td></td></tr>
<tr><td colspan="4">(5)装运：
Shipment：
(6)保险：
Insurance：
(7)付款：
Payment：
备注：
Remarks：
请签退一份以供存档。
Please sign and return one for our file.</td></tr>
<tr><td colspan="2">(买方 Buyers)</td><td colspan="2">(卖方 Sellers)</td></tr>
</table>

式样 3 -2

合　同
Contract

No.

Date:

Signed At:

卖方:Sellers:

地址:Address:

传真:Fax:

买方:Buyers:

地址:Address:

传真:Fax:

兹买卖双方同意成交下列商品,订立条款如下:

The undersigned Sellers and Buyers have agreed to close the following transactions according to the terms and conditions stipulated below:

1. 货物名称及规格 Name of Commodity and Specification	2. 数量 Quantity	3. 单价 Unit Price	4. 金额 Amount	5. 总值 Total Value

数量及总值均允许________%的增减,由卖方决定。

With ________% more or less both in amount and quantity allowed at the Seller's option.

6. 包装:Packing:

7. 装运期限:收到信用证____天内装出。可以转船及分批装运。

Time of Shipment: Within ____ days after receipt of L/C allowing transshipment and partial shipments.

8. 装运口岸:Port of Loading:

9. 目的港:Port of Destination:

10. 付款条件:开给我方 100% 不可撤销、即期付款及可转让、可分割之信用证,并须注明可在上述装运日期后 15 天内在中国议付有效。

Terms of Payment: By 100% confirmed, Irrevocable, Transferable and Divisible Letter of Credit to be available by sight draft and to remain valid for negotiation in China until the 15th day after the aforesaid Time of Shipment.

11. 保险:按中国保险条款,保综合险及战争险(不包括罢工险)。

Insurance: Covering all risks and war risk only (excluding S. R. C. C.) as per the China Insurance Clauses.

由客户自理。

To be effected by the buyers.

12. 装船标记:Shipping Mark:

13. 双方同意,以装运港中国进出口商品检验局签发的品质的数量(重量)检验证书作为信用证项下议付所提出单据的一部分。买方有权对货物的品质和数量(重量)进行复验,复验费由买方负担。如发现品质或数量(重量)与合同不符,买方有权向卖方索赔。但须提供经卖方同意的公证机构出具的检验报告。

It is mutually agreed that the Inspection Certificate of Quantity (Weight) issued by the China Import and Export Commodity Inspection Bureau at the port of shipment shall be part of the documents to be presented for negotiation under the relevant L/C. The buyers shall have the right to reinspect the Quality and Quality (Weight) of the cargo. The reinspection fee shall be borne by the Buyers. Should the Quality and/or Quantity (Weight) be found not in conformity with that of the contract, the Buyers are entitled to lodge with the Sellers a claim which should be supported by survey reports issued by a recognized Surveyor approved by the Sellers.

14. 备注 REMARKS：

(1)买方须于________年________月________日前开到本批交易的信用证(或通知售方进口许可证号码)，否则，售方有权不经通知取消本确认书，或接受买方对本约未执行的全部或一部分，或对因此遭受的损失提出索赔。

The buyers shall have the covering Letter of Credit reach the Sellers (or notify the Import. License Number) before ________ otherwise the Sellers reserve the right to rescind without further notice or to accept whole or any part of this Sales Confirmation not fulfilled by the Buyers, or to lodge a claim for losses this sustained of any.

(2)凡以 CIF 条件成交的业务，保额为发票的 110%，投保险别以本售货确认书中所开列的为限，买方要求增加保额或保险范围，应于装船前经售方同意，因此而增加的保险费由买方负责。

For transactions concluded on C. I. F. basis it is understood that the insurance amount will be for 110% of the invoice value against the risks specified in the Sales Confirmation. If additional Insurance amount of coverage is required, the buyers must have the consent of the Sellers before Shipment and the additional premium is to be borne by the buyers.

(3)品质数量异议：如买方提出索赔，凡属品质异议，须于货到目的口岸之日起 3 个月内提出，凡属数量异议，须于货到目的口岸之日起 15 在内提出，对所装运物所提任何异议属于保险公司、轮船公司及其他有关运输机构或邮递机构所负责者，售方不负任何责任。

QUATLITY/QUANTITY DISCREPANCY: In case of quality discrepancy, claim should be filed by the Buyers within 3 months after the arrival of the goods at port of destination, while of quantity discrepancy, claim should be filed by the Buyers within 15 days after the arrival of the goods at port of destination. It is understood that the Sellers shall not be liable for any discrepancy of the goods shipped due to causes for which the Insurance Company, Shipping company, other transportation, organization/or Post Office are liable.

(4)本确认书所述全部或部分商品，如因人力不可抗拒的原因，以致不能履约或延迟交货，售方概不负责。

The Sellers shall not be held liable for failure or delay in delivery of the entire lot or a portion of the goods under this Sales Confirmation on consequence of any Force Major incidents.

(5)买方开给售方的信用证上请填注本确认书号码。

The buyers are requested always to quote THE NUMBER OF THIS SALES CONFIRMATION in the Letter of Credit to be opened in favour of the Sellers.

(6)仲裁：凡因执行本合同或与本合同有关事项所发生的一切争执，应由双方通过友好的方式协商解决。如果不能取得协议时，则在被告国家根据被告仲裁机构的仲裁程序规则进行仲裁。仲裁决定是终局的，对双方具有同等约束力。仲裁费用除非仲裁机构另有决定外，均由败诉一方负担。

Arbitration: All disputes in connection with this Contract or the execution thereof shall be settled by negotiation between two parties. If no settlement can be reached, the case in dispute shall then be submitted for arbitration in the country of defendant in accordance with the arbitration regulations of the arbitration organization of the defendant country. The decision made by the arbitration organization shall be taken as final and binding upon both parties. The arbitration expenses shall be borne by the losing party unless otherwise awarded by the arbitration organization.

(7)买方收到本售货确认书后立即签回一份，如买方对本确认书有异议，应于收到后 5 天内提出，否则认为买方已同意本确认书所规定的各项条款。

The Buyers are requested to sign and return one copy of this Sales Confirmation immediately after receipt of the same. Objection, if any, should be raise by the Buyers within five days after the receipt of this Sales Confirmation, in the absence of which it is understood that the Buyers have accepted the terms and conditions of the Sales Confirmation.

卖 方 THE SELLERS	买 方 THE BUYERS

式样 3－3

哈尔滨巨邦精密轴承制造有限公司

Harbin Jubang Precision Bearing Manufacture Co. ,Ltd

Room 2005&2006, Pufa Building, No. 209 Changjiang Road, Nangang District, Harbin, China 150090

销货确认书

Sales Confirmation

编号　(Code):09JB－FJ－02

日期　(Date):2019－09－01

买卖双方按照下列条件于 2019 年 09 月 1 日签定本销货确认书。

The Seller and the Buyer below named have this 1st day of Sept. ,2019,entered into this Sales Confirmation on the following terms and Conditions.

Item No.	Description of Goods	Quantity(pcs)	Unit Price(USD)	Amount(USD)
Cylindrical Roller Bearings	NJ212	200	3. 48	696. 00
Tapered Roller Bearings	30 207	200	0. 87	174. 00
Brand: HPB	30 208	500	1. 04	520. 00
Rings and Rollers:100%Chromium	30 209	500	1. 17	585. 00
Steel GCr－15 Conform With AISI52100	30 210	200	1. 30	260. 00
Cages Made of Pressed Carbon Steel	30 215	200	3. 12	624. 00
Standard: China Standard(ABEC1)	32 309	1 000	2. 67	2 670. 00
Delivery Date:	32 310	300	3. 47	1 041. 00
Tt is about 40－50 Days	32 212	1 000	2. 42	2 420. 00
	32 215	500	3. 88	1 940. 00
	32 219	50	7. 88	394. 00
	32 220	100	9. 58	958. 00
	LM48548/LM48510	2 000	0. 76	1 520. 00
	LM11949/LM11910	1 000	0. 51	510. 00
	25 590/25 520	1 000	1. 35	1 350. 00
	LM67048/LM67010	2 000	0. 65	1 300. 00
	462/453X	200	2. 25	450. 00
	575/572	200	4. 85	970. 00
	TOTAL:	11 150		18 382. 00

Terms of Delivery: CFR Keamari Karachi

Packing: In Strong HPB Brand Printed Individual Box Than Strong Seaworthy HPB Printed Cartons Than Strong Pallets In Plastic Ploy bag Of Good Quality.

Port of Loading:Dalian , China Seaport.

Port of Discharge: Keamari Karachi Seaport.

Terms of Payment: 50% Payment By L/C and Remaining 50% By Advance Before Shipment.

Shipping Documents: Full Documents On Board.

Insurance: To Be Effected By The Buyer.

Buyer　　　　Seller

F. J. Trading Corporation　　　　Harbin Jubang Precision Bearing Manufacture Co. ltd

Karachi ,Pakistan

Signature　　　　Signature

复 习 题

一、课堂讨论题

1. 我方外贸公司对外出口一批货物,合同规定2019年11月10日交货,因11月10日无船前去该国,便立即与进口商联系延续20天。对方表示同意以后,我方在11月25日装船,30日持全套单据向议付行议付。银行审单后予以拒付。为什么?

2. 上海某外贸公司与日商签订一份出口合同。我方按合同规定的品质、数量、交货时间等条件履行后,持全套单据进行了议付。货到达目的地,日商发现货物数量短缺,便直接向我方提出索赔,我方对此予以拒绝。为什么?

3. 某外贸公司与澳大利亚客商签订一份销售合同,目的港为悉尼。由于单证员疏忽,制单时误填为墨尔本,以致进口货物到达该地。设想一下,这种疏忽会给我方带来什么经济影响?

二、实务题

根据合同回答问题。

Sales Contract

No. :ss03

Date: May 20. 2019

Seller: Shanghai stationery and sporting goods Imp. and Exp. Corp.

Address : 5 – 15 mansion 1230 – 1240 Zhongshan road, shanghai

Buyer: Smith Co. Ltd.

Address :The Jane street, Kong zone, London, England.

This contract is made by and between the buyers and the sellers, whereby the buyers agree to buy and the sellers agree to sell the undermentioned commodity according to the terms and conditions stipulated below:

1. Name of commodity: men's gloves.
2. Specification: Model No. 5.
3. Quantity: 2 000 dozens.
4. Unit Price : CFR Amsterdam USD 45. 00 Per dozen.
5. Amount : USD 90 000. 00(Say U. S. Dollars Ninety Thousand Only).
6. Shipment : From Shanghai , China To Amsterdam, Holland Not Later Than July 30, 2019 with transshipment and partial shipment not allowed.
7. Packing: By Seaworthy cartons(CTNS).
8. Insurance: To be covered by buyers.
9. Terms of Payment: By irrevocable letter of Credit at Sight.
10. Shipping Marks: At sellers' option.

(1)合同的签约日期 (2)合同标的

(3)交易数量 (4)单价和总价

(5)装运港和目的港 (6)装运期

(7)保险由谁办理 (8)支付方式

第四章 结算方式

【本章导读】

国际结算方式直接涉及进出口双方的根本利益，是国际贸易中买卖双方最为关注的问题之一。国际贸易中所运用的结算方式主要为汇付、托收和信用证。汇付与托收属于商业信用，进出口双方都面临一定风险，银行信用的介入能使贸易风险大大降低，信用证是一种建立在银行信用基础上的结算方式，得到进出口商的认可，在国际贸易中广泛应用，并成为国际结算领域中最重要的贸易结算方式。不同结算方式下制单的要求和单证的流转都有所不同。本章主要介绍汇付、托收和信用证结算方式的基本知识、业务流程、特点及相关单据的处理。

【学习目标】

通过本章的学习，可以深入了解汇付、托收和信用证的概念、种类及特点，掌握汇付、托收支付的业务流程及申请单据的填制，有利于掌握信用证结算的业务流程、开立申请书的填制及其审核信用证的规则和技巧。

【关键概念】

汇付(Remittance)　　电汇(Telegraphic Transfer,T/T)

信汇(Mail Transfer,M/T)　　票汇(Demand Draft,D/D)

托收(Collection)　　托收申请书(Application for Collection)

托收指示(Collection Instruction)

即期付款交单(Documents against Payment at Sight,D/P at Sight)

远期付款交单(Documents against Payment after Sight or Date,D/P after Sight or Date)

承兑交单(Documents against Acceptance,D/A)

《托收统一规则》(*Uniform Rules for Collection*,简称 URC522)　信用证(Letter of Credit,L/C)

《跟单信用证统一惯例》(*Uniform Customs and Practice for Documentary Credits* 600, UCP600)

在国际贸易业务中,进出口双方要采取用一定的支付工具并通过一定的结算方式,才能实现资金从债务人向债权人的转移。结算方式的种类很多,按资金的流向和结算工具的传送方向来划分,可以分为顺汇法和逆汇法两大类。顺汇法是指付款人主动委托银行使用某种支付工具,将款项支付给收款人,资金和支付工具的运动方向是一致的,这实际上就是银行的汇付业务。逆汇法是指收款人出具某些票据作为支付工具,委托银行向付款人收取款项。由于支付工具与资金的流动方向相反,这种结算方法称为逆汇法。托收和信用证方式都属于逆汇法。

第一节 汇 付

一、汇付的含义及当事人

1. 汇付的含义

汇付(Remittance),也称汇款,是指银行接受客户的委托,通过其自身建立的通汇网络,将客户的款项交付给收款人。汇款是国际贸易中最古老、最简单,也是最灵活的支付方式。

国际贸易货款的收付若采用汇付方式,一般是由买方按买卖合同约定的条件(如收到单据或货物)和时间,将货款通过银行汇交给卖方。通常是由付款人向付款地银行填写汇付申请书,银行通过使用汇票、支付委托书和划账凭证等将货款转移至收款地银行付给收款人,实现货款的收付。这种方式下,进口商需主动按合同规定通过银行汇款给出口方。由于结算工具的流向与资金的流动方向相同,因此,汇付属于顺汇方式。

2. 汇付的当事人

在汇付业务中通常有四个基本当事人。

(1)汇款人(Remitter)。汇款人是拥有款项并申请汇出的一方。在进出口贸易中,汇款人为负有债务的进口商。

汇款人在委托汇出行办理汇款时,首先,要出具汇款申请书(Application for Remittance),汇款申请书的格式与内容参见式样 4 - 1。此申请书是汇款人和银行之间的一种契约。汇款申请书一般一式两联:一联为汇款申请书,另一联为汇款回执。在申请书中汇款人应标明收款人的名称、地址、国别,收款人账号,汇款货币与金额,使用的汇款方式等项内容。其次,要交付与汇款金额一致的汇出款项及办理汇款的手续费。如以人民币汇出外币时,除应交付等值的人民币现金或支款凭证外,还应提交按国家规定准许使用外汇的证明;如以他行支票汇款者,应待汇出行通过交换等途径收妥后才能办理汇出手续。

式样 4 - 1

招商银行
CHINA MERCHANTS BANK

汇 款 申 请 书

APPLICATION FOR OUTWARD REMITTANCE

(请用正楷填写及在合适的方格内用“×”记号标明)

(PLEASE FILL IN BLOCK LETTERS AND TICK APPROPRIATE BOXES)

日期(Date):____________

□电汇(Telegraphic Transfer)

□信汇(Mail Transfer)

□票汇　　付款地点____________

Demand Draft, drawn on ____________

敬启者

Dear Sirs

本人(等)已详阅、了解和同意列于此页背面的各条款,兹委托贵行根据该等条款代办下列汇款。

We hereby request you to effect the following remittance subject to the conditions overleaf, to which I/we have read, understood and agreed.

收款人 Beneficiary		
收款人账号 A/C No. of Beneficiary		
收款行名称及地址 Name & Address of Beneficiary's Bank		
收款行之代理行 Correspondent of Beneficiary's Bank		
汇款人 Remitter		
汇款货币及金额 currency & Amount		国外银行费用由“×”支付,如未注明,则由收款人负担 (All foreign bank's charges for “×” account, If not specified, all charges are to be borne by beneficiary) □ 收款人(Beneficiary) □ 汇款人(Remitter)
密押 Test key		
附言 Message		

* 汇往境外汇款,请以英文填写汇款申请书。

* 开立汇票,请注明取票人姓名及有效证件号:____________

有关上述汇款的总额,兹

In payment of the above remittance and charges

请付本人(等)账户号

Please debit my/our account No. ____________ with you.

	银行专用（For Bank Use Only）
______________________ 申请人签署 Applicant 's Signature 姓名 Name ______________________ 身份证明文件号码 Identity Document. No. ______________________ 地址 Address ______________________ 电话 Tel. No. ______________________	

（2）收款人（Payee）。收款人也称受益人，是汇付款项的最终接受者。在进出口贸易中，收款人通常是出口商。当收款人接受了解付的汇款后，意味着该笔款项支付或债权债务清偿的完成。如果银行完全按汇款人的汇款申请书办理了该笔汇款，款项已入收款人账户或收款人已根据汇款通知接受了款项并未提出任何异议，这笔汇款对汇出行和汇入行的责任则终止。

（3）汇出行（Remitting Bank）。是受汇款人委托而汇出款项的银行。在进出口贸易中，通常是进口商所在地的银行，多为进口商的开户行。

一旦接受汇款人的汇款申请书，汇出行与汇款人之间的委托契约就宣告成立，并发生效力。因此，汇出行必须严格按汇款人在汇款申请书中委托的内容，缮制支付授权书（Payment Order，以下简称 P. O.，见式样 4－2），选择好汇款线路，指示其在收款人所在国的联行或代理行（即汇入行），办理该项汇出汇款的解付，直到收款人从汇入行那里收妥汇款为止。

（4）汇入行（Paying Bank）。也称解付行，是受汇出行委托并协助办理汇款业务的银行，汇入行通常是汇出行在出口国的联行或与之有代理协议的代理行。在国际贸易中，汇入行通常是出口商所在地的银行。

二、汇付的种类

根据银行发出委托付款指示的传递方式不同，汇付可以分为电汇、信汇和票汇三种类型。

1. 电汇

电汇（Telegraphic Transfer，T/T）是指汇出行应汇款人的申请，通过加押电报或电传的方式指示汇入行解付一定金额给收款人。汇出行在发电后，为防止传递电文有误，通常还以航空信件形式向汇入行寄发“电汇证实书”（Cable Confirmation），供汇入行查对。

式样 4 - 2

支付授权书

中国农业银行
支付授权书
Payment Order

信汇号码
MT Ref. 180MT920667

敬启者
Dear Sirs,
下列汇款请即解付,如有费用请内扣。
Please advise and effect the following payment to the debit of out/our head office account, less your charges if any.

汇出地点时期
Place and Date: Changsha, Aug. 12, 2004

此致 Kincheng Banking Corp.
To HongKong

收款人 Beneficiary	Multi-Profit Co. Ltd	金额 Amount
地址或账号及收款银行 Address or A/C No. & Beneficiary's Banker	A/C No. 234567 with your fine bank	HKD 500 000. 00
大写金额 Amount in words	HongKong Dollars Five Hundred Thousand Only	
汇款人 By Order of	China Native Produce and Animal By-products I/E Corp.	
附言 Details of Payment	Freight under B/L No. JPXM008	

IN CASE OF CASH PAYMENT, KINDLY SEND US THE BENEFICIARY'S RECEIPT

For THE AGRICULTURAL BANK OF CHINA
Authorized Signatures

电汇的最大特点是交款迅速、安全可靠。它是三种汇款方式中使用最广的一种。在进出口贸易中,如果付款人付款的时间紧迫或付款金额较大,多采用这种方式对外付款。

2. 信汇

信汇(Mail Transfer,M/T)是指汇出行应汇款人的申请,通过信函指示汇入行解付一定金额给收款人。信汇与电汇相比具有节省费用的特点,因为用信函通知汇款比用电报或电传通知所发生的直接成本低,而且资金在途时间长,因此银行收取的手续费较低。但信汇汇款所需时间比电汇要长,这直接影响收款人的收款时间。因此,信汇在进出口贸易中的使用不如电汇广泛。

3. 票汇

票汇(Demand Draft,D/D)是指汇出行应汇款人的申请,开立以汇入行为付款人的银行汇票,交汇款人由其自行携带出国或寄给收款人凭票取款。

票汇与电汇、信汇的不同是具有较大的灵活性。根据汇款人的需要,汇出行签发不同抬头的银行汇票,汇款人可将汇票带到国外亲自取款,也可以将汇票寄给国外的债权人由其取款;票汇的汇入行无须通知收款人前来取款,收款人自行持票到汇入行取款;票汇的收款人可以通过背书转让汇票,而电汇和信汇方式下因不签发汇票,在汇入行付款前不存在票据的流通转让问题,且由于票汇使用的汇票是银行汇票,经收款人背书后,可以在市场上流通，如果汇票在到达汇入行要求其付款前，经过多次的转让，那么银行就可以利用这期间的汇款资金。汇票在流转时持续的时间愈长，对银行愈有利，所以，票汇为银行提供了更多的利润。

三、汇付的业务流程

在国际贸易中，汇付方式具体运用于预付货款和赊销业务，进出口双方通常采用电汇方式收付货款。此种情况下，前者在实务中经常被称为“前 T/T”，后者被称为“后 T/T”。

1. 电汇、信汇业务流程

电汇、信汇业务流程如图 4-1 所示。

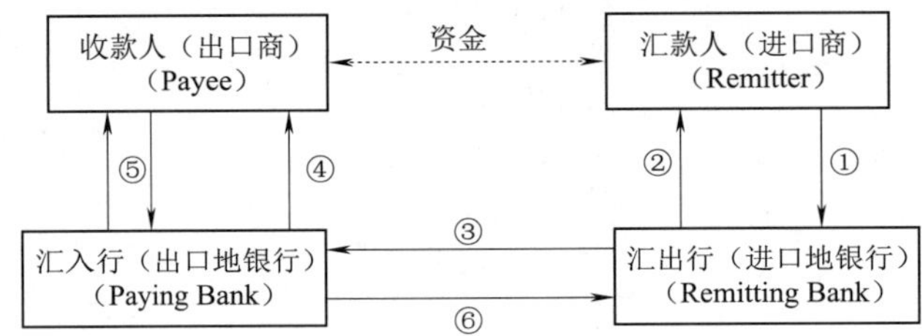

图 4-1　电汇、信汇业务流程

图示说明：

① 汇款人填写汇款申请书，声明采用 T/T(M/T)方式汇款并交款付费。

② 汇出行接受汇款委托后，向汇款人出具 T/T 回执(M/T 回执)。

③ 汇出行按汇款申请书的要求缮制 P. O. ，注明为电汇(信汇)，然后用电报或电传(航空邮寄)等方式通知汇入行解付款项给收款人。

④ 汇入行核对 P. O. 上的密押，无误后缮制电汇通知书(信汇通知书)，通知收款人取款。

⑤ 收款人在电汇通知书(信汇通知书)上签章，汇入行解付汇款。

⑥ 汇入行付款后，将付讫借记通知书寄给汇出行。

2. 票汇业务流程

票汇业务流程如图 4-2 所示。

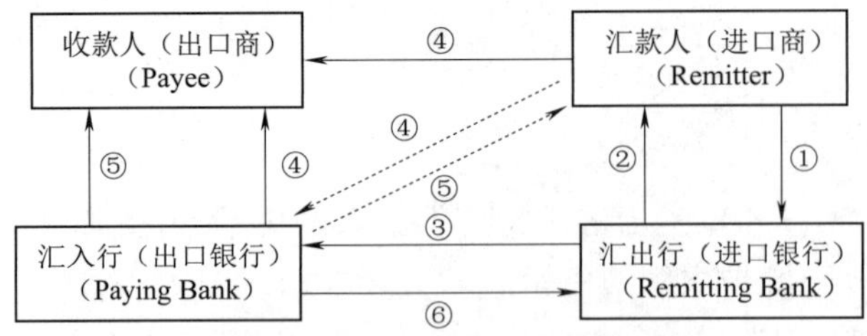

图 4-2　票汇业务流程

图示说明：

① 汇款人填写汇款申请书声明采用 D/D 方式汇款并交款付费。

② 汇出行开出以汇入行为付款人的银行汇票交给汇款人。

③ 汇出行缮制 P. O.（注明为票汇）通知汇入行向持票人付款。

④ 汇款人将银行汇票寄给收款人由其凭票取款或自行携带出境上门取款。

⑤ 收款人或汇款人向汇入行提示汇票，汇入行核对无误后付款。

⑥ 汇入行付款后将付讫借记通知书寄给汇出行。

票汇与其他汇款方式相比较，票汇的汇兑速度取决于汇款人寄发汇票的时间及邮递速度，银行通常可占用在途汇款资金。此外，票汇汇费与信汇汇费水平大体一致。

第二节　托　　收

托收（Collection）是国际贸易中常见的一种结算方式，用于货款结算时，托收是出口方委托银行向进口方收款的一种方法。目前，在我国外贸实践中，有些交易的货款结算也采用托收方式进行。

一、托收的含义及当事人

1. 托收的含义

托收是指债权人为向国外的债务人收取销售货款或劳务报酬，开出以债务人为付款人的汇票，委托其所在地银行通过其在国外的联行或代理行向债务人提示票据、收取货款。

实际业务中，托收的一般做法是，出口商根据买卖合同先行发运货物后，开立以进口商为付款人的汇票（或不开汇票），连同商业单据（主要是指提单、商业发票和保险单等）一起向出口地银行提出托收申请，委托出口地银行（托收行）通过其在进口地的联行或代理行（代收行）向进口商收取货款。托收方式下，结算工具的传递方向与资金流动的方向相反，被称为“逆汇”。托收是一种比较有利于买方的结算方式。

2. 托收的当事人

在托收方式中，最基本的当事人一般有 4 个。

（1）委托人（Principal），又称出票人，即将单据交给银行委托其向国外的债务人收取票款的人。在进出口贸易中，委托人即出口商。委托人应严格按合同约定向进口商按质、按量及时交运货物，向进口商提交符合合同规定的各种单据。

作为委托人，出口商与托收行依据托收申请书（Collection Application）建立委托代理关系。托收申请书（见式样 4－3）是委托人与托收行之间关于该笔托收业务订立的契约性文件，也是银行进行该笔托收业务的依据，委托人应明确托收申请书中各项指示。

（2）托收行（Remitting Bank），是接受委托人委托而办理转托收款的银行。在进出口贸易中，托收行为出口商所在地银行，且多为其开户行。

托收行在托收业务中完全处于代理人的地位。作为代理人，托收行必须按委托人的指示办事，具体体现为严格按照委托人的托收申请书缮制托收指示（Collection Instruction）。托收指示（见式样 4－4）由托收行根据托收申请书缮制，授权代收行处理单据的法律文件，是寄送托收单据的面函；托收行按照托收申请书核实所收单据种类和份数是否相符；托收行应谨慎从事，并承担因自身过失造成的损失。

式样 4－3

银行填写

日期__________

托收申请书

致　　银行

敬启者：兹附下列单据请贵银行与通汇银行按下列项目予以托收。

金　额______________

受票人______________

地　址______________

装　船______________

由______________至______________载船名称

应附单据

海运提单	发票	保险单	装箱单	原产地证明书

指　示

受票人付款交单/承兑交单

未获承兑或付款，免作拒绝证书，采用电挂/航邮方式通知

委托人所指派代表查询处

所需银行费用由托收申请人/受票人承担

当款额收讫采用电挂/航寄汇出

特别指示______________________________

在运用条款前方格作“×”标记		请转递托收汇款并将托收款额记入申请人账户
		请购买托收汇款并将托收款额记入申请人账户

本申请人向银行偿付由受票人应付而未付的全部银行费用。

兹同意并授权选择其代收银行，依上述所列事项予以托收。贵银行对代收银行及其分理行的任何疏忽行为，不履行责任。延迟、无力偿还债务或倒闭等，不承担责任。

本申请书依《托收统一规则》(1995 年国际商会出版物第 522 号)开立

授权签章______________

(3)代收行(Collecting Bank)，是受托收行委托向债务人收取款项的银行，一般为托收行设在债务人所在地的国外联行或代理行。在进出口贸易中，代收行为进口商所在地的银行。

在实务中，如果代收行同意代收，应严格按托收指示履行代收义务，并确认所收到的单据与托收指示所列是否一致；代收行必须及时向托收行通知代收情况，并将收妥的款项按托收指示无延误地拨交给托收行。

(4)付款人(Payer/Draw)，即债务人，在进出口贸易中付款人即为进口商。托收项下付款人的主要责任是履行贸易合同项下的付款义务。

式样 4－4

托收指示

Collection Instruction

To: Date:

We hand you the under mentioned items for disposal in accordance with the following instructions and subject to the items and conduction set out overleaf for □COLLECTION □Please advance against the bill/documents □NEGOTIATION under □Please do not made any advance Documentary Credit							
Please make number of DOCUMENTS ATTACHED							
Draft	B/L	Airway Bill	Cargo Receipt	Commercial Invoice	Cert. Quality and Quantity	Cert. Of Origin	Ins. Policy
OTHER DOCUMENTS							
OUR A/C NO.							
DRAWEE							
ISSUING BANK				DOCUMENTARY CREDIT NO.			
TENOR			DRAFT NO. /DATE			DRAFT AMOUNT	
FOR"BILLS NOT UNDER L/C", PLEASE FOLLOW INSTRUCTIONS MARKED " × "							
□Deliver documents against PAYMENT							
□Deliver documents against ACCEPTANCE							
□Acceptance/Payment may be deferred pending arrival of carrying vessel							
Collection charges outside HONG KONG for account of Drawee							
□Please collect interest at ____%p. a. from Drawee							
□Please waive interest/charge							
□Do not waive interest/charge if refused							
In the event of dishonor							
Please warehouse and insure goods for our account							
□Please do not protest □Protest							
□Advise dishonor by □Airmail □Cable							
□In case of need refer to ________ who will assist you to obtain acceptance/payment but who has no authority to amend the terms of the bill							
□Designated Collecting Bank (if any)							
PAYMENT INSTRUCTIONS □Please credit proceeds to our A/C NO. □Others							
OTHER INSTRUCTION In case of any queries, please contract our Mr. /Miss ________________ Tel No. __________							

在出口商提交了足以证明其履行合同义务的单据时，付款人应按合同规定汇款。如果付款人在规定期限内不付款或承兑，必须向提示行说明理由，否则便构成违约。付款人在付款前，有权按照合同审核单据，如有不符合合同要求的，有权拒付。

以上四个是托收的主要当事人，在此基础之上，国际商会还规定了提示行和需要时的代理作为托收结算方式的当事人。

(5)提示行(Presenting Bank)，也称交单行，是跟单托收中向付款人提示汇票和单据的银行。一般情况下，代收行委托与付款人有往来账户关系的银行为提示行，也可以由自己作提示行。

(6)“需要时的代理”(Principal's Representative in case-of-Need)，指的是委托人为了防止因付款人拒付而发生无人照料货物的情形，在付款地事先指定的代理人。此代理人通常被授权当发生拒付时代为料理货物的存仓、保险、转售或运回等事宜。

二、托收的种类及业务流程

托收又分为光票托收和跟单托收。跟单托收就是卖方将跟单汇票(附有货运单据)或不带汇票的货运单据交银行代为向买方收取货款的方式。国际贸易中主要使用跟单托收。

1. 光票托收

光票托收(Clean Collection)是指委托人仅凭金融单据而不附商业单据，委托银行代为收款的托收方式。常见的金融单据有银行汇票、本票、支票、旅行支票和商业汇票等。托收如以汇票为收款凭证，则使用光票。

光票托收不随附货运单据，不涉及货物的转移和处理，银行只根据票据收款，业务处理比较简单。在进出口贸易中，光票托收的金额一般都不大，主要用于收取货款的尾数及样品费、佣金、代垫费用、赔款以及其他贸易从属费用等小额款项。

2. 跟单托收

跟单托收(Documentary Collection)是指附带商业单据(主要指货运单据)的托收。跟单托收如以汇票作为收款凭证，则使用跟单汇票。这种方式可以附带金融单据，也可以不附带金融单据。国际贸易一般把货运单据的交付和货款的支付当作对流条件，通常的托收多指跟单托收，在进出口贸易中使用最广。

跟单托收根据交付单据的条件不同，区分为付款交单和承兑交单两种。

(1)付款交单(Documents against Payment, D/P)，是指委托人指示代收行在付款人付清款项后将单据交出。即付款人“付款在先，取单在后”，付款是取单的先决条件。付款交单按委托人所开出的汇票付款期限的不同又可分为即期付款交单和远期付款交单两种形式。

即期付款交单(Documents against Payment at Sight, D/P at Sight)，是指委托人开立即期汇票，代收行收到单据和汇票，立即向付款人提示，付款人审单无误付清票款后，代收行交出单据。采用这种方式，原则上代收行第一次提示单据时，付款人就应立即付款。但实际业务中，进口商有时为减少风险，往往坚持在货物到达后再履行付款义务。对此，出口商为避免延期收款，在委托银行收款时，应对付款交单的时间做出严格的限定，即期付款交单业务流程如图4-3所示。

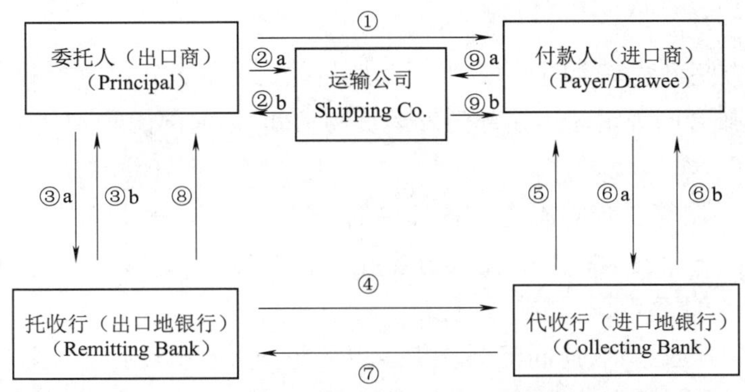

图 4－3　即期付款交单业务流程

图示说明：

①进出口双方签订贸易合同，约定采用即期付款交单的方式结算货款。

② a. 出口商按合同规定向运输部门发运货物；②b. 运输部门收到货物后向出口商签发运输单据。

③ a. 出口商缮制符合合同规定的各种单据，开立即期汇票，填写托收申请书（Application for Collection），声明“即期付款交单”，连同全套货运单据交托收行委托其代收货款；③b. 托收行审单无误后，向委托人出具回单，作为收到汇票及单据的凭证。

④托收行缮制托收指示（Collection Instruction），连同汇票及货运单据等交代收行委托其代收货款。

⑤代收行按托收委托书向进口商提示单据和汇票。

⑥ a. 进口商审核单据付款；⑥b. 代收行交单给进口商。

⑦代收行根据指示，通知托收行款已收妥。

⑧托收行将收妥的款项付给出口商。

⑨ a. 进口商携单据到指定的运输部门提货；⑨b. 运输部门付货。

远期付款交单（Documents against Payment after Sight or Date，D/P after Sight or Date），是指委托人收到远期付款的汇票和单据后，立即向付款人提示，付款人见票先办理承兑手续，汇票到期代收行再行提示，付款人付清货款后代收行交出单据，远期付款交单业务流程如图 4－4 所示。

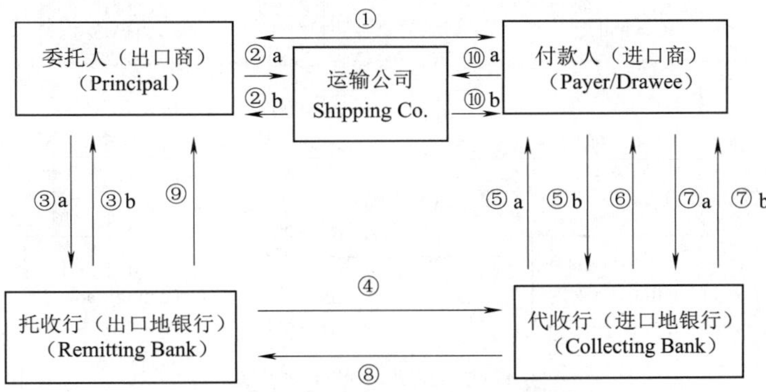

图 4－4　远期付款交单业务流程

图示说明：

①进出口双方签订贸易合同，约定采用远期付款交单的方式结算货款。

② a. 出口商按合同规定向运输部门发运货物；②b. 运输部门收到货物后向出口商签发运输单据。

③ a. 出口商缮制符合合同规定的各种单据，开立远期汇票，填写托收申请书，声明“远期付款交单”，连同全套货运单据交托收行委托其代收货款；③b. 托收行审单无误后，向委托人出具回单，作为收到汇票及单据的凭证。

④托收行缮制托收指示，连同汇票及货运单据等交代收行委托其代收货款。

⑤ a. 代收行按托收委托书向进口商提示单据和汇票；⑤b. 进口商经审核无误在汇票上承兑后，代收行收回票据与单据。

⑥代收行到期再向进口商提示单据和汇票。

⑦ a. 进口商付款；⑦b. 代收行交单给进口商。

⑧代收行根据指示，通知托收行款已收妥。

⑨托收行将收妥的款项付给出口商。

⑩ a. 进口商携单据到指定的运输部门提货；⑩b. 运输部门付货。

在远期付款交单下，付款人承兑了汇票，但还不能拿到代表物权的单据，在汇票到期支付前这一段时间，所有单据都由代收行保管，出口商仍可以通过代收行控制物权。在交单条件这一点上，远期付款交单与即期付款交单是没有区别的。

需要说明的是，在远期付款交单条件下，当货物与单据均已到达进口地，但付款期限未到，代收行可以允许进口商在付款之前凭出具的信托收据（Trust Receipt，简称 T/R），向代收行借取货运单据，提货并销售，到期时再将货款偿还代收行换回信托收据。信托收据是进口商表示愿意以代收行受托人的身份先行提货，并承认货权属于银行，保证在汇票到期时向银行付清货款的一种书面担保文件。在远期付款交单条件下，进口商要求代收行对其提供资金融通时，必须提供这种担保文件。

（2）承兑交单（Documents against Acceptance，D/A），是指委托人开立远期汇票，代收行收到汇票和单据，立即向付款人提示，付款人承兑后，代收行即交出单据，等到汇票到期进口商再履行付款义务，承兑交单业务流程如图 4－5 所示。

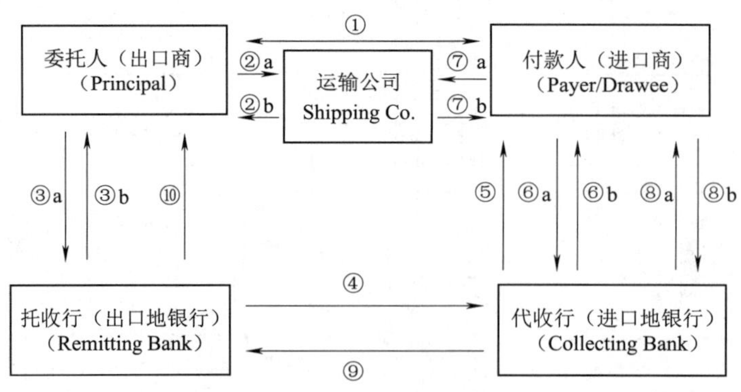

图 4－5　承兑交单业务流程

图示说明：

①进出口双方签订贸易合同，约定采用承兑交单方式支付货款。

② a. 出口商按合同规定发运货物；②b. 运输部门向出口商签发运输单据。

③ a. 出口商缮制符合合同规定的各种单据，开立远期汇票，填写托收申请书，声明“承兑交单”，连同全套货运单据交托收行；③b. 托收行向委托人出具回单，作为收到汇票及单据的凭证。

④托收行缮制托收指示，连同汇票及货运单据等交代收行委托其代收货款。

⑤代收行向付款人提示单据和汇票。

⑥ a. 进口商审核单据并承兑远期汇票；⑥b. 代收行交单。

⑦ a. 进口商携单据到指定的运输部门提货；⑦b. 运输部门付货。

⑧ a. 代收行到期再向进口商提示汇票；⑧b. 进口商付款。

⑨代收行根据指示，通知托收行款已收妥。

⑩托收行将收妥的款项付给出口商。

承兑交单与付款交单的最大区别是：代收行交出单据的先决条件是付款人在远期汇票上作承兑表示，而不是付款。这样，如果付款人凭承兑取得单据并将货物提走后，汇票到期时不履行付款义务，委托人就可能因此遭受“钱、货两空”的风险。因此，承兑交单的风险远远大于付款交单，委托人使用这种方式时一定要谨慎。综上可见，不同的交单方式对进出双方的影响是不同的。对出口商而言，最理想的托收结算方式是即期付款交单，其次是远期付款交单，最后是承兑交单。

第三节　信用证

信用证（Letter of Credit，L/C）结算方式产生于 19 世纪后期，是在第二次世界大战后随着国际贸易、航运、保险以及国际金融的发展而逐渐发展起来的一种结算方式。它以银行信用为基础，由进口地银行向出口商提供付款保证，使得出口商的收款风险降低，而出口商必须提交与信用证相符的单据，才可以获得付款，进口商的收货风险也相对减少。因此，信用证在一定程度上解决了进出口商之间互不信任的矛盾。自出现以来，信用证结算方式发展迅速，并在国际贸易中被广泛应用。

一、信用证的含义及性质

1. 信用证的含义

简而言之，信用证（Letter of Credit，简称 L/C）是银行开立的有条件承担第一性付款责任的书面文件。具体地说，它是银行（开证行）根据进口方（开证申请人）的要求和指示，向出口方（受益人）开立的，在一定期限内凭符合信用证条款规定的单据，即期或在可以确定的将来日期，对出口方支付一定金额的书面保证文件。

2007 年最新修订的《跟单信用证统一惯例》（即国际商会第 600 号出版物，简称《UCP600》）第二条定义中对信用证的定义是：

信用证指一项不可撤销的安排,无论其名称或描述如何,该项安排构成开证行对相符交单予以承付的确定承诺。

本定义中的承付指:

(1)如果信用证为即期付款信用证,则即期付款。

(2)如果信用证为延期付款信用证,则承诺延期付款并承诺到期日付款。

(3)如果信用证为承兑信用证,则承兑受益人开出汇票并在汇票到期日付款。

《UCP600》对信用证的定义与以往的《跟单信用证统一惯例》相比有所不同:一是它强调了信用证存在着以银行自身名义开出这种情况;二是它强调开证行对信用证的义务是付款、或承兑并付款、或授权另一家银行付款或承兑并付款、或授权另一家银行议付。

信用证是在汇付和托收等商业信用结算方式基础上演变而来的一种比较完善的结算方式。它与这两者最大的不同是银行充当了进出口方之间转移货运单据和货款的中间人与保证人,因而它解决了进出口方之间互不信任、不愿意冒风险预先发货或预付货款的问题,保证了交易的安全性。

2. 信用证的性质

根据信用证含义及《UCP600》的规定,信用证具备 3 个基本特征。

(1)信用证是银行承担第一性付款责任的书面承诺。

在信用证结算方式下,开证行以自己的信用作出付款保证,处于第一付款人的地位。根据《UCP600》规定,信用证一经开出,只要受益人按信用证规定提交相符单据,就保证能从银行取得货款。所以,出口商发货后,不是向进口商收款,而是向开证行或其指定银行收款。信用证是开证行的付款承诺,开证行对受益人的责任是一种独立的责任。这也正是信用证与汇付和托收两种商业信用结算方式的本质区别。

(2)信用证是一份独立的、自足性的文件。

《UCP600》规定,信用证与其可能依据的买卖合同或其他合同是相互独立的交易。信用证是依据货物销售合同或其他合同开出的,但信用证一经开立,即成为独立于此类合同之外的、不依附于此类合同的另一个合同,即使信用证中提及该合同,开证行也与该合同无关,且不受其约束。因此,银行关于承付、议付或履行信用证项下其他义务的承诺,不受申请人基于其与开证行或与受益人之间的关系而产生的任何请求或抗辩的影响。因此,银行只对信用证负责,只凭信用证所规定的单据向出口商付款,而不管出口商是否履行买卖合同、所提交的单据是否符合合同的要求。

(3)信用证业务是一种纯粹的单据业务。

《UCP600》规定:“银行处理的是单据,而不是单据所涉及的货物、服务或其他行为。”信用证业务是一种纯粹的单据业务,银行虽有义务“合理小心地审核一切单据”,但这种审核,只是用以确定单据表面上是否符合信用证条款,开证行只根据表面上符合信用证条款的单据付款,因此,银行对任何单据的形式、完整性、准确性、真实性以及伪造或法律效力,或单据上规定的或附加的一般和/或特殊条件概不负责。信用证业务实行的是严格相符原则,不仅要做到“单证一致”(受益人提交的单据在表面上与信用证规定的条款一致),还要做到“单单一致”(受益人提交的各种单据之间的表面上一致),单内相符。只要出口商按信用证条款履行交货责任,并向银行提交符合信用证条款的单据,银行必须履行付款义务。反之,如果出口商提交的单据与信用证有不符之处，即使货物完全符合合同要求，银行有权拒付货款，此时出口商只能与进口商交涉。

二、跟单信用证业务的操作流程

信用证结算方式程序比较复杂，从进口商向银行申请开立信用证，一直到开证行付款后又向进口商收回垫款，要经过多道环节，并办理各种手续。图 4－6 所示为国际贸易结算中常用的跟单议付信用证业务的基本流程。议付信用证一般要依次经过五个主要环节，即：进口商申请开立信用证；银行接受申请并开出信用证；通知银行审证并向受益人通知信用证；受益人提交符合信用证条款规定的单据要求银行付款；开证行付款后向进口商提交单据要求进口商付款赎单。

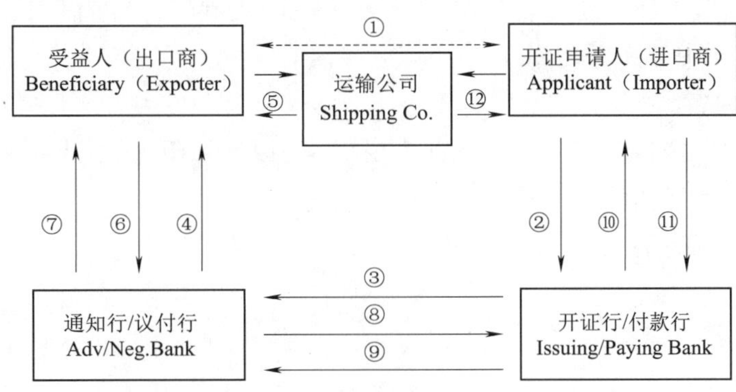

图 4－6 跟单议付信用证的业务流程

图示说明：

①进出口双方签订贸易合同，约定采用信用证方式支付货款。

②进口商填写开证申请书，向其所在地银行申请开立不可撤销跟单议付信用证，并交纳开证押金或提供开证担保。

③进口商所在地银行根据开证申请书，开立以出口商为受益人的不可撤销跟单议付信用证。

④通知行审核信用证印鉴或密押，无误后交给出口商。

⑤出口商审核无误后（受益人若对信用证有异议，可提出修改要求），按贸易合同与信用证规定发运货物，并从运输部门取得货运单据。

⑥出口商缮制符合信用证规定的各种单据，开立汇票，持全套货运单据在信用证规定的有效期内向议付行请求议付。

⑦议付行审核单据无误后，向受益人垫付款项（即议付）。

⑧议付行付款后，将汇票与货运单据等寄交开证行或付款行索取垫付款项。

⑨开证行或付款行审核单据无误后，向议付行付款。

⑩开证行付款后，通知进口商付款赎单。

⑪进口商审单无误后，付款赎单。

⑫进口商凭货运单据提货。

三、信用证的基本内容

1. 信用证的开立形式

根据开立形式，信用证可分为信开信用证（简称信开本）和电开信用证（简称电开本）。

1）信开本

信开本信用证（Mail Credit）是指以信函格式开立，并用航空挂号方式传递的信用证。信开本信用证银行一般都有印制好的格式，开立时填入具体内容即可。这种信用证传送速度比较慢，容易被不法分子伪造，所以目前大多数银行已经不再采用。

2）电开本

电开本信用证（Cable Credit）是指开证行以电报（Cable）、电传（Telex）或 SWIFT 等电信方式传递和开立的信用证。随着现代电信业务的飞速发展，电开本信用证（尤其是 SWIFT 信用证）在实务操作中被广泛使用。

2. 信用证的内容

无论信用证的形式、名称有何不同，其主要内容（以 SWIFT 信用证为例）还是基本一致的，根据《UCP600》规定，信用证一般包括以下内容。

1）信用证本身固有的内容

（1）电文页次。

（2）信用证类型。

（3）信用证号码。

（4）信用证开证日期。

（5）信用证金额。

（6）信用证有效期和到期地点。

（7）信用证兑付方式。

（8）开证申请人。

（9）受益人。

2）汇票条款

（1）汇票的付款人。

（2）汇票期限。

3）运输条款

（1）分批装运和转运。

（2）装船、发运和接收监管的地点、目的港和最迟装运期。

4）货物条款

货物描述和包装等。

5）单据条款

单据条款主要包括单据的种类，例如商业发票（COMMERCIAL INVOICE）、提单（BILL OF LADING）、保险单（INSURANCE POLICY）、产地证（CERTIFICATE OF ORIGIN）和其他单据等；单据的份数，例如一份（In one copy）、二份（In duplicate）、三份（In triplicate）、四份（In quadruplicate）；单据填制要求；单据出单人要求等。

6)其他条款

其他条款主要包括交单期限、费用、保兑指示、给付款行、承兑行、议付行的指示,寄单方法,索汇方法,开证行付款保证,惯例适用条款,开证行签字或电开证中的密押等。信用证式样如式样 4 - 5 和式样 4 - 6 所示。

式样 4 - 5　　　　SWIFT 格式信用证

FROM:INDUSTRY BANK TORONTO
TO:BANK OF CHINA HANGZHOU BRANCH
50 HUQIU ROAD, SHANGHAI
PEOPLE'S REP. OF CHINA

Issuing Bank		:INDUSTRY BANK,TORONTO
SEQUENCE OF TOTAL	27	:1/1
Doc. Credit No.	40A	:IRREVOCABLE
Credit Number	20	:ETN - CXLC06
Date of Issue	31C	:100414
Expiry	31D	:DATE 100615 PLACE IN UAE
Applicant	50	:GLOBAL ELECTRON LTD. 336 SEASHORE Road TORONTO,PA 19446 CANADA
Beneficiary	59	:ZHEJIANG ELECTRON I/E CORP No. 33 WENSAN Road Hangzhou China
Amount	32B	:CURRENCY USD AMOUNT 380312. 50
Available with/by	41D	:ANY BANK BY NEGOTIATION
Draft at...	42C	:DRAFTS AT SIGHT FOR FULL INVOICE VALUE
Drawee	42D	:INDUSTRY BANK ,TORONTO
Partial Shipments	43P	:ALLOWED
Transhipment	43T	:ALLOWED
Loading in Charge	44A	:NINGBO, CHINA
For Transport to	44B	:TORONTO
Shipment Period	44C	:100531
Descrip. of Goods	45A	:COMMODITY ART. NO. QUANTITY microwave: ART. NO. bxw - 1061 1000 dozens washing machine: ART. NO. pcv - 1703 250 dozens SHIPPING TERMS: CIF TORONTO SHIPPING MARK: ETN - CXLC06/ GLOBAL ELECTRON /TORONTOK/NO. 1 - UP
Documents required	46A	:

+3COPIES OF COMMERCIAL INVOICE SHOWING VALUE IN U. S. DOLLARS AND INDICATING L/C NO. AND CONTRACT NO.

+2COPIES OF SIGNED PACKING LIST SHOWING GROSS/NET WEIGHT AND MEASUREMENT OF EACH CARTON.

+CERTIFICATE OF ORIGIN IN TRIPLICATE ISSUED BY CHINA CHAMBER OF INTERNATIONAL COMMERCE.

+2COPIES OF INSURANCE POLICY OR CERTIFICATE ENDORSED IN BLANK FOR THE INVOICE VALUE OF

THE GOODS PLUS 10%COVERING ALL RISKS AND WAR RISK AS PER AND SUBJECT TO OCEAN MARINE CARGO CLAUSES OF THE PEOPLE'S INSURANCE COMPANY OF CHINA DATED 1/1/1981.

+3/3SET AND ONE COPY OF CLEAN ON BOARD OCEAN BILLS OF LADING MADE OUT TO ORDER AND BLANK ENDORSED MARKED FREIGHT PREPAID AND NOTIFY APPLICANT.

Presentation Period 48:15 DAYS AFTER ISSUANCE DATE OF SHIPPING DOCUMENT

Confirmation 49:WITHOUT

INSTRUCTIONS 78:ALL DOCUMENTS ARE TO BE REMITTED IN ONE LOT BY INSTRUCTIONS TO THE PAYING/ACCEPTING /NEGOTIATING BANK NEGOTIATING BANK IS TO FORWARD ALL DOCUMENTS IN ONE AIRMAIL TO INDUSTRY BANK TORONTO, 55 WATER STREET, ROOM 1702 , TORONTO, TORONTO 10041 CANADA ATTN: LETTER OF CREDIT DEPARTMENT.

式样 4-6 **信开本信用证**

ORIGINAL ____________ BANK 7

Address ____________

Date ____________

To

Dear Sirs,

We hereby open our Irrevocable Letter of Credit No ________ in favor of ________ for account of ________ up to an aggregate amount of ________

(say ____________ for ________% of the invoice value relative to the shipment of :

from your port ________ to ________

Draft (s) to be drawn at ________ days ________ on our bank &accompanied by the following documents marked " × ":

☐ Signed Commercial Invoice in duplicate

☐ Insurance Policy or Certificate for full invoice plus ________% covering:

☐FPA/WA/All Risks and War Risks.

☐Overland Transportation Risks All Risks & Breakage.

☐ Full set of clean "on board" ocean Bills of Lading made out to our order marked freight prepaid notify accountee.

☐ Other Documents

☐Certificate of Origin

☐Weight List

☐Parking List

Partial shipments are permitted / prohibited.

Transshipment is permitted / prohibited.

Shipment (s) must be effected not later than ________

This L/C is irrevocable and valid in your port ________ until ________ inclusive

Draft (s) so drawn must be inscribed with the number and date of this L/C other condition: ____________

We hereby agree with the drawers, endorsers and bona-fide holders of the draft(s) drawn under and in compliance with the terms of this credit that such draft(s) shall be duly honored on due presentation and delivery of documents as here in specified. Instructions to Negotiation Bank: The draft(s) and documents take up under this credit are to be forwarded direct to us by you.

Name and signature of the Issuing Bank	Advising bank's notification Name and signature of the Advising Bank

四、信用证的审核与修改

1. 信用证的审核

信用证的付款原则是“单单相符、单证相符”，如果受益人提交的单据不能做到严格相符，就会遭到开证行的拒付，对安全、及时收汇带来很大的风险，所以，认真审核和处理信用证中的问题直接关系出口商的合同履行和安全收汇。实践中，信用证审核是银行和出口商的共同任务，但银行和出口商对信用证的审核却各有侧重。其中，银行着重审核开证行的政治背景、资信能力、付款责任和索汇路线等（与买卖合同无关）；出口商则以货物买卖合同为依据，将信用证条款与合同条款逐项逐句进行对照，审核信用证内容与买卖合同条款是否一致。下面就两者审核信用证的范围及要点分述如下。

1）银行审证

银行对信用证的审核主要从下述方面进行。

（1）从政策上审核。包括开证行所在国是否与我国有正常的外交关系、对我国政治态度是否友好、开证行的政治背景、信用证中是否有歧视性内容等。

（2）对开证行的经营作风和资信情况进行审查。如审核信用证的金额是否与开证行的资信状况相称。保兑信用证下，还包括对保兑行的资信及经营作风的审查。

（3）索汇路线是否合理。如果索汇路线和索汇方法迂回曲折，就会影响到收汇时间甚至不能安全收汇。如某银行开立的美元信用证由美国之外的分行偿付和付款，这样收汇速度较慢，对卖方不利。

（4）对信用证性质和开证行付款责任的审查。信用证的付款责任取决于信用证的种类，不能接受来证上有“可撤销”字样的信用证或软条款信用证。如某国外来证虽然注明“不可撤销”，但同时也注明“以领到进口许可证/样品后通知时方能生效）”，这样的信用证只能在接到生效通知书后才能使用。

（5）对信用证的印鉴、密押的审核。凡是信开信用证都须审核印鉴是否相符，电开信用证须核对密押是否正确，但对于通过 SWIFT 开立的信用证，则无须核对密押。

（6）对信用证的有效期和到期地点的审核。有效期和到期地点直接关系到我国出口商和银行能否及时交单和索汇。信用证有效期应与合同的装运期相协调，一般要比最迟装船期晚 15 天左右。另外，因银行和出口商通常难以准确地控制寄单所需要的时间，对在国外开证行所在地到期的信用证一般不宜接受。

（7）审核信用证条款之间是否存在矛盾。信用证条款应前后一致，不能相互矛盾。如采用 CFR 或 FOB 贸易术语时，就不能同时要求卖方提供保险单。另外，提单份数必须是“全套”，不能漏掉任何一份。

2）受益人审证

受益人在银行审证基础上，主要依据买卖合同，从信用证与合同的一致性、信用证条款的操作性（可接受性）等方面进行审核，主要包括以下几点。

（1）信用证是否不可撤销。

（2）信用证当事人（开证申请人、受益人）名称、地址是否正确。

（3）信用证金额（含大、小写）以及支付货币种类是否与合同相符。

(4)信用证有效期及到期地点(包括交单期限)是否合理。

(5)汇票付款期限、付款人等是否合理或与合同一致。

(6)商品名称、规格、数量、包装(包括唛头)和价格(包括贸易术语)等是否与合同一致。

(7)装运期、起运港(地)、目的港(地)以及分批、转运等规定是否与合同相符。

(8)提交单据的名称和份数(包括内容、签发)等规定是否符合业务实际或惯例。

(9)有关银行费用或其他特殊或附加条款是否合理。

(10)其他可能影响受益人交单结汇的内容,如适用的惯例和信用证软条款等。

3)信用证软条款的审核

信用证软条款削弱了信用证付款保证的完整性和可靠性,以致被不法分子利用作为行骗的工具或赖账的手段,所以受益人必须对此提高警惕。信用证的软条款有两类。

一类是在单据上做文章,例如信用证规定:

(1)受益人必须提交买方或其代理人签发的货物收据,其签字必须与开证行或通知行持有的签字样本相符。

(2)受益人须提交买方或其指派人员出具的货物检验证明,其签字必须与开证行或通知行持有的签字样本相符。

(3)受益人须提交买方出具的证明书,证明货物与形式发票相符,或证明货物已通关等,其签字必须与开证行或通知行持有的签字样本相符。

(4)商检证或其他单据须由买方或其指派的人员会签,其签字必须与开证行或通知行持有的签字样本相符。

以上各种条款,买方或其代理人是否会签发或会签这些单据,其签字是否与开证行或通知行持有的签字样本相符,都不是受益人能主动控制的。

(5)信用证规定2/3套正本提单交单议付,1/3套正本提单直接寄送开证申请人;对于这样的条款也要根据客户所在地距离的远近和客户的信誉如何认真加以分析;以判断其合理性,分析其真实的用意所在。

另一类软条款是付款条款上做文章,例如信用证规定:

(1)只有在货物再出口得到货款后才付款。

(2)只有在货物清关后或由主管当局批准进口后才付款。

(3)本信用证为背对背信用证,只有在原信用证项下货款收进以后才付款。

(4)本信用证货款用某国政府的贷款(或援助款)支付,我行在得到该贷款(或援助款)以后才付款。

以上各种条款所规定的付款条件能否实现,均非受益人能主动控制。如果接受上述条款,受益人正常处理信用证业务的主动权很大程度上掌握在对方手里,影响安全收汇。

2. 信用证的修改

通过对信用证的全面审核,如发现问题,应分别情况及时处理。对于影响安全收汇,难以接受或难以做到的信用证条款,必须要求国外客户进行修改。关于信用证修改应明确下列问题。

(1)凡是需要修改的内容,应做到一次性向对方客户提出,避免多次修改信用证的情况。

(2)对于不可撤销信用证中任何条款的修改,都必须取得当事人的同意后才能生效。

(3)接受修改信用证和接受信用证修改的权利。只有进口方(开证申请人)有权决定是否接受修改信用证。只有卖方(受益人)有权决定是否接受信用证的修改。

(4)接受或拒绝的信用证修改内容两种表示形式。受益人做出接受或拒绝该信用证修改的通知。受益人以行动按照信用证的内容办事。

(5)收到信用证修改后,应及时检查修改内容是否符合要求,并根据情况表示接受或重新提出修改。

(6)对于修改内容要么全部接受,要么全部拒绝;部分接受修改中的内容是无效的。

(7)有关信用证修改必须通过原信用证通知行通知才算真实、有效;通过客户直接寄送的信用证修改申请书或修改书复印件不是有效的修改。

(8)明确修改费用由谁承担,一般按照责任归属来确定修改费用由谁承担。

五、开证申请书

1. 信用证开证申请书介绍

信用证是银行根据开证申请人的申请开立的。银行开立信用证的依据是开证申请人缮制的不可撤销信用证开证申请书。进口方与出口方签订国际贸易货物进出口合同并确认以信用证为结算方式后,即由进口方向有关银行申请开立信用证。开证申请是整个进口信用证处理实务的第一个环节,进口方应根据合同规定的时间或在规定的装船前一定时间内申请开证,并填制开证申请书,开证行根据有关规定收取开证押金和开证费用后开出信用证。

开证申请人(进口方)在向开证行申请开证时必须填制开证申请书。开证申请书是开证申请人对开证行的付款指示,也是开证申请人与开证行之间的一种书面契约,它规定了开证申请人与开证行的责任。在这一契约中,开证行只是开证申请人的付款代理人。开证申请书主要依据贸易合同中的有关主要条款填制,申请人填制后附合同副本一并提交银行,供银行参考、核对。但信用证一经开立则独立于合同,因而在填写开证申请书时应审慎查核合同的主要条款,并将其列入申请书中。

一般情况下,开证申请书都由开证银行事先印就,见式样 4 – 7,以便申请人直接填制。开证申请书通常为一式两联,申请人除填写正面内容外,还须签具背面的“开证申请人承诺书”。

式样 4 – 7　　**不可撤销开证申请书**

Irrevocable Documentary Credit Application

To:　　　　　　Date:

Beneficiary(full name and address)	L/C No. Ex - Card No. Contract No.
	Date and place of expiry of the credit

<table>
<tr><td>Partial shipments
□allowed
□not allowed</td><td>Transshipment
□allowed
□not allowed</td><td>□Issue by airmail □With brief advice by teletransmission
□Issue by express delivery
□Issue by teletransmission(which shall be the operative instrument)</td></tr>
<tr><td colspan="2">Loading on board/dispatch/taking in charge at/from ______
not later than ________________
for transportation to ____________</td><td>Amount (both in figures and words)</td></tr>
<tr><td colspan="2" rowspan="2">Description of goods:

Packing:</td><td>Credit available with
□by sight payment □by acceptance
□by negotiation
□by deferred payment at against the documents detailed herein
□and Beneficiary' draft for ___%of the invoice value at ___ On ___</td></tr>
<tr><td>□FOB □CIF □CFR □or other terms</td></tr>
<tr><td colspan="3">Documents required:(marked with ×)
1. ( )Signed Commercial Invoice in ______ Copies indicating L/C No. and Contract No.
2. ( )Full set of clean on board ocean Bills of Lading made out to order and blank endorsed ,marked"freight[ ] to collect/[ ]prepaid [ ]showing [ ]freight amount"notifying ________ .
3. ( )Air Waybills showing "freight [ ] to collect/[ ]prepaid [ ] indicating freight amount "and consigned to ______ .
4. ( )Memorandum issued by ________ .
5. ( )Insurance Policy/Certificate in ______ Copies for ______% of the invoice value showing claims payable in China in currency of the draft ,blank endorsed. covering([ ]Ocean Marine Transportation/ [ ]Air Transportation / [ ]Over Land Transportation)All Risks ,War Risks.
6. ( )Packing List/Weight Memo. In ______ Copies indicating quantity/ gross and net weights of each package and packing conditions as called for by the L/C.
7. ( )Certificate of Quantity/Weight in ______ Copies issued by an independent surveyor at the loading port ,indicating the actual surveyed Quantity/Weight of shipped goods as well as the packing condition.
8. ( )Certificate of Quality in ______ Copies issued by [ ]manufacturer/[ ]public recognized surveyor/[ ].
9. ( )Beneficiary'certified copy of cable /telex dispatched to the accountees within ______ hours after shipment advising [ ] name of vessel/[ ] flight No. /[ ] wagon No. ,date , quantity ,weight and value of shipment.
10. ( )Beneficiary'certificate certifying that extra copies of the documents have been dispatched according to the contract terms.
11. ( )Shipping Co's Certificate attesting that the carrying vessel is chartered or booked by accountee or their shipping agents.
12. ( )Other documents, if any:

Additional Instructions:
1. ( )All banking charges outside the opening bank are for beneficiary' account.
2. ( )Documents must be presented within ______ days after the date of insurance of the transport documents but within the validity of this credit.
3. ( )Third party as shipper is not acceptable. Short Form/Blank B/L is not acceptable.
4. ( )Both quantity and amount ______%more or less are allowed.
5. ( )Prepared freight drawn in excess of L/C amount is acceptable against presentation of original charges voucher issued by shipping Co. /or it's agent.
6. ( )All documents to be forwarded in one cover, unless otherwise stated above.
7. ( )Other terms, if any:</td></tr>
</table>

Account No: With (name of bank)

Transacted by:

Telephone No: (Applicant: name, signature of authorized person)

开证申请人承诺书

致：××商业银行

我公司已依法办妥一切必要的进口手续，兹谨请贵行为我公司依照本申请书所列条款开立不可撤销跟单信用证，并承诺如下：

一、同意贵行依照国际商会第600号出版物《跟单信用证统一惯例》办理该信用证项下的一切事宜，并同意承担由此产生的一切责任。

二、及时提供贵行要求我公司提供的真实、有效的文件及资料，接受贵行的审查监督。

三、在贵行规定期限内支付该信用证项下的各种款项，包括货款及贵行和有关银行的各项手续费、杂费、利息以及国外受益人拒绝承担的有关银行费用等。

四、在贵行到单通知书规定的期限内，书面通知贵行办理对外付款/承兑/确认迟期付款/拒付手续。否则，贵行有权自行确定对外付款/承兑/确认迟期付款/拒付，并由我公司承担全部责任。

五、我公司如因单证有不符之处而拟拒绝付款/承兑/确认迟期付款时，将在贵行到单通知书规定期限内向贵行提出拒付请求，并附拒付理由书一式两份，一次列明所有不符点。对单据存在的不符点，贵行有独立的终结认定权和处理权。经贵行根据国际惯例审核认为不属可据以拒付的不符点的，贵行有权主动对外付款/承兑/确认迟期付款，我公司对此放弃抗辩权。

六、该信用证如需修改，由我公司向贵行提出书面申请，贵行可根据具体情况确定能否办理修改。我公司确认所有修改当受益人接受时才能生效。

七、经贵行承兑的远期汇票或确认的迟期付款，我公司无权以任何理由要求贵行止付。

八、按上述承诺，贵行在对付款时，有权主动借记我公司在贵行的账户款项。若发生任何形式的垫付，我公司将无条件承担由此而产生的债务、利息和费用等，并按贵行要求及时清偿。

九、在收到贵行开出信用证、修改书的副本之后，及时核对，如有不符之处，将在收到副本后的两个工作日内书面通知贵行。否则，视为正确无误。

十、该信用证如因邮寄、电讯传递发生遗失、延误、错漏、贵行概不负责。

十一、本申请书一律用英文填写。如用中文填写而引发的歧义，贵行概不负责。

十二、因信用证申请字迹不清或词意含混而引起的一切后果均由我公司负责。

十三、如发生争议需要诉讼，同意由贵行所在地法院管辖。

十四、我公司已对开证申请书及承诺书各印就条款进行审慎研阅，对各条款含义与贵行理解一致。

同意受理

银行盖章	申请人（盖章）
负责人 或授权代理人	法定代表人 或授权代理人

年　　月　　日

2. 不可撤销开证申请书缮制

(1)TO:开证行名称,即致____________行。

(2)Date:申请开证日期。

(3)开证方式:

①Issue by airmail:以信开的形式开立信用证。

选择此种方式,开证行以航邮将信用证寄给通知行。

②With brief advice by teletransmission:以简电开的形式开立信用证。

选择此种方式,开证行将信用证主要内容发电预先通知受益人,银行承担必须使其生效的责任,但简电本身并非信用证的有效文本,不能凭以议付或付款,银行随后寄出的"证实书"才是正式的信用证。

③Issue by express delivery:以信开的形式开立信用证。

选择此种方式,开证行以快递(如DHL)将信用证寄给通知行。

④Issue by teletransmission(which shall be the operative instrument):以全电开的形式开立信用证。

选择此种方式,开证行将信用证的全部内容加注密押后发出,该电讯文本为有效的信用证正本。如今大多用"全电开证"的方式开立信用证。

(4)Date and place of expiry:信用证有效期及地点。

地点填受益人所在国家。如:180606 IN THE BENEFICIARY'S COUNTRY.

(5)Applicant:开证申请人名称及地址。

开证申请人(Applicant)又称开证人,系指向银行提出申请开立信用证的人,一般为进口方。开证申请人为信用证交易的发起人。

(6)Beneficiary(Full name and address):受益人全称和详细地址。

受益人指信用证上所指定的有权使用该信用证的人。一般为出口人,即买卖合同的卖方。

(7)Advising Bank:通知行名址。

如果该信用证需要通过收报行以外的另一家银行转递、通知或加具保兑后给受益人,该项目内填写该银行。

(8)Amount:信用证金额。

分别用数字小写和文字大写。以小写输入时须包括币种与金额。

如:USD89600

U. S. DOLLARS EIGHTY NINE THOUSAND SIX HUNDRED ONLY。

(9)Partial shipments:分批装运条款。

填写跟单信用证项下是否允许分批装运。

(10)Transhipment:转运条款。

填写跟单信用证项下是否允许货物转运。

(11)Loading on board/dispatch/taking in charge at/from:装运港。

not later than:最后装运期,如:180616。

For transportation to:目的港。

(12)价格条款:根据合同内容选择或填写价格条款。

(13)Credit available with:押汇银行(出口地银行)名称。

此信用证可由____________银行即期付款、承兑、议付、延期付款,如果信用证为自由议付信用证,银行可用"ANY BANK IN……(地名/国名)"表示。如果该信用证为自由议付信用证,而且对议付地点也无限制时,可用"ANY BANK"表示。

(14)付款方式

①sight payment:此项表示开具即期付款信用证。

即期付款信用证是指受益人(出口商)根据开证行的指示开立即期汇票或无须汇票仅凭运输单据即可向指定银行提示请求付款的信用证。

②acceptance:此项表示开具承兑信用证。

承兑信用证是指信用证规定开证行对于受益人开立以开证行为付款人或以其他银行为付款人的远期汇票,在审单无误后,应承担承兑汇票并于到期日付款的信用证。

③negotiation:此项表示开具议付信用证。

议付信用证是指开证行承诺延伸至第三当事人,即议付行,其拥有议付或购买受益人提交信用证规定的汇票/单据权利行为的信用证。如果信用证不限制某银行议付,可由受益人(出口商)选择任何愿意议付的银行,提交汇票和单据给所选银行请求议付的信用证称为自由议付信用证,反之为限制性议付信用证。

④deferred payment at:此项表示开具延期付款信用证。

如果开具这类信用证,需要写明延期多少天付款,例如:at 60 days from payment confirmation(60 天承兑付款)、at 60 days from B/L date(提单日期后 60 天付款)等。

延期付款信用证指不需汇票,仅凭受益人交来单据,审核相符,指定银行承担延期付款责任起,延长直至到期日付款。该信用证能够为欧洲地区进口商避免向政府交纳印花税而免开具汇票外,其他都类似于远期信用证。

(15)against the documents detailed herein and beneficiary's draft(s) for ____% of invoice value;at ____ sight drawn on ____;连同下列单据,受益人按发票金额 ____%,做成限制为____天,付款人为____的汇票。

"at ____ sight"为付款期限。如果是即期,需要在"at ____ sight"之间填" * * * * "或" - - - - ",不能留空。远期有几种情况:at × × days after date(出票后××天),at × × days after sight(见票后××天)或 at × × days after date of B/L(提单日后××天)等。"见单后××天"是指银行见到申请人提示的单据时间算起,"提单日后××天"是指从提单上出具日开始计算的××天,所以如果能尽量争取到以"见单后××天"的条件成交,等于又争取了几天迟付款的时间。

"drawn on"为指定付款人。汇票的付款人应为开证行或指定的付款行。

如:against the documents detailed herein and beneficiary's draft(s) for 100% of invoice value at * * * * sight drawn on THE CHARTERED BANK.

(16)Documents required:(marked with ×):信用证需要提交的单据。

根据《UCP600》,信用证业务是纯单据业务,与实际货物无关,所以信用证申请书上应按合同要求明确写出所应出具的单据,包括单据的种类,每种单据所表示的内容,正、副本的份数,出单人等。一般要求提示的单据有提单(或空运单、收货单)、发票、箱单、重量证明、保险单、数量证明、质量证明、产地证、装船通知、商检证明等,以及其他申请人要求的证明等。

如果是以 CFR 或 CIF 成交,就要要求对方出具的提单为“运费已付”(Freight Prepaid),如果是以 FOB 成交,就要要求对方出具的提单为“运费到付”(Freight Collect)。如果按 CIF 成交,申请人应要求受益人提供保险单,且注意保险险别,赔付地应要求在到货港,以便一旦出现问题,方便解决。汇票的付款人应为开证行或指定的付款行,不可规定为开证申请人,否则会被视作额外单据。

①经签字的商业发票一式____份,标明信用证号____和合同号____。

②全套清洁已装船海运提单,作成空白抬头、空白背书,注明“运费[ ]待付/[ ]已付”,[ ]标明运费金额,并通知________________。空运提单收货人为________,注明“运费[ ]待付/[ ]已付”,[ ]标明运费金额,并通知________。

③保险单/保险凭证一式____份,按发票金额的____% 投保,注明赔付地在________,以汇票同种货币支付,空白背书,投保________________。

④装箱单/重量证明一式____份,注明每一包装的数量、毛重和净重。

⑤数量/重量证一式____份,由________________出具。

⑥品质证一式____份,由[ ]制造商/[ ]公众认可的检验机构____________出具。

⑦产地证一式____份,由________________出具。

⑧受益人以传真/电传方式通知申请人装船证明副本,该证明须在装船后________日内发出,并通知该信用证号、船名、装运日以及货物的名称、数量、重量和金额。

(17) Other documents, if any:其他单据。

(18) Description of goods:货物描述。

如:01005 CANNED SWEET CORN, 3060Gx6TINS/CTN

QUANTITY: 800 CARTON

PRICE: USD14/CTN

(19) Additional instructions:附加条款。

附加条款是对以上各条款未述之情况的补充和说明,且包括对银行的要求等。

①开证行以外的所有银行费用由受益人担保。

②所需单据须在运输单据出具日后________天内提交,但不得超过信用证有效期。

③第三方为托运人不可接受,简式/背面空白提单不可接受。

④数量及信用证金额允许有________%的增减。

⑤所有单据须指定________________船公司。

复 习 题

一、简答题

1. 信用证支付方式与其他常用的支付方式有什么异同?
2. 审核信用证有何意义?如何进行审证和改证?
3. 使用 L/C、D/P、D/A 三种支付方式结算货款,就卖方的收汇风险而言,从小到大依次排序。

4. 我某公司向日本某商以D/P见票即付方式推销某商品,对方答复,如我方接受D/P见票后90天付款,并通过他指定的A银行代收则可接受。试分析日方提出此项要求的出发点是什么。

5. 我国某公司与外商按CIF条件签订一笔大宗商品出口合同,合同规定装运期为2019年8月份,但未规定具体开证日期。外商拖延开证,我方见装运期快到,从7月底开始,连续多次电催外商开证。2019年8月5日,收到开证行的简电通知,我方因怕耽误装运期,即按简电办理装运。2019年8月28日,我方才收到信用证证实书,该证实书对有关单据作了与合同不符的规定。经办人审证时未予注意,交银行议付时,银行也未发现,开证行即以单证不符为由,拒付货款。你认为,我方应从此事件中吸取哪些教训?

二、制单操作题

1. 根据以下资料,请你代上海进出口公司向中国银行上海分行申请开立信用证,缮制开证申请书和信用证各一份。

2017年9月1日上海进出口贸易公司(地址:上海市中山东一路1221号,电话021－56565668)与日本商社(地址:日本东京大通田丁326号,电话028－58862958)达成一项合同(合同号:MNP050836),从日本进口100台等离子体显示器,价格为每台1 000美元FOB大阪,共100 000美元,每台装一纸箱。合同规定:于2017年12月15日前装运,不准分批装运和转运,装运港为大阪,目的港为上海,要求出口方提供:商业发票一式三份,装箱单一式三份,已装船清洁提单正本一式三份,空白背书,品质检验证书一份,受益人证明一份。要求进口方申请开立不可撤销即期跟单信用证,电开本。

I RREVOCABLE　DOCUMENTARY　CREADIT　APPLICATION

TO:　　　　　　　　　　　　　　　　**Place/date:**

<table>
<tr><td colspan="2">Beneficiary(fullname and address)</td><td colspan="2">L/C No.
Ex-Card No.
Contract No.</td></tr>
<tr><td colspan="2"></td><td colspan="2">Date and place of expiry of credit</td></tr>
<tr><td>Partial shipments
□allowed　□not allowed</td><td>Transhipment
□allowed　□not allowed</td><td colspan="2" rowspan="2">□Issue by airmail
□With brief advice by teletransmission
□Issue by express dilivery
□Issue by teletransmission (which shall be the operative instrument)
Amount(both in figures and words)</td></tr>
<tr><td colspan="2">Loading on board/dispatch/taking in charge at/from
Not later than
for transportation to</td></tr>
<tr><td colspan="2">Description of goods:

Packing:</td><td colspan="2">Credit available with
□by sight payment　□by acceptance　□by negotiation
□by deferred payment at against the documents detailed herein
□and beneficiary's draft for __ of the invoice value at __ sight drawn on __
□FOB　□C&F　□CIF
□or other terms</td></tr>
</table>

Documents required: (marked with ×)

1. ( ) Signed commercial invoice in ____ copies indicating L/C No. and contract No.
2. ( ) Full set of clean on board ocean bills of lading made out to order and blank endorsed, marked "freight [ ] to collect/ [ ] prepaid [ ] showing freight amount" notifying ____.
3. ( ) Air way bills showing "freight [ ] to collect/[ ] prepaid [ ] indicating freight amount" and consigned to ____.
4. ( ) Memorandum issued by ________ consigned to ____.
5. ( ) Insurance policy/certificate in ____ copies for ____ of the invoice value showing claims payable in destination in currency of the draft. Blank endorsed, covering ([ ] ocean marine transportation) all risks, war risks.
6. ( ) Packing List/Weight Memo in ____ copies indicating quantity/gross and net weight of each package and packing condition as called for by the L/C.
7. ( ) Certificate of quantity /Weight in ____ copies issued by an independent surveyor at the loading port, indicating the axtual surveyed quantity /weight of shipped goods as well as the packing condition.
8. ( ) Certificate of quality in ____ copies issued by [ ] manufacture / [ ] public recognized surveyor /[ ].
9. ( ) Beneficiary's certified copy of cable/telex dispatched to the accountees within 24 hours after shipment advising [ ] name of vessel/[ ] No. /[ ] wagon No. , date, quantity, weight and value of shipment.
10. ( ) Beneficiary's certificate certifying that extra copies of the documents have been dispatched according to the contract terms.
11. ( ) Shipping Co's Certificate attesting that the carrying vessel is charted or booked by accountee or their shipping agents.
12. ( ) Other documents, if any:

Additional instructions:

1. ( ) All banking charges outside the opening bank are for beneficiary's account.
2. ( ) Documents must be presented within 15 days after the date of issuance of the transport documents but within the validity this credit.
3. ( ) Third party as shipper is not acceptable. Short form/Blank Back B/L is not acceptable.
4. ( ) Both quantity and amount ____% more or less are allowed.
5. ( ) Prepaid freight drawn in excess of L/C amount is acceptable against presentation of original charges voucher issued by shipping Co. /Air Line/or it's agent.
6. ( ) All documents to be forwarded in one cover, unless otherwise stated above.
7. ( ) Other terms, if any:

You correspondents to advise beneficiary ☐adding their confirmation ☐without adding their confirmation

payments to be debited to our ________ account No. ________

Signature: ________________

Letter of Credit

FROM:

TO:

SEQUENCE OF TOTAL: 27:

FORM OF DOC. CREDIT: 40A:

DOCU CREDIT NO. : 20:

DATE OF ISSUE: 31C:

DATE N PLACE OF EXP: 31D:

APPLICANT: 50:

BENEFICIARY: 59:

CURRENCY CODE, AMOUNT: 32:

AVAILABLE WITH...BY... 41A:

DRAFTS AT... 42C:

DRAWEE: 42D:

PARTIAL SHIPMENT: 43P:

TRANSSHIPMENT: 43T:

LOAD/DISPATCH/TAKING : 44A:

TRANSPORTATION TO... 44B:

LATEST SHIPMET DATE: 44C:

DESCRIP GOODS/SERVICE: 45A:

DOCUMENTS REQUIRED: 46A:

+SIGNED COMMERCIAL INVOICE IN ____ COPIES INDICATING ________________.

+ SIGNED PACKNG LIST IN ____ COPIES INDICATING ____.

+CERTIFICATE OF CHINESE ORIGIN IN ________ COPIES.

+ ________ FULL SET OF CLEAN ON BOARD OCEAN BILLS OF LADING MADE OUT TO ORDER AND BLANK ENDORSED, MARKED ____.

+ ________ COPY OF BENEFICIARY'S TELEX DISPATCHED TO APPLICANT WITHIN HOURS AFTER SHIPMENT ADVISING NAME OF VESSEL, DATE, QUANTITY AND VALUE OF SHIPMENT.

+BENEFICIARY'S CERTIFICATE STATING THAT 1/3 SET OF ORIGINAL B/L HAS BEEN SENT TO APPLICANT WITHIN 2 DAYS AFTER SHIPMENT.

+ HEALTH CERTIFICATE IN ________ COPIES.

ADDITIONAL CONDITION: 47A:

+THE NUMBER AND DATE OF THIS CREDIT AND THE NAME OF ISSUING BANK MUST BE QUOTED ON ALL DRAFTS. PLEASE SEND ALL DOCUMENTS TO BANK OF CHINA SHANGHAI BRANCH, SHANGHAI CHINA FOR REIMBURSEMENT.

+A FEE OF USD20 SHALL BE DEDUCTED FROM THE REIMBURSEMENT CLAIM/FROCEEDS UPON EACH PRESENTATION OF DISCRPANT DOCUMENTS EVEN IF THE CREDIT INDICATE THAT ALL BANKING CHARGES ARE FOR ACCOUNT OF APPLICANT AND ACCEPTANCE OF SUCH DOCUMENTS DOES NOT IN ANY WAY ALTER THE TERMS AND CONDITIONS OF THIS CREDIT.

+DOCUMENTS TO BE PRESENTED WITHIN 15 DAYS AFTER THE DATE OF ISSUANCE OF THE SHIPPING DOCUMENTS BUT WITHIN THE VALIDITY OF THE CREDIT.

DETAILS OF CHARGES: 71B:

CONFIRMATION INSTR: 49:

IT IS SUBJECT TO THE UNIFORM CUSTOMS AND PRACTICE FOR DOCUMENTARY CREDITS(2006 REVISION), INTERNATIONAL CHAMBER OF COMMERCE PUBLICATION NO. ________.

2. 根据所给信用证回答问题。

FROM: INDUSTRIAL BANK OF JAPAN, LIMITED, TOKYO

TO: BANK OF CHINA, SHANGHAI

SQUENCE OF TOTAL: 27: 1/1

FORM OF DOC. CREDIT: 40A: IRREVOCABLE

DOCU. CREDIT NO.: 20: ILC136107800

DATE OF ISSUE: 31C: 151015

DATE N PLACE OF EXP.: 31D:151215 IN THE COUNTRY OF BENEFICIARY

APPLICANT: 50: ABC COMPANY, 1－3 MACHI KU STREET, OSAKA, JAPAN

BENEFICIARY: 59: SHANGHAI DA SHENG CO.,LTD. UNIT C 2/F JINGMAO TOWER,SHANGHAI,CHINA.

CURRENCY CODE, AMOUNT: 32B: USD 21 240.00

AVAILABLE WITH /. BY... 41D: BANK OF CHINA BY NEGOTIATION

DRAFTS AT...: 42C: SIGHT FOR 100PCT INVOICE VALUE

DRAWEE: 42D: THE INDUSTRIAL BANK OF JAPAN, HEAD OFFICE

PARTIAL SHIPMENT: 43P: ALLOWED

TRANSSHIPMENT: 43T: NOT ALLOWED

LOAD/DISPATCH/TAKING: 44A: SHANGHAI

TRANSPORTATION TO...: 44B: OSAKA/TOKYO

LATEST DATE OF SHIPMET: 44C: 151130

DESCRIP GOODS/SERVICE: 45A: 4 000 PCS "DIAMOND" BRAND CLOCK ART NO. 791 AT USD5.31 PER PIECE CIF OSAKA/TOKYO PACKED IN NEW CARTONS

DOCUMENTS REQUIRED: 46A:

IN 3 FOLD UNLESS OTHERWISE STIPULATED:

+SIGNED COMMERCIAL INVOICE.

+ SIGNED PACKING LIST.

+ CERTIFICATE OF CHINESE ORIGIN.

+ BENEFICIARY'S CERTIFICATE STATING THAT ONE SET OF ORIGINAL SHIPPING DOCUMENTS INCLUDING ORIGINAL "FORM A" HAS BEEN SENT DIRECTLY TO THE APPLICANT.

+ *COPY OF TELEX FROM APPLICANT TO SUPPLIERS APPROVING THE SHIPPING SAMPLE.

+INSURANCE POLICY OR CERTIFICATE ENDORSED IN BLANK FOR 110 PCT OF CIF VALUE, COVERING W. P. A RISKS AND WAR RISKS.

+2/3 PLUS ONE COPY OF CLEAN "ON BOARD" OCEAN BILLS OF LADING, MADE OUT TO ORDER AND BLANK ENDORSED MARKED "FREIGHT PREPAID" AND NOTIFY APPLICANT.

ADDITIONAL CONDITION:47A:

+ALL DRAFTS DRAWN HEREUNDER MUST BE MARKED "DRAWN UNDER INDUSTRIAL BANK OF JAPAN, LTD., HEAD OFFICE, CREDIT NO. ILC136107800 DATED OCT. 15, 2015" AND THE AMOUNT OF SUCH DRAFTS MUST BE ENDORSED ON THE REVERSE OF THIS CREDIT.

+T/T REIMBURSEMENT IS NOT ACCEPTABLE

DETAILS OF CHARGES 71 B: ALL BANKING CHARGES OUTSIDE JANPAN ARE FOR BENEFICIARY'S ACCOUNT

PRESENTAION PERIOD 48: DOCUMENTS MUST BE PRESENTED WITHIN 15 DAYS AFTER THE DATE OF ISSUANCE OF THE SHIPPING DOCUMENTS BUT WITHIN THE VALIDITY OF THE CREDIT.

CONFIRMATION 49: WITHOUT

SPECIAL INSTRUCTION TO THE ADVISING BANK: ALL DOCUMENTS INCLUDING BENEFICIARY'S DRAFTS MUST BE SENT BY COURIER SERVICE DIRECTLY TO OURHEAD OFFICE. MARUNOUCHI, CHIYODA-U, TOKYO, JAPAN 100, ATTN. INTERNATIOANL BUSINESS DEPT. IMPORT SECTION, IN ONE LOT. UPON OUR RECEIPT OF THE DRAFTS AND DOCUMENTS, WE SHALL MAKE PAYMENT AS INSTRUCTED BY YOU.

SEND. TO REC, INFO. 72: ACKNOWLEDGE RECEIPT

TRAILER ORDER IS

IT IS SUBJECT TO THE UNIFORM CUSTOMS AND PRACTICE FOR DOCUMENTARY CREDITS(2006 REVISION), INTERNATIONAL CHAMBER OF COMMERCE PUBLICATION NO. 600.

根据上述信用证内容,回答下列问题:

(1)本信用证的种类为(至少四种)

____

______________________________。

(2)该信用证的有效期、交单期分别为______________________________。

(3)如果已装船提单的签发日为11月15日,则受益人最迟应在几月几日向银行交单?

______________________________。

(4)该信用证项下,汇票的种类是______________________________

汇票的付款人是______________________________

(5)信用证所要求的单据种类及其份数为______________________________。

(6)根据《跟单信用证统一惯例》《UCP600》的有关规定对标有"*"符号的部分内容进行分析,并指出这种条款对受益人的影响。

(7)请指出信用证的受益人、开证申请人、开证行、付款行、有效期。

3. 根据所给合同审核信用证。

销 售 合 同

SALES CONTRACT

BUYER: Jae & Sons Papers Company
203 Lodia Hotel Office 1546, Dong-Gu,
Busan, Korea

NO. ST15 -016
DATE: August 08, 2015
SIGNED AT: Nanjing, China

SELLER: Wonder International Company Limited
No. 529, Qijiang Road He Dong District,
Nanjing, China

This Contract is made by the Seller; whereby the Buyers agree to buy and the Seller agrees to sell the under-mentioned commodity according to the terms and conditions stipulated below:

1. COMMODITY: UNBLEACHED KRAET LINEBOARD.

UNIT PRICE: USD390.00/PER METRIC TON, CFR BUSAN KOREA

TOTAL QUANTITY: 100METRIC TONS, ±10% ARE ALLOWED.

PAYMENT TERM: BY IRREVOCABLE L/C 90 DAYS AFTER SIGHT.

2. TOTAL VALUE: USD 39 000.00(SAY U. S. DOLLARS THIRTY NINE THOUSAND ONLY. * * * 10%MORE OR LESS ALLOWED.)

3. PACKING: To be packed in strong wooden case(s), suitable for long distance ocean transportation.

4. SHIIPPING MARK: The Seller shall mark each package with fadeless paint the package number, gross weight, measurement

and the wording: "KEEP AWAY FROM MOUSTURE", "HANDLE WITH CARE", etc. and the shipping mark: ST15 –016
BUSAN KOREA

5. TIME OF SHIPMENT: BEFORE OCTOBER 02,2015

6. PORT OF SHIPMENT: MAIN PORTS OF CHINA

7. PORT OF DESTINATION: BUSAN, KOREA

8. INSURANCE: To be covered by the Buyer after shipment.

9. DOCUMENT:

+ Signed invoice indicating LC No and Contract No.

+ Full set(3/3) of clean on board ocean Bill of Lading marked "Freight to Collect"/ "Freight Prepaid" made out to order blank endorsed notifying the applicant.

+ Packing List/Weight List indicating quantity/gross and net weight.

+ Certificate of Origin.

+ No solid wood packing certificate issued by manufacturer.

10. OTHER CONDIGTIONS REQD IN LC:

+ All banking charges outside the opening bank are for beneficiary's a/c.

+ Do not mention any shipping marks in your L/C.

+ Partial and transshipment allowed.

11. REMARKS: The last date of L/C opening:20 August, 2015

The Seller	The Buyer
Wonder International Company Limited	Jae & Sons Papers Company
李平	HELLEN

Issue of Documentary Credit

Issuing Bank: BANK OF KOREA LIMITED ,BUSAN

SEQUENCE OF TOTAL	27: 1/1
FORM OF DOC. CREDIT	40A: IRREVOCABLE
DOC. CREDIT NUMBER	20: S100 –108085
DATE OF ISSUE	31C: 20150825
EXPIRY	31D: DATE 20151001 PLACE APPLICANT'S COUNTRY
APPLICANT	50: JAE & SONS PAPERS COMPANY 203 LODIA HOTEL OFFICE 1564, DONG-GU, BUSAN, KOREA
BENEFICIARY	59:WONDER INTERNATIONAL COMPANY LIMITED NO. 529, QIJIANG ROAD HE DONG DISTRICT,NANNING, CHINA

Nanjing, China

AMOUNT	32B: CURRENCY HKD AMOUNT 39 000. 00
AVAILABLE WITH/BY	41D: ANY BANK IN CHINA BY NEGOTIATION
DRAFTS AT...	42C: DRAFT AT 120 DAYS AT SIGHT FOR FULL INVOICE AMOUNT
DRAWEE	42D: BANK OF KOREA LIMITED ,BUSAN
PARTIAL SHIPMENTS	43P: NOT ALLOWED
TRANSSHIPMENT	43T: NOT ALLOWED
LOADING IN CHARGE	44A: MAIN PORTS OF CHINA

FOR TRANSPORT TO… 44B：MAIN PORTS OF KOREA

LATEST DATE OF SHIP. 44C：20151031

SHIPMENT PERIOD

DESCRIPT. OF GOODS 45A：

COMMODITY：UNBLEACHED KRAET LINEBOARD.

U/P：USD 390.00/MT

TOTAL：100MT ±10%ARE ALLOWED.

PRICE TERM：CIF BUSAN KOREA

COUNTRY OF ORIGIN：P. R. CHINA

PACKING：IN STRONG WOODEN CASE(S)

SHIPPING MARK：ST15 -016

BUSAN KOREA

DOCUMENTS REQUIRED 46A：

+SIGNED COMMERCIAL INVOICE IN 3 COPIES INDICATING LC NO. & CONTRACT NO. ST05 -018

+FULL SET OF CLEAN ON BOARD OCEAN BILL OF LADING MADE OUT TO ORDER AND BLANK ENDORSED，MARKED FREIGHT TO COLLECT，NOTIFYING THE APPLICANT.

+PACKING LIST/WEIGHT LIST IN 3 COPIES INDICATING QUANTITY/GROSS AND NET WEIGHTS.

+CERTIFICATE OF ORIGIN IN 3 COPIES

ADDITIONAL COND. 47B：ALL DOCUMENTS ARE TO BE PRESENTED TO US IN ONE LOT BY COURIER/SPEED POST.

DETAILS OF CHARGES 71B：ALL BANKING CHARGES OUTSIDE OF OPENING BANK ARE FOR BENEFICIARY'S ACCOUNT.

PRESENTATION PERIOD 48：DOCUMENTS TO BE PRESETNED WITHIN 21 DAYS AFTER THE DATE OF SHIPMENT BUT WITHIN THE VALIDITY OF THE CREDIT

CONFIRMATION 49：WITHOUT

INSTRUCTIONS 78：

+ WE HEREBY UNDERTAKE THAT DRAFTS DRAWN UNDER AND IN COMPLY WITH THE TERMS AND CONDITIONS OF THIS CREDIT WILL BE PAID MATURITY.

第五章 发　票

【本章导读】

在国际贸易单证中，发票发挥着重要的作用，是国际贸易程序履行过程中必不可少的单据之一。发票的种类比较多，如商业发票、海关发票、形式发票和厂商发票等。其中，应用最普遍的是商业发票。值得注意的是，在中国，对于商业发票的格式，早已有国家标准出台，然而各企业仍旧各行其是，按实际需要和商业习惯自主设计发票格式。本章将介绍国家标准商业发票格式，同时提供目前企业自行设计使用的商业发票，以供参考。

【学习目标】

通过本章学习，使学生能够了解国际贸易业务中发票的含义及种类，重点掌握商业发票的作用及缮制方法，熟悉不同国家对于商业发票的不同规定，了解《UCP600》及相关国际贸易惯例中对商业发票的要求与规定。

【关键概念】

发票（Invoice）　　商业发票（Commercial Invoice）
海关发票（Customs Invoice）　　形式发票（Proforma Invoice）
领事发票（Consular Invoice）　　厂商发票（Manufacturer's Invoice）
样品发票（Sample Invoice）

第一节　商业发票

一、商业发票的含义及作用

商业发票（Commercial Invoice），简称为发票（Invoice），是在货物装出时，卖方开立的凭以向买方索取货款的价目清单和对整个交易和货物有关内容的总体说明。它全面反映了合同内容，虽不是物权凭证，但是进出口贸易结算中使用的最主要的单据之一。

商业发票是整套单据的核心，其他单据均是以商业发票为核心来缮制的，在外贸制单工作程序中，一般先缮制好商业发票，然后才制作其他单据。

商业发票的作用主要包括以下几个方面。

(1)便于进、出口商核对已发货物是否符合合同或信用证规定。

(2)作为进口方和出口方记账的依据。

(3)在出口地和进口地作为报关、清关及纳税的凭据。

(4)在不用汇票的情况下，可代替汇票作为付款依据。

(5)凭光票付款时，通常用以确定有关交易的细节。

(6)是整套出口单据的中心及其填制和审核的依据。

(7)可作为索赔和理赔的凭据。

二、商业发票的内容及缮制方法

商业发票的内容既要符合合同的规定，其文字描述又必须和信用证完全一致，如式样5-1~式样5-3所示。缮制发票是一项复杂而细致的工作，缮制时要求符合规范，保证质量，做到正确无误、排列合理、缮打清楚、整洁美观。

1. 发票抬头

除信用证有其他要求之外，发票抬头(MESSRS/ TO:…)一般缮制为开证申请人(APPLICANT)或托收的委托人。信用证中一般表示为“FOR ACCOUNT OF ×××”，或“TO THE ORDER OF ×××”，其中的“×××”部分就是发票抬头。当采用托收或其他方式支付货款时，填写合同买方的名称和地址。填写时需注意的是，公司名称和地址要分两行打，而且必须打上名称和地址的全称。名称一般一行打完，不能换行，地址则可合理分行。如抬头可打成FOR ACCOUNT OF ×××、TO THE ORDER OF ×××、TO MESSERS、TO ×××等。

2. 发票出票人的名称和地址

填写出口商名称及地址，有时包括电传、电话号码等：该项目必须同货物买卖合同的签约人及信用证对受益人的描述一致。信用证项下即为受益人，一般表示为“BENEFICIARY: ×××”。通常出口商名称及地址都已事先印好。

3. 装运工具及起讫地点

在装运工具及起讫地点(MEANS OF TRANSPORT AND ROUTE)填写时应一并填写货物的实际起运港(地)、目的港(地)以及运输方式，如果货物需经转运，应把转运港的名称打上。如：Shipment from Shanghai to Hamburg with transshipment at Hong Kong by vessel(装运自上海到汉堡，在香港转运)。

4. 单据名称

商业发票上应明确标明“INVOICE”(发票)或“COMMERCIAL INVOICE”(商业发票)字样。在信用证项下，为防止单、证不符，发票名称应与信用证一致。另外，还需注意，发票名称中不应有联合发票(COMBINED INVOICE)、宣誓发票(SWORN INVOICE)等字样。

5. 发票号码和日期

发票号码和日期(INVOICE NUMBER AND DATE)由出口公司根据实际情况自行编制，

一般在编制时，在发票号码的顺序数字中能看出这一票业务是哪个部门及谁做的，具体年份，以便于日后查找。发票日期最好不要晚于提单的出具日期，而且要在信用证规定的议付期之前。此外，卖方经常签订合同后即开立发票，出具日期也就早于信用证开立日期，根据《UCP600》的规定，这是允许的，但必须在信用证及《UCP600》规定的期限内提交。

6. 信用证号码

当采用信用证结算方式时，填写信用证号码（L/C NO.）。如果信用证没有要求在发票上标明信用证号码，此项可以不填，当采用其他支付方式时，此项也可不填。

7. 合同号码

合同号码（SALE CONTRACT NO.）应与信用证上所列的相一致，如果一笔交易牵涉几个合同时，应在发票上全部表示出来。

8. 支付方式

填写交易合同所采用的支付方式（TERMS OF PAYMENT），如信用证、汇付和托收等。

9. 唛头及件数编号

唛头及件数编号（MARKS AND NUMBERS）包括客户名称缩写、合同号、目的港和件数号等部分，如货物还要转运到内陆目的地，可打上“IN TRANSIT TO 某地”等字样，一般由卖方自行设计。若信用证或合同中有规定，必须按规定填写，并与提单、托运单等单据严格一致。如果无唛头，或者裸装货、散装货等，则应填写“NO MARK”（缩写 N/M）。

10. 商品描述

商品描述（DESCRIPTION OF GOODS）包括货物的品名、规格、等级、尺寸和颜色等，一般用列表的方式将同类项并列集中填写。内容必须与信用证规定的货物描述（DESCRIPTION OF GOODS）完全一致，必要时要照信用证原样打印，不得随意减少内容，否则有可能被银行视为不符点。但有时信用证货物描述表述非常简单，此时按信用证打印完毕后，再按合同要求列明货物具体内容。若信用证对此部分有开错的，应将错就错，或用括号将正确的描述注明。信用证中此栏所用的词汇或词组一般有：

DESCRIPTION OF GOODS；

COVERING SHIPMENT OF；

DESCRIPTION OF MERCHANDISE；

SHIPMENT COVERING FOLLOWING GOODS；

SHIPMENT OF GOODS AS FOLLOWING；

COVERING VALUE OF；

COVERING；

COVERING THE FOLLOWING GOODS BY。

11. 商品数量

货物数量（QUANTITY）的描述受到信用证和提单的两项约束，不能有出入，因此在信用证无相反规定时，货物的实际出运量允许有5%或10%的增减。若货物品种规格较多，则每种货物应写明小计数量，最后再进行合计。

12. 单价和总值

单价(UNIT PRICE)须显示计价货币、计量单位、单位金额和贸易术语四部分内容。发票的总值(AMOUNT)不能超过信用证规定的最高金额。但是信用证总值前有“约”“大概”“大约”或类似词语的,允许有10%的增减幅度。单价和总金额是发票的主要项目,必须准确计算,正确缮打,并认真复核,特别要注意小数点的位置是否正确,金额和数量的横乘、竖加是否有矛盾。凡“大约”“大概”“大约”或类似的词语,用于信用证金额和单价时,应理解为有关金额或单价有不超过10%的增减幅度。如来证规定的数量已装完,而发票金额还有一些多余,在议付行表示接受的情况下,可采取“扣除”“放弃”的办法处理,即在总额下面减除差额零头,减除后的发票总金额不超过信用证所允许的金额。

如信用证规定发票金额要扣除相应佣金的,例如信用证条款规定“5% COMMISSION TO BE DEDUCTED FROM INVOICE VALUE”或有其他类似的条款规定的话,商业发票总金额应按规定表示扣除佣金。同时在扣除后计算净额。另外,有的信用证并没有明确规定这样的扣佣条款,但信用证总金额中已经扣除了佣金,则商业发票仍要计算扣除佣金。

发票扣佣的表示方法:

Quantity	Unit Price	Amount
	CIFC5 NEW YORK	
100pcs	USD 100/pc	USD 10 000.00

Less 5% Commission: USD 500.00

CIF NET VALUE: USD 9 500.00

13. 其他

其他(Other Contents)位于信用证下方的空白处,可填写信用证的规定或特别需要在发票上注明的内容声明文句是根据不同国家(地区)及不同信用证的要求缮打的,要求确切、通顺和简洁。

如:WE CERTIFY THAT THE GOODS NAMED ABOVE HAVE BEEN SUPPLIED IN CONFORMITY WITH ORDER NO. 12345.(兹证明本发票所列货物与合同号12345相符。)

THIS IS TO CERTIFY THAT THE GOODS NAMED HEREIN ARE OF CHINESE ORIGIN.(兹证明所列商品系中国产。)

WE HEREBY CERTIFY THAT THE ABOVE MENTIONED GOODS ARE OF CHINESE ORIGIN.(兹证明上述产品在中国制造。)

WE HEREBR CERTIFY THAT WE ARE THE ACTUALLY MANUFACTURER OF THE GOODS INVOICED.(兹证明发票所列产品确为本厂制造。)

WE HEREBY CERTIFY THAT THE ABOVE MENTIONED PARTICULARS AND FIGURES ARE TRUE AND CORRECT.(我们仅此证明发票所述详细内容真实无误。)

WE CERTIFY THAT THE GOODS MENTIONED IN THIS INVOICE HAVE NOT BEEN SHIPPED ON BOARD OF ANY VESSEL FLYING ISRAELI FLAG OR DUE TO CALL AT ANY ISRAELI PORT.(兹证明本发票所列货物不装载于悬挂以色列国旗或驶靠任何以色列港口

的船只。)

THIS IS TO CERTIFY THAT TWO COPIES OF INVOICE、PACKING LIST AND BILL OF LADING HAVE BEEN AIRMAILED DIRECT TO APPLICANT IMMEDIATELY AFTER SHIPMENT EFFECTED.(兹证明发票、箱单和提单各两份副本,已于装运后立即直接航空快邮寄开证人。)

IT IS HEREBY CERTIFIED THAT THIS INVOICE SHOWS THE ACTUAL PRICE OF THE GOODS DESCRIBED, THAT NO OTHER INVOICE HAS BEEN OR WILL BE ISSUED AND THAT ALL PARTICULARS ARE TRUE AND CORRECT.(兹证明本发票的价格系所述商品的真实价格,并未签发其他发票。)

14. 出票人签章

商业发票无须签署,但如果信用证要求提交签署的发票"SIGNED COMMERCIAL INVOICE…"或手签的发票"MANUALLY SIGNED…",则发票必须签署,且后者还必须由发票授权签字人手签。我国出口企业一般手签或手签并盖章。

式样5-1

Invoice

EXPORTER/SELLER/BENEFICIARY:

TO:MESSRS

SHIPMENT FROM	INVOICE NO. DATE:
TO	DOCUMENTARY CREDIT NO.
BY	CONTRACT NO. /SALES CONFIRMATION NO.
VESSEL/FLIGHT/ VEHICLE NO. B/L NO.	TERMS OF DELIVERY AND PAYMENT

SHPPING MARKS DESCRIPTION (NOS. & KIND QUANTITY)	UNIT PRICE	AMOUNT

STAMP OR SINGATURE

式样 5-2

商 业 发 票

Commercial Invoice

<table>
<tr><td colspan="3" rowspan="2">1 出口商 Exporter</td><td colspan="4">4 发票日期和发票号 Invoice Date and No.</td></tr>
<tr><td colspan="2">5 合同号 Contract No.</td><td colspan="2">6 信用证号 L/C No.</td></tr>
<tr><td colspan="3" rowspan="2">2 进口商 Importer</td><td colspan="4">7 原产地国 Country/region of origin</td></tr>
<tr><td colspan="4">8 贸易方式 Trade mode</td></tr>
<tr><td colspan="3">3 运输事项 Transport details</td><td colspan="4">9 交货和付款条款 Terms of delivery and payment</td></tr>
<tr><td>10 运输标志和集装箱号
Shipping marks;Container No.</td><td colspan="2">11 包装类型及件数;商品编码;商品描述
Number and kind of packages;Commodity No. ;
Commodity description</td><td>12 数量
Quantity</td><td>13 单价
Unit price</td><td colspan="2">14 金额
Amount</td></tr>
<tr><td colspan="7">自由处置区
Free disposal</td></tr>
<tr><td colspan="7">15 总值(用数字和文字表示) Total amount(in figure and word)</td></tr>
<tr><td colspan="2">自由处置区
Free disposal</td><td colspan="5">16 出口商签章
Exporter stamp and signature</td></tr>
</table>

式样 5 - 3

ISSUER SILVER SAND TRADING CORP. 6_{TH} FLOOR, JINDU BUILING, 135 WUXING RD, GUANGZHOU, P. R. CHINA	COMMERCIAL INVOICE	
TO F. L. SMIDTH&CO. 77, VIGERSLEV ALLE, DK - 2500 VALBY, COPENHAGEN, DEMARK	NO. **JH - FLSINV06**	DATE MAY 9, 2020
TRANSPORT DETAILS FROM GUANGZHOU, CHINA TO COPENHAGEN BY VESSEL	S/C NO. JH - FLSSC06	L/C NO. FLS - JHLC06
	TERMS OF PAYMENT L/C AT 30 DAYS AFTER SIGHT	

Marks and Numbers	Number and kind of package; Description of goods	Quantity	Unit Price	Amount
FX FLS 9711 COPENHAGEN CARTON 1 - 1200	**CIF COPENHAGEN**			
	FOREVER BRAND BICYCLE YE 803 - 26#	600SETS	USD 66.00/SET	USD 39 600.00
	FOREVER BRAND BICYCLE TE 600 - 24#	600SETS	USD 71.00/SET	USD 42 600.00
	* *			
				USD 82 200.00
		LESS COMMISION 5%		USD 41 10.00
				USD 78 090.00
		Total	**USD 78 090.00**	

SAY TOTAL **SAY U. S. DOLLARS SEVENTY EIGHT THOUSAND AND NINETY ONLY.**

WE HEREBY CONFIRM THAT ONE SET OF NON-NEGOTIABLE DOCS. HAS BEEN SENT TO THE APPLICANT.

L/C NO. FLS - JHLC06

VESSEL NAME: YIXIANG

× × ×

GENERAL MANAGER

三、缮制商业发票的注意事项

1.《UCP600》中对于商业发票的规定

《UCP600》第十八条 商业发票

a. 商业发票：

i. 必须在表面上看来系由受益人出具(第三十八条另有规定者除外)；

ii. 必须出具成以申请人的名称为抬头(第三十八条g款另有规定者除外)；

iii. 必须将发票币别作成与信用证相同币种。

iv. 无须签字。

b. 按照指定行事的被指定银行、保兑行(如有)或开证行可以接受金额超过信用证允许金额的商业发票,其决定对有关各方均有约束力,只要该银行对超过信用证允许金额的部分未作承付或者议付。

c. 商业发票中货物、服务或履约行为的描述必须与信用证中的描述一致。

2.《UCP600》中与发票有关的条款

《UCP600》第十七条 正本单据及副本

a. 信用证规定的每一种单据须至少提交一份正本。

b. 银行应将任何带有看似出单人的原始签名、标记、印戳或标签的单据视为正本单据,除非单据本身表明其非正本。

c. 除非单据本身另有说明,在以下情况下,银行也将其视为正本单据:

i. 单据看似由出单人手写、打字、穿孔或盖章:或者

ii. 单据看似使用出单人的原始信纸出具:或者

iii. 单据声明其为正本单据,除非该声明看似不适用于提交的单据。

d. 如果信用证使用诸如“一式两份(in duplicate)”“两份(in two fold)”“两套(in two copies)”等用语要求提交多份单据,则提交至少一份正本,其余使用副本即可满足要求,除非单据本身另有说明。

3. 信用证发票条款示例

(1) MANUALLY SINGED COMMERCIAL INVOICE IN SIX COPIES QUOTING ORDER NO. * * * MADE OUT IN NAME OF CONSIGNEE.

(2) SIGNED INVOICE IN ONE ORIGINAL AND NINE COPIES.

……．

ALL DOCUMENTS MUST STATED L/C NO.

(3) THE ORIGINAL INVOICE IS TO BE DULY CERTIFIED BY THE CCIC.

(4) 5% COMMISION SHOULD BE DEDUCTED FROM TOTAL AMOUNT OF THE COMMERCIAL INVOICE.

四、部分国家对发票的特殊规定

1. 智利

发票内要注明运费、保险费和FOB价值。

2. 墨西哥

发票要手签。一般发票要求领事签证,可由贸促会代签,并注明:"THERE IS NO MEXICAN CONSULAR HERE"(本地无墨西哥领事),在北京可由墨西哥驻华使馆签证。

3. 澳大利亚

发票内应加发展中国家声明,可享受优惠关税待遇。声明文句:DEVELOPING COUNTRY DECLARATION THAT THE FINAL PROCESS OF MANUFACTURE OF THE FOODS FOR WHICH SPECIAL RATES ARE CLAIMED HAS BEEN PERFORMED IN CHINA AND THAT NOT LESS THAN ONE HALF OF THE FACTORY OR WORKS COST OF THE GOODS IS REPRESENTED BY THE VALUE OF THE LABOUR OR MATERIALS OR OF LABOR AND MATERIALS OF CHINA AND AUSTRALIA.

4. 黎巴嫩

发票应加证实其真实性的词句。如:

WE HEREBY CERTIFY THAT THIS INVOICE IS AUTHENTIC, THAT IT IS THE ONLY ONE ISSUED BY US FOR THE GOODS HEREIN, THAT THE VALUE AND PRICE OF THE GOODS ARE CORRECT WITHOUT ANY DEDUCTION OF PAYMENT IN ADVANCE AND ITS ORIGIN IS EXCLUSIVELY CHINA.

5. 科威特

发票内要注明制造厂商名称和船名,并注明毛、净重并以千克表示。

6. 巴林

发票内应加注货物原产地证明,并且手签。

7. 巴拿马

可由我贸促会签证并须注明:"此地无巴拿马领事"。

8. 阿拉伯地区

一般都要求发票注明货物原产地,并由贸促会签证,或者由贸促会出具产地证书。

第二节　其他种类的发票

一、海关发票

1. 海关发票的定义

海关发票(CUSTOMS INVOICE)是根据某些进口国海关的规定,由出口商填制的一种特定格式的发票,它的作用是供进口商凭以向海关办理进口报关、纳税等手续。目前,要求提供海关发票的主要国家(地区)有美国、加拿大、澳大利亚、新西兰、牙买加、加勒比共同市场国家及非洲的一些国家等。

进口国海关根据海关发票查核进口商品的价值和产地来确定该商品是否可以进口,是否可以享受优惠税率,查核货物在出口国市场的销售价格,以确定出口国是否以低价倾销而征收反倾销税,并据以计算进口商应纳的进口税款。因此,对进口商来说,海关发票是一种很重要的单据。各国的海关发票格式有许多不同,如表 5 - 1 所示,具体操作时应注意。

表 5 - 1 各国或地区使用海关发票的情况

国家或地区	使用的海关发票名称
美国	Special Custom Invoice Form 5519 用于纺织品(Invoice details for cotton fabrics and linens) Form 5523 用于鞋类(Invoice details for footwear) Form 5520 用于钢材(Special Summary Steel Invoice-SSSI)
加拿大	Canada Customs Invoice(1985/1/1)
新西兰	Certificate of Origin for Exports to New Zealand Form 59A
西非	Combined Certificate of Value and Invoice of Goods for Exportation to West Africa Form C
尼日利亚	Combined Certificate of Value and Invoice of Goods For Exportation to Federation of Nigeria
加纳	Combined Certificate of Invoice in Respect of Goods for Importation into Ghana Form C61
赞比亚	Invoice and Certificate of Value for Export to Zambia
肯尼亚、乌干达、坦桑尼亚	Combined Certificate of Value and Invoice in Respect of Goods for Importation into Kenya , Uganda and Tanzania
加勒比海共同体	CARICOM(Caribbean Common Market)
牙买加	Invoice and Declaration of Value Required for Shipments to Jamaica C23
部分西印度群岛、中南美洲及太平洋岛屿国家	Combined Certificate of Value and Origin and Goods Form B

2. 海关发票的作用

(1)供进口商报送核查货物与估价征税之用。

(2)提供货物原产地依据。

(3)供进口国海关核查货物在其本国市场的价格,确认是否倾销等。

(4)便于统计。

3. 海关发票的基本缮制要求

(1)与商业发票的相应项目必须完全一致。

(2)须列明国内市场价或成本价时,应注意其低于销售的离岸价。

(3)经准确核算的运费、保险费及包装费。

(4)海关发票应以收货人或提单的被通知人为抬头人。

(5)签具海关发票的人可由出口单位负责办事人员签字,证明人须另由其他人员签字,不能是同一人。

二、加拿大海关发票的缮制

加拿大海关发票(CANADA CUSTOMS INVOICE)是指销往加拿大的出口货物(食品除外)所使用的海关发票,如式样 5 - 4 所示。其栏目用英文、法文两种文字对照,内容繁多,要求每个栏目都要填写,不得留空,若不适用或无该项内容,则必须在该栏目内填写“N/A”(即“NOT APPLICABLE”)。

式样 5 - 4

Revenue Canada **CANADA CUSTOMS INVOIE**

1. Vendor(Name and Address) BEIJING XINCHAO TEXTILE GARMENT CO. , LTD. 1521#, NANYUANROAD, BEIJING, CHINA	2. Date of Direct Shipment to Canada AS PER B/L DATE 3. Other References(Include Purchaser's Order No.) SALES CONTRACT NO:J10102252	
4. Consignee(Name and Address) FASHION FORCE CO. , LTD P. O. BOX 8935 NEW TERMINAL, ALTA, VISTA OTTAWA, CANADA	5. Purchaser' s Name and Address(If other than Consignee) SAME AS CONSIGNEE	
	6. Country of Transshipment n/a	
	7. Country of Origin of Goods CHINA	IF SHIPMENT INCLUDES GOODS OF DIFFERENT ORIGINSENTER ORIGINS AGAINST ITEMS IN 12
8. Transportation: Give Mode and Place of Direct Shipment to Canada SHIPMENT FROM BEIJING TO MONTREAL BY VESSEL	9. Conditions of Sale and Terms of Payment CIF MONTREAL, L/C AT SIGHT	
	10. Currency of Settlement USD	

11. No. of Pkgs	12. Specification of Commodities (Kind of Packages, Marks and Numbers, General Description and Characteristics, i. e. Grade, Quality)	13. Quantity (State Unit)	Selling Price	
			14. Unit Price	15. Total
150 CTNS	MAN'S PANTS CIF MONTREAL CANADA (100% COTTON) STYLE NO. :46 - 301A USD/PC	6 000PCS	USD 15.80	USD 94 800.00

18. If any fields 1 to 17 are included on an attached commercial invoice, check this box ☐ Commercial Invoice No. NT001FF004 ________	16. Total weight		17. Invoice Total USD 94 800.00
	Net 2 150 KGS	Gross 2 190 KGS	

19. Exporter's Name and Address(If other than Vendor) SAME AS VENDOR	20. Originator(Name and Address) BEIJING XINCHAO TEXTILE GARMENT CO. , LTD. 1521#, NANYUANROAD , BEIJING, CHINA
21. Departmental Ruling(if applicable) n/a	22. If fields 23 to 25 are not applicable, check this box ☐

23. If included in field 17 indicate amount: (i) Transportation charges, expenses and insurance from the place of direct shipment to Canada $ ________ USD160.00 ______ (ii) Costs for construction, erection and assembly incurred after importation into Canada $ ________ n/a ____________ (iii) Export packing $ ________ n/a ____________	24. If not included in field 17 indicate amount: (i) Transportation charges, expenses and insurance to the place of direct shipment to Canada $ ________ n/a ____________ (ii) Amount for commissions other than buying commissions $ ________ n/a ____________ (iii) Export packing $ ________ n/a ____________	25. Check(if applicable): Royalty payments or subsequent proceeds are paid or payable by the purchaser n/a□ (ii) The purchaser has supplied goods or services for use in the production of these goods n/a□

加拿大海关发票的主要栏目及缮制方法如下。

1. 卖方的名称与地址 Vendor

卖方的名称与地址 Vendor(Name and Address)应填写出口商的名称及地址,包括城市和国家名称。信用证支付条件下此栏填写受益人名址。

2. 直接运往加拿大的装运日期

直接运往加拿大的装运日期(Date of Direct Shipment to Canada)填写直接运往加拿大的装运日期,此日期应与提单日期相一致。如单据送银行预审,也可请银行按正本提单日期代为加注。

3. 其他参考事项

包括买方订单号码[Other Reference(Include Purchaser's Order No.)],填写有关合同、订单或商业发票号码。

4. 收货人名称及地址

收货人名称及地址[Consignee(Name and Address)]填写加拿大收货人的名称与详细地址。信用证项下一般为信用证的开证人。

5. 买方

买方(Purchaser's Name and Address)填写实际购货人的名称及地址。如与第 4 栏的收货人相同,则此栏可打上"Same as Consignee"。

6. 转运国家

转运国家(Country of Transhipment)应填写转船地点的名称。如在日本转船,可填写:"From Shanghai to Canada With Transhipment at Japan by Vessel"。如不转船,可填 N/A(即 NOT APPLICCABLE)。

7. 生产国别

生产国别(Country of Origin of Goods)填写 CHINA。若非单一的国产货物,则应在 12 栏中详细逐项列明各自的原产地国名。

8. 运输方式及直接运往加拿大的起运地点(Transportation:Give Mode and Place of Direct Shipment to Canada):

只要货物不在国外加工,不论是否转船,均填写起运地和目的地名称以及所用运载工具,如:From Shanghai to Montreal by Vessel。

9. 价格条件及支付方式,如销售、委托发运、租赁商口等

Condition of Sales and Terms of Payment

I. E. Sale,Consignment,Shipment,Leased Goods,etc

按商业发票的价格术语及支付方式填写,如:

CIF Vancouver D/P at Sight 或 C and F Montreal by L/C at Sight。

10. 货币名称

卖方要求买方支付货币名称(CURRENCY OF SETTLEMENT),须与商业发票使用的货币相一致,如 CAD。

11. 件数

填写该批商品的总包装件数(Number of Package),如:600 CARTONS。

12. 商品详细描述

商品详细描述[Specification of Commodities(Kind of Packages, Marks and Numbers, General Description and Characteristics, I. E. Grade, Quality)]应按商业发票同项目描述填写,并将包装情况及唛头填写此栏(包括种类、唛头、品名和特性,即等级、品质)。

13. 数量

应填写商品的具体数量[Quantity(State Unit)],而不是包装的件数。

14. 单价

单价(Unit Price)应按商业发票记载的每项单价填写,使用的货币应与信用证和商业发票一致。

15. 总值

总值(Total)应按商业发票的总金额填写。

16. 净重及毛重的总数

填写总毛重和总净重(Total Weight),应与其他单据的总毛重和总净重相一致。

17. 发票总金额

按商业发票的总金额(Total Invoice value)填写。

18. 如果 1 ~17 栏的任何栏中内容均已包括在所随附的商业发票内

If any Fields 1 to 17 are Included on an attached commercial Invoice, check this box □

如果 1 ~17 栏的任何栏的内容均已包括在所随附的商业发票内,则在方框内填一个“√”记号,并将有关商业发票号填写在横线上。

19. 出口商名称及地址,如并非买方[Exporter's Name and Address(if other than Vendor)]

如出口商与第 1 栏的卖方不是同一名称,则列入实际出口商名称;而若出口商与第一栏卖方为同一者,则在本栏打上“THE SAME AS VENDOR”。

20. 负责人的姓名及地址(Originator, Name and Address)

此栏仍填写出口公司名称、地址、负责人名称。

21. 主管当局现行管理条例,如适用者[Departmental Ruling(if applicable)]

指加方海关和税务机关对该货进口的有关规定。如有,则要求填写,如无,则填“N/A”(即 NOT APPLICABLE)。

22. 如果23～25 三个栏目均不适用(If fields 23 to 25 are not applicable,check this box□)

如23～25 栏不适用,可在方框内打“√”记号。

23. 如果以下金额已包括在第17 栏目内(If included in field 17 indicate amount)

(ⅰ) Transportation charges, expense and insurance from the place of direct shipment to Canada.

自起运地至加拿大的运费和保险费:可填运费和保险费的总和,允许以支付的原币填写;若不适用则填“N/A”。

(ⅱ) Costs For construction, erection and assembly incurred after importation into Canada.

货物进口到加拿大后进行建造、安装及组装而发生的成本费用,按实际情况填列;若不适用,可打上 N/A。

(ⅲ)出口包装费用(Export packing).

可按实际情况将包装费用金额打上;如无,则填“N/A”。

24. 如果以下金额不包括在第17 栏目内(If not included in field 17 indicate amount)

若17 栏不包括,则注明金额:(ⅰ)(ⅱ)(ⅲ) 三项,一般填“N/A”。如果在 FOB 等价格条件下,卖方又替买方租船订舱时,其运费于货到时支付,则(ⅰ)栏可填实际运费额。

25. Check(if applicable)

若适用,在方格内打“√”记号。本栏系补偿贸易、来件、来料加工、装配等贸易方式专用;一般贸易不适用,可在方格内填“N/A”。

三、形式发票

形式发票(Proforma Invoice)也叫预开发票,为卖方要求买方支付货款,或者为了方便买方在进口时申请使用外汇、申请进口许可证或安排信用证而预先开出的一种发票。在交易金额较小时,有时买卖双方也可以用形式发票来取代合同。但是需要注意,形式发票一般规定有“出口商最后确认为准”的保留条件,不具有法律效力,不能作为国际结算的工具。

形式发票的形式与商业发票基本是相同的,可以用商业发票来改制,但是一定要注明“PROFORMA INVOICE”字样,如式样5－5 所示。形式发票须有出口商的 Bank Information,另外加盖公司法人章,给进口商传过去,进口商确认回传,形式发票不具法律效力。形式发票的其余内容与正式发票内容一致。

式样 5－5

Zhongshan LongDe S & T Technology Co. ,Ltd

No. 33, Middle Industry Avenue, TaiFeng Industrial Zone,

Xiaolan Town, Zhongshan City, Guangdong, China.

TEL:0086－760－23820471　　FAX:0086－760－23820469　　EMAIL:risin@ longde. com. cn

PROFORMA　INVOICE

TO:Top Power Asia Group Ltd

Attend:Young Park　　　　PI NO:LDUPC090903

2FI,Jungho Bldg,108－4,　　　　DATE: 2019/09/3

Sangdo-dong,Dongjak-gu,Seoul,150－030,Korea

MODEL NO.	DESG2CRIPTION OF GOODS	QUANTITY (PCS)	UNIT PRICE (USD)	AMOUNT (USD)
LD007－GF1	Excrement Auto-nursing Assistant	1	920. 00	920. 00

TOTAL AMOUNT:USD 920. 00

四、领事发票

领事发票(Consular Invoice)是指拉美、菲律宾等进口国为了了解进口货物的原产地、货物有无倾销等情况,规定进口货物必须要领取进口国驻出口国的领事签证的发票,作为征收有关货物进口关税的前提条件,同时也作为领事馆的经费来源。有些国家对其有固定的格式,可直接向进口国在出口国的领事馆领取,有些国家则直接由其在出口国的领事在商业发票上认证。对于信用证中的此类条款,如我方能够办到,要及时办理,若与我国尚未建立外交关系的国家,即出口地无领事馆,无法办证,则不能接受此类条款的信用证。

五、厂商发票

厂商发票(Manufacturer's Invoice)是由出口货物的制造厂商所出具的以本国货币计算价格、用以证明出口国国内市场的出厂价格的发票,供进口国海关估价、核税以及征收反倾销税之用。

六、样品发票

出口商为了使客户对商品有一个更直观的印象，让客户更好地了解商品的品质、价值等，在交易前发送商品样品供客户从中选择，为此而制作的发票就是样品发票（Sample Invoice）。所提供的样品，若价值不大，多数是免费赠送，有时会收取部分款项，或收取全额款项，这些都应在发票上加以说明。

第三节 案例讨论

以下两张单据来自同一笔业务，请比较发票与形式发票的区别，并说明二者不同作用。

哈尔滨巨邦精密轴承制造有限公司

Harbin Jubang Precision Bearing Manufacture Co. ,Ltd

Room 2005 N 2006, Pufa Bldg. , 209 Changjiang Road, Nangang District, Harbin, China 150090

(ORIGINAL) 发 票 Invoice No. :JB－PK－04

INVOICE Date:2017－11－24

Marks: Ship To: F. J. Trading Corporation

FJTC/KHI Office No. 203, Noman Towers, Marston Road, Plaza Quarters, Karachi, Pakistan

Shipped: By Vessel

Port of loading: Dalian, China Seaport

Potr of Discharge: Keamari Karachi Seaport

L/C Payment: USD 7 659. 00

Item No.	Description of Goods	Quantity (pcs)	Unit Price (USD)	Amount (USD)
				CFR KEAMARI KARACHI
Cylindrical Roller Bearings	NJ212	200	1. 00	200. 00
Tapered Roller Bearings	30207	200	0. 32	64. 00
Tapered Roller Bearings	30208	500	0. 44	220. 00
Tapered Roller Bearings	30209	500	0. 46	230. 00
Tapered Roller Bearings	30210	200	0. 60	120. 00
Tapered Roller Bearings	30215	200	1. 40	280. 00
Tapered Roller Bearings	32309	1000	1. 36	1 360. 00
Tapered Roller Bearings	32310	300	1. 80	540. 00
Tapered Roller Bearings	32212	1000	1. 15	1 150. 00
Tapered Roller Bearings	32215	500	1. 62	810. 00
Tapered Roller Bearings	32219	50	4. 10	205. 00
Tapered Roller Bearings	32220	100	5. 00	500. 00

Item No.	Description of Goods	Quantity (pcs)	Unit Price (USD)	Amount (USD)
Tapered Roller Bearings	LM48548/LM48510	2000	0. 24	480. 00
Tapered Roller Bearings	LM11949/LM11910	1000	0. 12	120. 00
Tapered Roller Bearings	25590/25520	1000	0. 40	400. 00
Tapered Roller Bearings	LM67048/LM67010	2000	0. 18	360. 00
Tapered Roller Bearings	462/453X	200	1. 10	220. 00
Tapered Roller Bearings	575/572	200	2. 00	400. 00
	TOTAL	11 150		7 659. 00

HPB brand cylindrical roller bearings and tapered roller bearings CFR Keamari Karachi

Packing in strong 'HPB' brand printed individual box than strong seaworthy 'HPB' printed cartons than strong pallets in plastic polybag of good quality.

Certify that Goods shipped are as per beneficiary's proforma invoice no. JB – PK03 dated 04 – 09 – 2017

Certifying merchandise to be of Chinese origin

H. S. code no. 8482 – 2000. 8482 – 5000

L/C Number 000801610022 Date of Issuance: 2017. 09. 09

哈尔滨巨邦精密轴承制造有限公司

Harbin Jubang Precision Bearing Manufacture Co. ,Ltd

Room 2005&2006, Pufa Building, No. 209 Changjiang Road, Nangang District, Harbin, China 150090

Marks: (ORIGINAL)形式发票 Invoice No. : JB – PK03

Porforma Invoice Date: 2017 – 9 – 4

Ship To: F. J Trading Corporation

Office No. 203, Noman Towers Marston Road

Plaza Quarters, Karachi, Pakistan

Shipped: By Vessel

From: Dalian Port China To: Karachi Port Pakistan

L/C NO.

Item No.	Description of Goods	Quantity (pcs)	Unit Price (USD)	Amount (USD)
Cylindrical Roller Bearing	NJ212	200	1. 00	200. 00
Tapered Roller Bearings	30207	200	0. 32	64. 00
Brand: HPB	30208	500	0. 44	220. 00
Rings and Rollers: 100%chromium	30209	500	0. 46	230. 00
steel GCr – 15 Conform with AISI52100	30210	200	0. 60	120. 00
Cages made of pressed carbon steel	30215	200	1. 40	280. 00
Standard: China Standard (ABEC1)	32309	1000	1. 36	1 360. 00
Delivery Date:	32310	300	1. 80	540. 00
It is about 40 – 50 days	32212	1000	1. 15	1 150. 00

Item No.	Description of Goods	Quantity (pcs)	Unit Price (USD)	Amount(USD)
	32215	500	1.62	810.00
	32219	50	4.10	205.00
	32220	100	5.00	500.00
	LM48548/LM48510	2000	0.24	480.00
	LM11949/LM11910	1000	0.12	120.00
	25590/25520	1000	0.40	400.00
	LM67048/LM67010	2000	0.18	360.00
	462/453X	200	1.10	220.00
	575/572	200	2.00	400.00
	TOTAL	11 150		7 659.00

Terms of Delivery: CFR Karachi

Packing: Plastic poly-bag, printed individual box, sea worthy

printed cartons, pallet.

Port of Shipment: Dalian Port China

Port of Destination: Karachi Port Pakistan

Terms of Payment: Payment by L/C

Shipping Documents: Full documents on board

Insurance: To be effected by the buyer

Partial Shipments: Not Allowed

Transshipment: Allowed

Certificate of quality duly certified by: Department of Chinese Entry-Exit Inspections and Quarantine

复　习　题

一、选择题

1. 以(　　)单据不属于发票类。

A. 花色搭配单　　B. 海关发票

C. 领事发票　　D. 形式发票

2. 发票上的货物数量应与信用证一致，如信用证在数量前使用“约”“大约”时，应理解为(　　)。

A. 货物数量有不超过5%增减幅度

B. 货物数量有不超过10%增减幅度

C. 货物数量有不超过3%的增减幅度

D. 货物数量不得增减

3. 信用证要求提供厂商发票的目的是(　　)。

A. 查验货物是否已经加工生产　　B. 核对货物数量是否与商业发票相符

C. 检查是否有反倾销行为　　D. 确认货物数量是否符合要求

4. 一般情况下,商业发票的金额应与(　　)一致。

A. 合同金额　　B. 信用证金额

C. 保险金额　　D. 实际发货金额

5. 海关发票是由(　　)制定的一种特殊发票格式。

A. 出口方　　B. 进口方

C. 出口国海关　　D. 进口国海关

6. 下列(　　)不是商业发票的作用。

A. 是进出口报关完税必不可少的单据　　B. 是全套单据的核心

C. 是结算货款的依据　　D. 是物权凭证

二、判断题

1. 若合同和信用证中未规定具体唛头,则填写发票时"唛头"一栏可不填。(　　)

2. 商业发票的日期应早于提单的日期。(　　)

3. 商业发票上的货物描述应详细,而装箱单的货物描述只需用商品品名。(　　)

4. 除非信用证另有规定,商业发票必须由信用证的受益人开立。(　　)

三、实务题

1. 按以下材料缮制商业发票。

ISSUING BANK:TOKYO BANK LTD. ,TOKYO

L/C NO. :9426

DATE OF ISSUE:2016.06.15

APPLICANT:SAKA INTERNATIONAL FOOD CO.

26 TORIMI-CHO NISHI - PU, NAGOYA 546, JAPAN

BENEFICIARY:NINGBO NATIVE PRODUCTS CO. NO.115 DONGFENG ROAD, NINGBO, CHINA

LOADING IN CHARGE:NINGBO, CHINA

FOR TRANSPORTION TO:NAGOYA, JAPAN

DESCRIPTION OF GOODS:20M/T FRESH BAMBOO SHOOTS AT CIF NAGOYA USD 1 080.00 PER M/T AND 30 M/T FRESH ASPARAGUS AT CIF NAGOYA USD 1 600.00 PER M/T AS PER CONTRACT NO NP94051

DOCUMENTS REQUIRED:

+COMMERCIAL INVOICE IN TRIPLICATE AND CERTIFY THAT THE GOODS ARE OF CHINESE ORIGIN.

………

SHIPPING MARKS:NO MARKS

制作发票的日期:2016年6月19日。

COMMERCIAL INVOICE

To:　　　　　　　　　　　　　　　　　　　　　　　　　　Date:

Invoice No:

Contract No:

From: to: Letter of credit No:			
Issued by:			
Marks & Numbers	Quantities and Descriptions	Unit Price	Amount

2. 根据下列资料制作商业发票。

L/C NO. :291 －11 －6222531

DATE:APRIL 2 2015

DATE AND PLACE OF EXPIRY:OCT. 15,2015 IN COUNTRY OF BENEFICIARY

APPLICANT:PT. HYCO LANGGENG

310 UTRY SEMARANG INDONESIA

BENEFICIARY:SHENZHEN ANIMAL BY-PRODUCTS IMP. &EXP. CORPORATION

76 WULIN RD,NANCHANG,CHINA

L/C CURRENCY AND AMOUNT:USD 209 475. 00

LOADING IN CHARGE:SHENZHEN PORT,CHINA

FOR TRANSPORTATION TO:SEMARANG,INDONESIA

LATEST DATE OF SHIPPMENT:2015. 09. 30

DESCRIPTION OF GOODS:3 000 PIECES OF STUFFED TOY AS PER SALES CONTRACT 03ZA16IA0019DATED 15. 03. 13

STYLE NO.	QUANTITY	UNIT PRICE
HA23	600PCS	USD0. 55/PC
HB46	700PCS	USD0. 65/PC
HC15	800PCS	USD1. 35/PC
HD89	900PCS	USD0. 75/PC

CIFC5 SEMARANG

DOCUMENTS REQUIRED: + COMMERCIAL INVOICE IN 1 ORIGINAL AND 5 COPIES LESS 5%DISCOUNT AND LESS 5%COMMISSION.

+..........

ADDITIONAL COND. : + PACKING IN CARTONS OF 50 PCS EACH.

+ CARTONS TO BE MARKED WITH:P. T. Y. L.

SEMARANG

C/NO. 1 – UP

+............

提示:制作时请注意回扣和佣金的处理。

3. 根据下列资料制作商业发票。

L/C NO. :012/05/15406G

APPLICANT:XYZ TRADING CO. ,LTD NO. 1 KING ROAD SYDNEY ,AUSTRALIA.

BENEFICIARY:JJJ IMPORT AND EXPORT COMPANY NO. 32 DINGHAI ROAD HANGZHOU,CHINA

L/C AMOUNT:USD656460. 00

DESCRIPTION OF GOODS AND/OR SERVICES:

LEATHER GARMENTS

100 PCS AART 2335/00 AT USD 12. 50

300 PCS AART 2333/35 AT USD 14. 25

100 PCS AART 2335/32 AT USD 51. 30

600 PCS AART 2332/52 AT USD 35. 00

400 PCS AART 2331/00 AT USD 60. 45

DOCUMENTS REQUIRED:

…

+ MANUALLY SIGNED COMMERCIAL INVOICE IN TRIPLICATE SHOWING FOB VALUEAND FRIGHT CHARGES SEPERATELY EVIDENTIFYING THAT THE GOODS ARE FORMLY CONFIRMED WITH S/C NO JJJ050675.

…

TERMS OF DELIVERY:C AND F SYDNEY

PACKING:IN 150 CARTONS OF 100 PCS EACH IN POLY WOVEN CLOTH。

4. 根据下列材料制作加拿大海关发票。

(1)L/C TERMS

…

APPLICANT:EAST AGENT COMPANY

5 –65,OHTAMACHI,NAKA – KU,YOKOHAMA,JAPAN.

BENEFICIARY:NANJING YOUYI CO. ,LTD

ROOM 501,JIAFA MANSTION, BEIJING EAST ROAD , NANJING

CURRENCY CODE AND AMOUNT:USD 35 500

AVAILABLE WITH…BY…:ANY CHINESE BANK BY NEGOTIATION

DRAFTS AT…:SIGHT

DRAWEE:DRAWN ON OURSELVES

PARTIAL SHIPMEMTS:ALLOWED

LOADING ON BOARD/DISPATCH/TAKING IN CHARGE:NANJING,CHINA

FOR TRANSPORTATION TO…:YOKOHAMA,JAPAN.

LATEST DATE OF SHIPMENT:200515

DESCRIPTION OF GOODS AND/OR SERVICES:H6 –59940BS GOLF CAPS

DOCUMENTS REQUIRED

…

+ CANADA CUSTOMS INVOICE IN DUPLICATE.

…

（2）补充资料：

①GROSS WEIGHT：7654 KGS

②INVOICE NO.：YY024579

③ORDER NO.：BEU900405

④DATE OF SHIPMENT：MAR20，2020

⑤SHIPPING MARK：N/M

⑥FREIGHT + INSURANCE = USD 6 250.00

第六章 运输单据

【本章导读】

运输单据是国际贸易的基本单据之一。本章主要内容包括办理托运的流程、托运相关单据、海运提单以及海运单、空运单等不能代表物权的运输单据。

【学习目标】

通过本章的学习,在深入掌握运输单据的种类及缮制的基础上,有利于学生更好地学习国际贸易单证知识,为以后的工作实践打下良好基础。

【关键概念】

包装单据(Packing Documents)　　装箱单(Packing List)
规格单(Specification List)　　重量单(Weight List)
包装声明(Packing Declaration)　　托运单(Shipping Note)
海运提单(Ocean Bill of Lading)　　托运人(Shipper)
收货人(Consignee)　　电放(Telex Release)
海运单(Ocean Waybill)　　空运单(Air Waybill)
联运运单(Trough Waybill)

第一节　办理托运的流程

托运是物流的一种形式,指托运人委托具有托运资质的公司将货物运输到指定地点,交给指定收货人的服务。根据托运方式不同,可分为陆路托运、海运托运、空运托运。

一、陆运托运流程

1. 编报车皮计划

各外贸公司及工贸企业每月向外运公司编报隔月车皮计划,注明去向,并据此进行催证、备货。各外贸公司及工贸企业在收到国外开来的信用证并经审核无误后，便可办理托运，即按信用证或合同内有关装运款，以及货物名称、件数、装运日期，填写《托运单》并提供有关单证，送交外运公司，作为订车皮的依据。

2. 落实装运车皮

外运公司在收到《托运单》后，根据配载原则、货物性质、货运数量、到站等情况，结合车皮计划，与火车站联系，并由火车站据以向上级铁路分局申请车皮。

3. 提货、装车

外运公司根据装期，代各外贸公司往发货仓库提取货物并运至车站货场，车站凭货运单据将货装车。货物装车完毕，由车站司磅员签发货运单，载明收到货物的详细情况。有条件就地封关的，可由海关监管加封，办妥转关手续。外运公司则凭运单签发承运货物收据，即陆运提单。

4. 发出装车通知

货物装车后，外贸公司或工贸企业即可向买方发出《装车通知》，以便买方准备付款、赎单，办理收货。

二、海运托运流程

海运托运流程如下。

1. 编制船期表

外运公司按月编印出口船期表，分发给各外贸公司及工贸企业，内列航线、船名及其国籍、抵港日期、截止收单期、预计装船日期和挂港港口名称（即船舶停靠的港口）。各外贸公司及工贸企业据此进行催证、备货。

2. 办理托运

外贸公司在收到国外开来的信用证经审核（或经修改）无误后即可办理托运。按信用证或合同内有关装运条款填写《托运单》并提供全套单证，在截止收单期前送交外运公司，作为订舱的依据。

3. 领取装运凭证

外运公司收到有关单证后，即缮制海运出口托运单，并会同有关船公司安排船只和舱位；然后由船公司据以签发装货单，作为通知船方收货装运的凭证。

4. 装货、装船

外运公司根据船期，代各外贸公司往发货仓库提取货物运进码头，由码头理货公司理货，凭外轮公司签发的装货单装船。

5. 换取提单

货物装船完毕，由船长或大副签发“大副收据”或“场站收据”，载明收到货物的详细情况。托运人凭上述收据向有关船公司换取提单。

6. 发出《装运通知》

货物装船后，托运人即可向国外买方发出《装运通知》，以便对方准备付款、赎单、办理收货。如为 C&F 或 FOB 合同，由于保险由买方自行办理，及时发出《装船通知》尤为重要。

三、空运托运流程

1. 办理托运

各外贸公司及工贸企业在备齐货物，收到开来的信用证经审核（或经修改）无误后，就可办理托运，即按信用证和合同内有关装运条款，以及货物名称、件数、装运日期、目的地等填写《托运单》并提供有关单证，送交外运公司作为订航班的依据。

2. 安排货舱

外运公司收到托运单及有关单据后，会同中国民航，根据配载原则、货物性质、货运数量、目的地等情况，结合航班，安排舱位，然后由中国民航签发航空运单。

3. 装货、装机

外运公司根据航班，代各外贸公司或工贸企业往仓库提取货物送进机场，凭装货单据将货物送到指定舱位待运。

4. 签发运单

货物装机完毕，由中国民航签发航空总运单，外运公司签发航空分运单，航空分运单有正本三份、副本十二份。正本第一份交给发货人，第二份由外运公司留存，第三份随货同行交给收货人。副本作为报关、财务结算、国外代理、中转分拨等用途。

5. 发出装运通知

货物装机后，即可向买方发出装运通知，以便对方准备付款、赎单、办理收货。

四、托运注意事项

（1）确定箱子的尺寸以及每个箱子的装载限重。请索要书面说明，以便合理选择所需箱子类型及数量。

（2）制定计划托运物品的时间表，明确何时让运输公司上门收货，以及预计多长时间送达指定目的地。

（3）警惕有些公司随意降价，接受其报价前，应确认没有隐藏额外的目的地费用。

（4）确认代理已经提供了完整的文件资料，以便行李物品得以顺利托运。许多国家均禁止夹带兽皮、食品、水果及种子等。忽视相关海关法规将导致高额罚款甚至触犯法律。应留意代理是否已经提供所有法规细节。

（5）不要接受口头报价，应索取预定服务项目的明细报价单。

（6）所有目的港费用不一定都会包含在报价当中，除非明确说明。每项费用都应列举并说明，避免提货时产生不必要的误解。

（7）托运的物品未必已自动被保险。保险通常需要额外的费用，可在托运之时决定是否投保以及投保的类别，保险条款应提前了解清楚。投保的物品如在运输途中发生意外，将可得到保险公司相应的赔偿。

（8）不要使用诋毁或轻视其竞争对手的公司服务。所有公司都应遵循严格的商业行为准则。确保选用专业且具良好声誉的私人物品运输公司，并确认所选用的公司已经投保了财务风险，托运物品不会因公司经营风险而无法送达目的地。

五、托运货物运输险

托运人托运货物时,是否需要拟办理保价或保险,完全以托运人自愿为原则,铁路不以任何方式强迫办理保价运输或者货物运输保险。但从托运人、收货人利益立场出发,应办理保价运输。因为托运人一方面要求铁路运输企业能安全、迅速、经济地将货物送到达站;另一方面,当发生货损货差时,总希望得到与货物价格最为接近的赔偿额,保价运输较能解决以上问题,因为:

(1)不办保价运输货物:从货物安全讲,货物运输管理虽按现行的铁路货物管理有关规章办理,但未能得到与保价货物一样的特殊安全措施的保护,故发生货损货差的机会比保价货物大;从赔偿方面讲,虽然不办保价也不办保险不用支付保价金和投保金,但因为铁路受理货物时,不论货物的贵重与否,都按货物重量收取运费,如果发生货损货差赔偿时,则按货物价值赔偿,这对铁路运输企业讲是不公平的,因此铁路采取限额赔偿,但这样对托运人(特别是托运贵重货物的托运人)利益影响较大。

(2)办理保价运输货物:因为保价责任的基础主要是因为铁路责任造成的货物损失,铁路为了减少事故赔偿,必然要认真对待货运事故,而且货物保价运输是运输合同的组成部分,铁路作为合同的一方直接参加货物的运输工作,并通过对事故的调查、分析、总结,有条件对保价货物采取安全管理措施,改进内部的管理工作,提高货物运输安全质量和服务质量。从这方面讲,铁路与托运人利益是一致的。从赔偿方面讲,托运人虽然支付了保价金,但铁路以货物实际价格(保价额)承运,发生铁路责任时,按不超过保价额赔偿,托运人能得到合情合理的经济利益,因此,保价运输解决了铁路限额赔偿不足的矛盾。

(3)投保货物运输险:保险责任是因为自然灾害、意外事故等非人为因素造成的损失,保险公司不参与运输管理,赔偿只是一种对货物损失后的经济补偿形式。

不论货物办理保价运输或是投保运输险,都属保护措施。铁路办理保价是针对铁路责任的,对于不属于铁路责任的损失,铁路不承担保价赔偿;托运人要求得到比保价运输更高的赔偿时,也可办理投保运输险。

第二节　托运相关单据

一、包装单据

出口商品在运输过程中,除散装货物,如谷物、煤炭、矿砂等商品不需包装外,大多数商品为了避免在搬运、装卸和运输途中发生碰撞、震动或受外界其他影响而损伤货物,必须要经过适当的包装才能装运出口。

包装单据(Packing Documents)是指一切记载或描述商品包装情况的单据,是商业发票内容的补充单据,也是货运单据中一项重要的单据。海关和进口商为了了解包装情况和核验货物,或为了便于对货物进行分拨转售,往往要求包装单据。

（一）常见的包装单据

1. 装箱单

装箱单(Packing List/Packing Slip)又称包装单，其主要作用是补充发票内容，重点说明每件商品包装的详细情况，表明货物名称、规格、数量、唛头、箱号、件数和重量，以及包装情况，尤其对不定量包装的商品要逐件列出每件包装的详细情况。对定量箱装，每件商品都是统一的重量，则只需说明总件数多少，每箱多少重量，合计重量多少，如果信用证来证条款要求提供详细包装单，则必须提供尽量可能详细的装箱内容，描述每件包装的细节，包括商品的货号、色号、尺寸搭配、毛净重及包装的尺寸等内容。

装箱单是出口商缮制商业发票及其他单据时计量、计价的基础资料；是进口商查点数量或重量以及销售货物的依据；是海关查验货物的凭证；是公证机构查验货物的参考资料，装箱单样本见式样 6－1 和式样 6－2。

式样 6－1

上海新新贸易有限公司

SHANGHAI XINXIN TRADING COMPANY LIMITED

88, CHUNGSHAN ROAD E. 1, SHANGHAI, CHINA

装　箱　单

PACKING LIST

ORIGINAL

Exporter:　　　　　　　　　　Date:

Invoice No. :　　　　　　　　　S/C NO. :

Transport details:

FROM SHANGHAI TO HELSINKI　BY　VESSEL

标记 Shipping Marks	件数 Quantity	货名 Description of Goods	净重 N. W.	毛重 G. W.	尺码 Measurement
TOTAL					

TOTAL QUANTITY:

TOTAL:

SIGNATURE(签章)

式样 6 - 2

VESTPACK. PAKISTAN PVT. 2TD

PACKING LIST

To Messrs：DALIAN FRUIT IMP/EXP. CORP. LTD　　Invoice No. ：PAK0202

From：KARACH(卡拉奇)，PAKISTAN　　Contract No. ：ET - 91303

To：DALIAN，CHINA　　Per：YA HE/042　　Terms of payment：M/T

Marks&Container No.	Description	No. of packages	Quantity	G. W	N. W.
F. R ET - 91303 DA LIAN C/N 1 ~ 5 000	FRESH FRUIT MANGOES	WOODEN CASES	5 000	15 000 kgs	15 100 kgs
B/LNo：CH0008 F：USD50M /T　I：0. 35% Container No. CMVX3880276/40/4485 SAY FIVE THOUSANDWOODEN CASESONLY					

QUESTPACK. PAKISTAN PVT. 2TD

× × ×

2. 规格单

规格单(Specification List)内容与装箱单基本一致，名称上要与规定相符，重点说明包装的规格。如："Packing：Each piece in a poly bag，one dozen in a cardboard box and then 20 dozen in a carton. "（每件装一胶袋，每打装一小盒，每 20 打装一纸箱。）

3. 重量单

重量单(Weight List/Weight Note)一般以重量计价的商品，或当商品的重量对其质量能有一定的反映时，收货人对商品的重量比较重视，往往要求重量单。

重量单是在排除装箱单上提供的内容外，尽量详细地表明商品每箱毛重、净重及总重量的情况，供买方安排运输、存仓时参考。重量单一般起码要具备编号及日期、商品名称、唛头、毛重、净重、皮重、总件数等内容。

4. 尺码单

尺码单(Measurement List)偏重于说明所装运货物的体积，即每件商品的包装尺码以及总尺码。即在装箱单内容的基础上再重点说明每件不同规格项目的尺码和总尺码。如果货物不是每件统一尺码的应逐渐列明每件的尺码。

5. 中性包装单

中性包装单(Neutral Packing List)是指不表明出具单位和收货人的名称,也不盖章、不签字,只注意与信用证上规定的有关包装条件、包装规格、包装重量等的一致性。

6. 包装声明

包装声明(Packing Declaration)是关于出口货物包装材料的一种声明。主要用于目的港的清关。只需要按客户提供的格式填好打印出来,再盖章即可。有些国家担心出口国出口货物的包装材料中含有可能危害进口国当地森林资源的虫类,因此要求出口国提供这样一种声明,主要是描述包装材料中有无稻草,木质及树皮一类的东西。目前需要提供包装声明的国家主要是澳大利亚、新西兰。

包装声明要求填写发票号、船名航次、集装箱号、提单号。之后的内容主要是一些对于鉴别包装材料的“YES OR NO”的选择。在选择上,只需要根据具体的意思,否认包装材料有任何稻草、木质以及树皮此类东西,并且保证不会产生可能威胁进口国当地自然环境的负面影响即可。

7. 其他包装单据

其他还有花色搭配单(Assortment List)、详细装箱单(Detailed Packing List)、,包装提要(Packing Summary)、重量证书(Weight Certificate/Certificate of Weight)等。

(二)包装单据的缮制

1. 包装单据的内容及缮制要点

由于包装单据的许多内容多与发票相同,这里主要就包装单据有别于发票的项目做介绍。

(1)单据名称。按信用证要求的类型和名称提供,如要求 Detailed Packing List,可通过在单据中详细显示单件货物的毛、净重和体积加以实现。如要求 Neutral Packing List(中性装箱单),所提供的单据只要不打印受益人名称、不签章就可满足要求;ISBP(《关于审核跟单信用证项下单据的国际标准银行实务》)规定,只要单据中包括了装箱细节,即使没有单据名称也视为符合信用证规定;如信用证规定为“Weight Memo”,则单据名称不能用“Weight List”。

(2)箱号。箱号(C/NO)即包装件号,应根据实际按序编写。有的信用证规定箱单中应注明件号为“1 - UP”,这里的 UP 应理解为总箱数。

(3)货物描述。货物描述可以与发票相同,也可在与信用证中货物描述不抵触的情况下只显示商品统称。

(4)毛重、净重和体积。毛重应注明每个包装件的毛重和此包装件内不同规格、品种、花色货物各自的总毛重,最后在合计栏处标注所有货物的总毛重;净重应注明每个包装件的净重和此包装件内不同规格、品种、花色货物各自的总净重,最后在合计栏处标注所有货物总净重;体积则要求注明每个包装件的尺寸和总体积。

(5)唛头。唛头与发票上的规定一致,也可以只注明“as per invoice No. xxx”。

(6)签单人。通常由受益人完成,如信用证没有要求,可以不签字、盖章。

2. 制作包装单据应注意的事项

(1)一份信用证同时要求装箱单和重量单的业务处理。如要求两种单据分别出具,应按来证办理;如是合二为一,则只需按照装箱单规定操作。

(2)如实反映信用证关于装箱的规定。不管是笼统规定还是具体要求,均应准确显示在单据之上。

(3)有些公司将两种单据名称印在一起,来证仅要求其中一种时,应将另一种单据的名称删除。

(4)如来证规定包装单以"Plain Paper"或"In Plain"或"In White paper"等形式出具,单据上不应显示双方的名称,也不可签章。

(5)货物如装托盘,尺码单上应同时标明托盘本身尺码和装货后总的尺码。

(6)散装货物一般不需要提供包装单据。

(7)包装单据一般不显示货物的单价、总价。进口商转售时通常自制发票、使用出口商提供的原始包装单据,这样就可以避免泄露其购买成本。

(8)如要求在箱单上标明商品的标签上的内容,应予以满足。比如出口纺织品时,信用证会要求:"Each piece has a sewn in label stating 100% cotton made in China and washing instructions."(标签应缝制在每件商品上,应明确纯棉产品、中国制造、洗涤注意事项。)

(9)如合同/信用证对Outer/Master Packing(外/主包装)和Inner Packing(内包装)提出具体要求的话应予以满足。

(10)有的信用证要求将制作完毕的装箱单粘贴在盛装货物的集装箱箱门内侧,也必须予以照办。

二、托运单

(一)托运单的定义

托运单(Shipping Note,S/N)俗称"下货纸",是托运人根据贸易合同和信用证条款内容填制的,向承运人或其代理办理货物托运的单证。承运人根据运单内容,结合船舶的航线、挂靠港、船期和舱位等条件考虑,认为合适后,及即接受托运。因此,托运单也是订舱单。

托运单是运货人和托运人之间对托运货物的合约,其记载有关托运人与送货人相互间的权利义务。运送人签收后,一份给托运人当收据,货物的责任从托运转至运送人,直到收货人收到货物为止。如发生托运人向运送人要求索赔时,托运单是托运单位必备的文件。运送人输入托运单上数据的正确与否,影响后续作业甚大。出口货物托运单见式样6-3~式样6-5。

式样 6－3

海运出口货物托运单（散货）

<table>
<tr><td colspan="10">托运人
Shipper ____________________
编号 　　　　　　　　　　　　　　船名
No. ____________________ 　　　S/S ________________
目的港
For ____________________</td></tr>
<tr><td colspan="2" rowspan="2">标志及号码
Marks & No.</td><td colspan="3" rowspan="2">数量
Quantity</td><td colspan="2" rowspan="2">货名
Description of Goods</td><td colspan="3">重量 Weight Kilos</td></tr>
<tr><td colspan="2">净 Net</td><td>毛 Gross</td></tr>
<tr><td colspan="2" rowspan="2"></td><td colspan="3" rowspan="2"></td><td colspan="2" rowspan="2"></td><td colspan="2"></td><td></td></tr>
<tr><td colspan="2" rowspan="2">运费付款方式</td><td rowspan="2"></td></tr>
<tr><td colspan="3">共计件数（大写）Total Number of Packages (In Writing)</td><td colspan="4"></td></tr>
<tr><td>运费
计算</td><td colspan="3"></td><td colspan="3">尺码
Measurement</td><td colspan="3"></td></tr>
<tr><td>备注</td><td colspan="9"></td></tr>
<tr><td>抬
头</td><td colspan="3"></td><td colspan="2">可否
转船</td><td colspan="2"></td><td>可否
分批</td><td></td></tr>
<tr><td rowspan="2">通
知
人</td><td colspan="3" rowspan="2"></td><td colspan="2">装运期</td><td colspan="2"></td><td>有效期</td><td>提单张数</td></tr>
<tr><td colspan="2">金额</td><td colspan="4"></td></tr>
<tr><td></td><td colspan="3"></td><td colspan="2">银行编号</td><td colspan="2"></td><td>信用证号</td><td></td></tr>
<tr><td colspan="10">制单日期________年________月________日</td></tr>
</table>

式样 6-4

Shipper(发货人)		D/R No.(编号)
Consignee(收货人)		出口货物托运单
Notify Party(通知人)		
Pre-carriage by (前程运输)	Place of Receipt (收货地点)	
Vessel Voy. No. (船名) (航次)	Port of Loading (装货港)	
Port of Discharge (卸货港)	Place of Delivery (交货地点)	Final Destination for the Merchant's Reference (目的地)

Container No. (集装箱号)	Marks & Nos. (标志与号码)	Nos. & Kinds of Packages (包装件数与种类)	Description of Goods (货名)	Gross Weight(kg) (毛重)(千克)	Measurements(m^3) (尺码)(立方米)

Total Number of Containers Or Packages (In Words) 集装箱数或件数合计(大写)

Freight & Charges (运费与附加费)	Revenue Tons (运费吨)	Rate (运费率)	Per (每)	Prepaid (预付)	Collect (到付)

Ex. Rate: (兑换率)	Prepaid at (预付地点)	Payable at (到付地点)	Place of Issue (签发地点)
	Total Prepaid (预付总额)	No. of Original B(s)/L (正本提单份数)	

Service Type on Receiving CY	Service Type on Delivery CY	×××国际货运代理公司
可否转船:	可否分批:	
装期:	效期:	
金额:		(签章)
制单日期:		

ATTN:林小姐

FM: 楚伏林

湘

请订4月19日从黄埔到印度CHENNAI拼箱舱位。

式样 6 –5

出口货物托运单

提单编号:________ 托运日期:05 年 4 月 11 日 托运单位编号:________

船 名:________ 船 期:05 年 4 月 19 日 运往地点:印度,CHENNAI

<table>
<tr><td rowspan="2">托 运 人</td><td colspan="5">湖南省湘潭县对外经济贸易公司</td></tr>
<tr><td colspan="5">HUNAN XIANGIAN COUNTRY(XIANGTAN COUNTY)FOREIGN ECONOMIC RELATIONS AND TRADE CORP. , 18, HENGTANG ROAD, XIANGTAN CITY,HUNAN PROVINCE, P. R. CHINA</td></tr>
<tr><td>收 货 人</td><td colspan="5">TO THE ORDER OF INDIAN OVERSEAS BANK, COMMERCIAL AND INSTITUTIONAL CREDIT BRANCH, 98A, DR. RADHAKRISHNAN SALAI, MYLAPORE, CHENNAI –600004INDIA.</td></tr>
<tr><td>通 知 方</td><td colspan="5">1. INDIAN OVERSEAS BANK CHENNAI(MADRAS)(COMMERCIAL AND INSTITUTIONAL CREDIT BRANCH)
2. ABC CO. , LTD.</td></tr>
<tr><td rowspan="2">标记及唛头</td><td rowspan="2">件 数</td><td rowspan="2" colspan="2">货 名</td><td>重 量</td><td rowspan="2">容 积 吨</td></tr>
<tr><td>毛 重</td></tr>
<tr><td>MANGANESE DIOXIDE
90%MIN
NET WEIGHT: 40 KG</td><td>250 BAGS</td><td colspan="2">MANGANESE DIOX-
IDE
(电解二氧化锰)</td><td>10 050 KGS</td><td>10 CBM</td></tr>
<tr><td colspan="4">合计 250(TWO HUNDRED AND FIFTY)BAGS ONLY. .</td><td colspan="2">共 重:</td></tr>
<tr><td>特
约
事
项</td><td colspan="5">1. 订 4 月 19 日黄埔结关的拼箱舱位。
2. 由贵司代理报关,报关费 RMB 280 每票;请告知寄报关单据及送货地址详细资料并将进仓单尽快传真我司。
3. 需由船公司或其代理出具如下内容的船证:
WE HEREBY CERTIFY THAT THE CARRYING VESSEL IS A CONFERENCE VESSEL AND IS REGISTERED WITH AN APPROVED CLASSIFICATION SOCIETY AS PER THE INSTITUTE CLASSIFICATION CLAUSE AND CLASS MAINTAINED EQUIVALENT TO LLOYDS 100A 1 AND THE VESSEL IS NOT MORE THAN 25 YEARS OLD.</td></tr>
<tr><td>可 否 转 船</td><td colspan="3">可</td><td colspan="2">(托运人盖章)</td></tr>
<tr><td>可 否 分 批</td><td>否</td><td colspan="4">需要提单正本 三 份副本 三 份</td></tr>
<tr><td>货物堆放地点</td><td></td><td>装船期限</td><td colspan="2">4 月 19 日结关的船</td><td></td></tr>
<tr><td>运费缴付方式</td><td>运费预付</td><td colspan="4">发票抬头: 湖南省湘潭县对外经济贸易公司
发票项目: 运费</td></tr>
</table>

托运单一式十联,其各联作用如下:

第一联:集装箱货物托运单(货主留底)。

第二联:集装箱货物托运单(船代留底)。

第三联:运费通知(1)。

第四联:运费通知(2)。

第五联:装货单。

第五联副本:缴纳出口货物港务费申请书。

第六联:大副联(场站收据副本)。

第七联:场站收据。

第八联:货代留底。

第九联:配舱回单(1)。

第十联:配舱回单(2)。

(二)托运单的主要内容及缮制要求

发货人一般应在装运前10天制好出口货物托运单或明细单,送交承运公司办理托运手续。其主要内容及缮制要求如下:

(1)经营单位或发货人(SHIPPER):一般为出口商。

(2)收货人(CONSIGNEE):以信用证或合同的要求为准,可以填TO ORDER、TO ORDER OF ××和TO BEABER等,一般以前两种使用较多。

(3)通知人(NOTIFY):以信用证要求为准,必须有公司名称和详细地址。

(4)分批装运(PARTIAL SHIPMENT)和转运(TRANSHIPMENT):要明确表示是否可以分批和转运。

(5)运费(FREIGHT):应注明是"运费预付"(FREIGHT PREPAID)还是"运费到付"(FREIGHT COLLECT)。

(6)装运日期(SHIPPING DATE):按信用证或合同规定的装运期填写。

(7)货物描述及包装(DESCRIPTION OF GOODS;NO. S OF PACKAGES):填写商品的大类名称及外包装的种类和数量。

(8)总毛重、总净重及总体积(TOTAL GROSS WEIGHT、NET WEIGHT、MEASUREMENT):按实际填写。

(三)缮制托运单的注意事项

1. 目的港

目的港的名称须明确具体,并与信用证描述一致,如有同名港时,须在港口名称后注明国家,地区或州、城市。如信用证规定目的港为选择港(OPTIONAL PORTS),则应是同一航线上的,同一航次挂靠的基本港。

2. 运输编号

运输编号即委托书的编号。每个具有进出口权的托运人都有一个托运代号(通常也是商业发票号)，以便查核和财务结算。

3. 货物名称

应根据货物的实际名称，用中英文两种文字填写，更重要的是要与信用证所列货名相符。

4. 标记及号码

标记及号码又称唛头(SHIPPING MARK)，是为了便于识别货物，防止错发货，通常由型号、图形、收货单位简称、目的港、件数或批号等组成。

5. 重量尺码

重量的单位为千克，尺码为立方米。

6. 货物的具体描述

托盘货要分别注明盘的重量、尺码，以及货物本身的重量、尺码，对超长、超重、超高货物，应提供每一件货物的详细的体积(长，宽，高)以及每一件的重量，以便货运公司计算货物积载因素，安排特殊的装货设备。

7. 运费付款方式

运费付款方式一般有运费预付(FREIGHT PREPAID)和运费到付(FREIGHT COLLECT)。有的转运货物，一程运输费预付，二程运费到付，要分别注明。

8. 可否转船

所运货物可以中途转运时填写Y；所运货物不可以中途转运填写N。

9. 通知人

此处由收货人按需要决定是否填写。

10. 有关的运输条款

客户对订舱，配载及信用证有特殊要求的也要一一列明。

第三节 海运提单

一、海运提单的内涵和作用

海运提单(Ocean Bill of Lading)是承运人收到货物后出具的货物收据，也是承运人所签署的运输契约的证明，提单还代表所载货物的所有权，是一种具有物权特性的凭证。

1. 海运提单的内涵

海运提单必须由承运人或船长或是他们的代理签发，并应明确表明签发人身份。提单是证明海上运输合同成立和证明承运人已接管货物或已将货物装船，并保证至目的地交付货物的单证。提单也是一种货物所有权凭证，承运人据以交付货物。提单持有人可据以提取货物，也可凭此向银行押汇，还可在载货船舶到达目的港交货之前进行转让，海运提单如式样6－6和式样6－7所示。

式样6－6

<table>
<tr><td colspan="3">BILL OF LADING</td></tr>
<tr><td colspan="2">SHIPPER</td><td rowspan="6">B/L NO.
CARRIER：
COSCO
中国远洋运输(集团)总公司
CHINA OCEAN SHIPPING(GROUP)CO.
ORIGINAL

COMBINED TRANSPORT BILL OF LADING</td></tr>
<tr><td colspan="2">CONSIGNEE</td></tr>
<tr><td colspan="2">NOTIFY PARTY</td></tr>
<tr><td>PLACE OF RECEIPT</td><td>OCEAN VESSEL</td></tr>
<tr><td>VOYAGE NO.</td><td>PORT OF LOADING</td></tr>
<tr><td>PORT OF ISCHARGE</td><td>PLACE OF DELIVERY</td></tr>
</table>

<table>
<tr><td>MARKS</td><td>NOS. &KINGS OF PKGS.</td><td>DESCRIPTION OF GOODS</td><td>G. W.</td><td>MEAS(m^3)</td></tr>
<tr><td colspan="5"></td></tr>
<tr><td colspan="5">TOTAL NUMBER OF CONTAINERS OR PACKAGES(IN WORDS)</td></tr>
</table>

<table>
<tr><td>FREIGHT&
CHARGES</td><td>REVENUE
TONS</td><td>RATE</td><td>PER</td><td>PREPAID</td><td>COLLECT</td></tr>
<tr><td>PREPAID AT</td><td colspan="3">PAYABLE AT</td><td colspan="2" rowspan="2">PLACE AND DATE OF ISSUE</td></tr>
<tr><td>TOTAL PREPAID</td><td colspan="3">NUMBER OF ORIGINAL B(S)L</td></tr>
<tr><td colspan="4">LOADING ON BOARD THE VESSEL
DATE　　　BY</td><td colspan="2"></td></tr>
</table>

式样 6－7

<table>
<tr><td colspan="2">Shipper(Principal or Seller)
GUIDING STAR CO. ,LTD</td><td colspan="3" rowspan="6">OCEAN BILL OF LADING
SHIPPED on board in apparent good order and condition (unless otherwise indicated) the goods or packages specified herein and to be discharged at the mentioned port of discharge or as near thereto as the vessel may safely get and be always afloat.
The weight, measure, marks and numbers, quality, contents and value, being particularly furnished by the Shipper, are not checked by the Carrier on loading.
The Shipper, Consignee and the Holder of this Bill of lading hereby expressly accept and agree to all printed, written or stamped provisions, exceptions and conditions of this Bill of Lading, including those on the back hereof.
IN WITNESS whereof the number of original Bills of Lading stated below have been signed, one of which being accomplished, the other(s) to be void.
ORIGINAL</td></tr>
<tr><td colspan="2">Consigned To(If "To order" so Indicate)
TO ORDER</td></tr>
<tr><td colspan="2">Notify Party
SANMEI CORPORATION</td></tr>
<tr><td>Pre-carriage by</td><td>Port of loading
DALIAN</td></tr>
<tr><td>Vessel Voyage
DONGFENG</td><td>Port of transshipment</td></tr>
<tr><td>Port of discharge
TOKYO</td><td>Final destination</td></tr>
<tr><td>Container/Seal No. Or Marks and Numbers</td><td>Number and kind of packages
Description of goods
4 000 GUNNY BAGS OF NORTHEST SOYABEAN</td><td>Gross Weight(kgs)
200 000</td><td colspan="2">Measurement(m^3)</td></tr>
<tr><td colspan="2">Freight and charges
FREIGHT PREPAID</td><td colspan="3">REGARADING TRANSHIPMENT INFORM ATION PLEASE CONTACT</td></tr>
<tr><td rowspan="2">Ex. rate</td><td>Prepaid at</td><td>Freight payable at</td><td colspan="2">Place and date of issue
FEB. 15,2018 DALIAN</td></tr>
<tr><td>Total Prepaid</td><td>Number of original Bs/L
3</td><td colspan="2">Signed for or on behalf of the Master
TRIPLE EAGLE
CONTAINER LINE
By ____________
As Agent for the Carrier*Authorized Signature*</td></tr>
</table>

2. 海运提单的作用

1)货物收据

海运提单是承运人签发给托运人的收据,确认承运人已收到提单所列货物并已装船,或者承运人已接管了货物,已代装船。

2)运输契约证明

海运提单是托运人与承运人的运输契约证明。承运人之所以为托运人承运有关货物,是因为承运人和托运人之间存在一定的权利义务关系,双方权利义务关系以提单作为运输契约的凭证。

3)货权凭证

海运提单是货物所有权的凭证。谁持有海运提单,谁就有权要求承运人交付货物,并且享有占用和处理货物的权利,海运提单代表了其所载明的货物。

二、海运提单的内容及缮制

1. 托运人(Shipper)

托运人即与承运人签订运输契约,委托运输的货主,即发货人。在信用证支付方式下,一般以受益人为托运人;托收方式以托收的委托人为托运人。另外,根据《UCP600》规定:除非信用证另有规定,银行将接受表明以信用证受益人以外的第三者为发货人的运输单据。

2. 收货人(Consignee)

收货人要按合同和信用证的规定来填写。一般的填法有以下几种:

(1)记名式:在收货人一栏直接填写上指定的公司或企业名称。这种提单不能背书转让,必须由收货人栏内指定的人提货或收货人转让。

(2)不记名式:即在收货人栏留空不填,或填"To Bearer"(交来人/持票人)。这种方式承运人交货凭提单的持有人,只要持有提单就能提货。

(3)指示式:指示式的收货人又分为不记名指示和记名指示两种。

不记名指示,是在收货人一栏填"To Bearer",又称空白抬头。这种提单发货人必须在提单背面背书才能转让。背书又分为记名背书和不记名背书(空白背书)两种。记名背书是指在提单背面填上"Deliver to ×××""Endorsed to ×××",然后由发货人签章;不记名背书是发货人在背面不做任何说明,只签章即可。记名背书后,其货权归该记名人所有,而且该记名人不可以再背书转让给另外的人。不记名背书,货权即归提单的持有人。

记名指示,是在收货人一栏填"To Order of Shipper",此时,发货人必须在寄单前,在提单后背书;另外,还有凭开证申请人指示即L/C中规定"To order of Applicant",在收货人栏就填"To order of ××× Co"。

凭开证行指示,即L/C中规定"To order of Issuing Bank",则填"To order of ××× Bank"。

在实际业务中,L/C项下提单多使用指示式。托收方式也普遍使用不记名指示式。若做成代收行指示式,事先要征得代收行同意。因为根据《URC522》规定:除非先征得银行同意,货物不应直接运交银行,或以银行的指定人为收货人,然后由银行付款或承兑后将货物交给付款人时,该银行并无义务提取货物,货物的风险和责任由发货人承担。

3. 被通知人(Notify Party)

原则上该栏一定要按照信用证的规定填写。被通知人即收货人的代理人或提货人,货到目的港后承运人凭该栏提供的内容通知其办理提货,因此,提单的被通知人一定要有详细的名称和地址,供承运人或目的港及时通知其提货。若 L/C 中未规定明确地址,为保持单证一致,可在正本提单中不列明,但要在副本提单上写明被通知人的详细地址,托收方式下的被通知人一般填托收的付款人。

4. 船名(Ocean Vessel)

由承运人配载的装货的船名,班轮运输多加注航次。

5. 装运港(Port of Loading)

填实际装运货物的港名。L/C 项下一定要符合 L/C 的规定和要求。如果 L/C 规定为"中国港口"(Chinese Port),此时不能照抄,而要按装运的我国某一港口实际名称填写。

6. 卸货港(Port of Discharge)

原则上,L/C 项下提单卸货港一定要按 L/C 规定办理。但若 L/C 规定两个以上港口,或笼统写"××主要港口",如"European Main Ports"("欧洲主要港口")时,只能选择其中之一或填明具体卸货港名称。

如果 L/C 规定卸货港名后有"In Tiansit to ××"只能在提单上托运人声明栏下或唛头下方空白处加列。尤其我国只负责到卸货港而不负责转运者,不能做卸货港后加填,以说明卖方只负责到卸货港,以后再转运到何地方由买方负责。

另外,对美国和加拿大 O. C. P(Overland Common Points)地区出口时,卸货港名后常加注"O. C. P××"。例如 L/C 规定:"Los Angeles O. C. P Chicago",可在提单目的港填制:Los Angeles O. C. P;如果要求注明装运后最后城市名称时,可在提单的空白处和唛头下加注"O. C. P Chicago",以便转运公司办理转运至"Chicago"。

7. 唛头(Shipping Marks/Marks & Nos.)

如果信用证有明确规定,则按照信用证缮制;信用证没有规定,则按买卖双方的约定,或由卖方决定缮制,并注意做到单单一致。

8. 包装与件数(No. & Kind of Packages)

一般散装货物该栏只填"In Bulk",大写件数栏可留空不填。单位件数与包装都要与实际货物相符,并在大写合计数内填写英文大写文字数目。如总件数为 230 Cartons,填写在该栏项下,然后在总件数大写栏(Total Numbers of Packages in Words)填写:Two hundred and Thirty Cartons only。如果货物包括两种以上不同包装单位(如纸箱、铁通),应分别填列不同包装单位的数量,然后再表示件数。

9. 商品名称(描述)(Description of Goods)

原则上提单上的商品描述应按信用证规定填写,并与发票等其他单据相一致。但若信用证上货物的品名较多,提单上允许使用类别总称来表示商品名称。如出口货物有餐刀、水果刀、餐叉、餐匙等，信用证上分别列明了各种商品名称、规格和数量，但包装都有纸箱，提单上就可以笼统写：餐具×××Cartons。

10. 毛重和体积(Gross Weight & Measurement)

除非信用证有特别规定，提单上一般只填货物的总毛重和总体积，而不表明净重和单位体积。一般重量均以千克表示，体积用立方米表示。

11. 运费支付(Freight & Charges)

信用证项下提单的运费支付情况，按其规定填写。一般根据成交的价格条件分为两种：若在 CIF 和 CFR 条件下，则注明“Freight Payable at Destination”。若租船契约提单，有时要求填“Freight Payable as Per Charter Party”。有时信用证还要求注明运费的金额，按实际运费支付额填写即可。

12. 签发地点与日期(Place and date of Issue)

提单的签发地点一般在货物运港所在地，日期则按信用证的装运期要求，一般要早于或与装运期为同一天。有时由于船期不准，迟航或发货人造成延迟，使实际船期晚于规定的装期，发货人为了适应信用证规定，做到单证相符，要求船方同意以担保函换取较早或符合装运期的提单，这就是倒签提单(Ante-Dated B/L)；另外，有时货未装船或未开航，发货人为及早获得全套单据进行议付，要求船方签发已装船提单，即预借提单(Advanced B/L)。这两种情况是应该避免的。如果发生问题，或被卖方察觉，足以造成巨大经济损失和不良影响。

13. 承运人签章(Signed for the Carrier)

提单必须由承运人或其代理人签字才能生效。若信用证要求手签的也要照办。对于海运提单由哪些人签署才有效的问题，《UCP600》中规定签署人可以是承运人或作为承运人的具名代理人或代表，或船长或作为船长的具名代理人或代表。

14. 提单签发的份数(No. of Originals B/L)

信用证支付方法下提单正本的签发份数一般都有明确规定，因此，一定要按信用证的规定出具要求的份数。例如信用证规定：“Full set 3/3 Original clean on board ocean Bill of Lading…”，这就表明提单签发的正本三份，在提交给银行议付时必须是三份正本。若在提单条款上未规定份数，而是在其他地方指明：“…available by beneficiary’s draft at sight drawn on us and accompanied by the following documents in duplicate”，表明信用证所要求提交的单据，当然包括提单，全都是一式两份。又如信用证规定“Full set of clean on board Bill of Lading issued…”，此种规定没有具体表明份数，而是指“全套”，根据《UCP600》规定，包括一套单独一份的正本提单，或如果签发正本超过一份，则包括出立的全套正本。因此，对此类规定，就要看实际船方签发正本的份数而定。

15. 提单号码(B/L No.)

提单号码一般位于提单的右上角，是为便于工作联系和核查，承运人对发货人所发货物承运的编号。其他单据中，如保险单、装运通知的内容往往也要求注明提单号。

海运提单除上述正面内容外，一般背面是托运人与承运人的运输条款(Terms and Conditions of Shipment mutually greed:)，理论上应是托与人与承运人双方约定的事项，但实际上是承运人单方面印定的，托运人很少有修改的机会。这也就是为什么说提单是双方运输契约的证明，而不能说是运输契约或合同的原因。由于各国航运公司提单的格式不同，其条款的规定内容也互不相同，内容较多，如托运人与承运人的定义、承运人责任条款、运费和其他费用条款、责任限额、共同海损等待，其内容虽多也大同小异，可以归类，一般首要条款中要规定所适用的国家公约（如海牙规则、维斯比规则和汉堡规则），以便在发生争议时最为依据。

三、电放

1. 电放的含义

电放（Telex Release）是指海上货物承运人或者其装货港代理在收到货物签发或应该签发而未签发提单，根据托运人要求在装货港收回提单或不签发正本提单，以电传形式通知卸货港代理将货物交付给提单收货人或者是托运人指定的收货人的一种方式。

2. 电放的法律原理

在承运人签发提单的情况下，当收回提单时即可交付货物（或签发提货单）。由于承运人收回提单的地点是在交付货物（卸货港）以外的地点（通常是在装货港），视其为特殊情况，所以收回全套正本提单。然而，目前有关的国际公约、各国法律（如中国的海商法）和法规中均无“电放”的定义，简单地说，电放就是发货人不用领提单，收货人凭身份证明提货的一种放货形式。电放的操作和普通的提单放货在提单补料和提单确认阶段完全一致，只是到了领取提单阶段出现了差别。如果已经拿了提单，又要做电放，需要把全套提单交回船公司之后再申请电放。

3. 电放的办理流程

（1）由托运人向货代（货运代理）提交一份电放保函，表明电放操作产生的一切责任及后果由托运人承担，电放保函的见式样 6－8。

（2）货代向船公司提出电放申请并提交作用相同的电放保函一份。

（3）船公司接受申请及保函后给目的港船公司代理发一份电放通知，允许该票货物可以用盖章后的电放提单换提货单。

（4）装船后，船公司向货代签发 Master 电放提单（Master 电放提单是指在 Master 单的正本复印件或副本上注有“Surrendered”或“Telex Release”字样的单据）。

（5）货代向托运人签发 House 电放提单（House 电放提单是指在 House 单的正本复印件或副本上注有“Surrendered”或“Telex Release”字样的单据）。

（6）装运港货代向目的港的货代传真 Master 电放提单。

（7）托运人向收货人传真 House 电放提单。

（8）目的港船代理凭此 Master 电放提单签发提货单。

（9）收货人将盖有其公司章的 House 电放提单交给目的港货代出。

（10）目的港货代凭此 House 电放提单交与收货人提货单。

式样 6－8

电 放 保 函

致:宁波船务代理有限公司

对于以下所述货物:

B/L NO.(提单号):______________________

VSL/VOY(船名航次):______________________

SHIPPER(发货人):______________________

COSIGNEE(收货人):______________________

一、前提条件

我司在此向贵司保证我司系海运进口货物的进口经营人和实际用户(见预录报关单),该货物全套正本提单已由发货人交还给承运人,并且我公司与贸易合同卖家无任何钱款纠葛;我公司在信用证下亦不会因有任何不符点而拒绝兑付的情形。

二、请求及其承诺

请求不凭正本提单取提货物,我司将承担无正本提单放货而产生的一切风险、责任和损失,若有任何误述,我司愿加倍承担赔偿责任并为贵公司提供下述担保。

三、担保范围

1. 我司保证贵公司不因题述事由而遭受任何性质的损失、承担任何责任。

2. 如因题述事由而使贵公司卷入诉讼、仲裁或者其他司法程序时,我司保证提供充分、及时的法律费用,其中包括律师费、司法费用、差旅费以及其他相关费用。

3. 如贵公司的船舶或者财产因题述事由遭至扣押、滞留,或者受到此种威胁时,我司保证为贵公司及时提供所需的担保金或者其他形式的担保,以保障贵公司的权益不受损害:此外,不论前述扣押、滞留是否合理,我司都将保证承担贵公司因此遭受的任何损失以及相关费用。

4. 若我司在收到贵公司的损失或预计损失及费用清单后 30 天内,不能结清所有费用,我司愿意接受法律途径解决,解决中上述承诺不变。

四、管辖和预决

本担保函将根据中国有关法律进行解释,任何本担保函项下的纠纷提交中国海事仲裁委员会宁波分会进行裁决,即使在权利人损失尚未完全发生,只要权利人有合理的理由认为会发生索赔或损失的,就有权提出仲裁请求并进行财产保全措施,必要时仲裁机构有权对无单放货引起的责任进行预决。

五、时限

本保函的保证期限为二年

公司签章:　　　　　　(地址/邮编:　　　　　　　　　　)

法定代表人:　　　　　(电话/传真:　　　　　　　　　　)

日　　期:　　　　　　年　　　月　　　日

4. 产生电放的原因

1)货物早于提单到卸货港

随着航运技术的不断进步与发展,特别是集装箱运输的普及,装卸港口工作效率大幅度提高,从而货物先于其单据到达卸货港的情形极为常见。这种情形在近洋运输中表现得更为突出,如中国向东亚、东南亚各国家或地区出口货物时,由于航程较短而银行审单和处理单据的速度相对较慢,故经常出现货到而提单滞后的情况。另外,就远洋货物运输而言,在邮寄单据的过程中也可能出现意外,如寄单迟延、寄单错误,或者为了澄清单据的疑点而造成延误,单据晚于预定时间到达收货人等。在此情况下,若仍然坚持收货人凭正本提单提货,则可能导致货物在卸货港压船、压港,从而造成卸货港口阻塞,港口费用和仓储费用大幅增加,导致承运人的成本负担增加;同样,也可能造成使收货人丧失出售货物的良好时机等后果。

2)避免单据遗失风险

依据国际货物运输公约、国际贸易惯例及绝大多数国家的法律,在国际货物运输中,只要承运人签发了提单,收货人在卸货港须凭正本提单提货(但依据美国的相关法律,记名提单的收货人提货时无须提交正本提单)。因此,无论采取何种结算方式,提单总要从托运人流转到收货人的手中。在提单流转过程中,可能会遇到邮寄遗失的风险。关于货运单据邮递遗失的风险,依《UCP600》规定,银行对此不予负责。包括提单在内的货运单据一旦遗失,贸易商有可能向承运人提出补发提单的请求。为避免遗失提单的持有人冒领货物,承运人对此非常谨慎,并对申请人提出非常苛刻的要求,如事先登报声明,或将货物总值几倍的现金或银行本票无息存入承运人公司账户,或由银行提供相关担保等,而提供担保的银行往往也要求贸易商提供现金等反担保。这样,不仅贸易商要占用大量的资金,交易成本大幅上升,而且办理提单补发手续的时间,少则几个月,多则1年以上。因此,对于资信较好的收货人或进口商,为避免寄单遗失给收发货人或进口商造成风险和增加费用,有时出口商主动向承运人提出采用“电放”的方式交货。

3)货代提单无法提货

随着中国海运市场的开放,国内的国际运输业务和货运代理业务竞争激烈,中国境内的外国货运代理公司(简称外国货代或货代)开始签发自己的货代提单(House B/ L),与托运人形成运输合同关系。同时,外国货代又必须寻找实际承运人来承运出口货物,即外国货代自己作为托运人,由船东向其签发船东提单,或者指示船东依照其要求的托运人(通常为进口商)签发提单。

当货物到达卸货港时,外国货代提单的持有人凭货代提单向货代或其在卸货港的代理人换取船东提单后,凭船东提单向船东或其代理提货;或先由货代或其代理人凭船东提单提货后,货代提单持有人再凭货代提单向货代或其代理人提货。

由此可见,这种货代实际上具有双重身份。对于船东(实际承运人)而言,这种货代相当于托运人,由其安排货物托运并与实际承运人订立运输合同,取得船东签发的船东提单。与此同时,对于货主而言,这种货代又相当于承运人并向货主签发自己的货代提单。只有船东提单和货代提单衔接使用,整个货物运输才能顺利完成。

尽管《UCP600》对货代提单予以承认,即货代作为承运人可以签发自己的提单。然而,在实践中，并非所有国家或地区都予以承认并接受货代提单，如南美洲的一些国家目前并不接受货代提单。若卸货港只接受船东提单，而不接受货代提单，则收货人即使持有正本的货代提单，但在卸货港可能无法换单提货。在此情况下，收货人可能会要求采用“电放”的方式放货。

4）提单操作失误

在贸易实务中，提单流转过程中的操作失误也可能导致收货人持有正本提单而无法提货。例如，承运人签发了空白指示（To Order）提单，或托运人指示（To Order of Shipper）提单后，且贸易商之间约定使用汇付或托收结汇方式，托运人在向收货人寄送货运单据时，因种种原因没有对提单适当背书。当进口商收到这种正本提单后，因提单背书缺乏连续性，不符合提单操作规程的基本要求，即进口商无法证明其为提单的合法持有人。在此情况下，船公司或其卸货港代理不会向该提单持有人放货。此时，若将提单再寄回托运人补加背书，有可能导致延误时间。于是，持有无托运人背书提单的进口商，为了尽快提货，通常要求“电放”货物。

5. 使用电放的风险

众所周知，提单已有国际公约、各国的法律等赋予其定义，使得可以对其加以规范。而“电放”实际上是使用提单时的一种特殊情况。但这种情况非常特别，使得提单的“准流通证券”的性质，即提单可以通过交付或背书加交付自由转让的性质被消灭。目前还没有国际公约或各国的法律给“电放”赋予定义和规范。

如前所述，“电放”的原理是异地收回提单，然后交付货物。这种做法也是参照了在签发提单时的特殊情况，即“异地签单”的做法。但是，“异地签单”仍然是存在着问题的，并且也有人对其做法提出过质疑，可以说“异地签单”做法的后果存在着不确定性。

严格按照本书给予“电放”的定义操作，可以避免一些不确定因素造成的影响。然而，实践中的一些做法仍然给“电放”以后承运人承担的相应责任构成风险。值得注意的问题有以下几点。

（1）托运人（发货人）申请“电放”时，承运人不再签发提单，此时，提单条款对当事人是否具有约束力的问题。

（2）提单可以适当背书（duly endorsed）后转让，“电放”时如何实施的问题。

（3）“电放”情况下的托运人和收货人都是无船承运人，作为实际承运人的船公司将货物交付给真正的货主时，是否会承担交错货物的责任问题，或者无船承运人错误交付货物时，船公司应承担的责任问题。

（4）船公司与船舶代理人之间授权不明现象的发生及其责任的承担问题。

第四节　不能代表物权的运输单据

一、海运单

1. 海运单的定义

海运的运输单据除了提单（B/L），还有一种海运单，海运单（Seaway Bill，简称SWB），是指证明海上货物运输合同和承运人接收货物或者已将货物装船的不可转让的单证。

海运单的正面内容与提单的基本一致,但是印有“不可转让”的字样。有的海运单在背面印有货方定义条款、承运人责任、义务与免责条款、装货、卸货与交货条款、运费及其他费用条款、留置权条款、共同海损条款、双方有责碰撞条款、首要条款、法律适用条款等内容。

2. 海运单的作用

海运单仅涉及托运人、承运人、收货人三方,程序简单,操作方便,有利于货物的转移。海运单是一种安全凭证,它不具有转让流通性,可避免单据遗失和伪造提单所产生的后果。海运单不是物权凭证,扩大海运单的使用,可以为今后推行 EDI 电子提单提供实践的依据和可能。

3. 海运单与提单的区别

(1)提单是货物收据、运输合同的证明,也是物权凭证,海运单只具有货物收据和运输合同这两种性质,它不是物权证明。

(2)提单可以是指示抬头形式,可以背书流通转让;海运单是一种非流动性单据,海运单上标明了确定的收货人,不能转让流通。

(3)海运单和提单都可以做成“已装船(Shipped on board)”形式,也可以是“收妥备运”(Received for Shipment)形式。海运单的正面各栏目的格式和缮制方法与海运提单基本相同,指示海运提单收货人栏不能做成指示性抬头,应缮制确定的具体收货人。

(4)提单的合法持有人和承运人凭提单提货和交货,海运单上的收货人并不出示海运单,仅凭提货通知或其身份证明提货,承运人凭收货人出示适当身份证明交付货物。

(5)提单有全式和简式之分,而海运单是简式单证,背面不列详细货运条款,但载有一条可援用海运提单背面内容的条款。

(6)海运单和记名提单虽然都有收货人,不作背书转让。我国法律对于记名提单还是当作提单来看的。但事实上,记名提单不具备物权凭证的性质。所以,虽然在有些国家收货人提货需要出具记名提单,但有些国家,比如美国,只要能证明收货人身份也可以提货。如此,记名提单在收货时和海运单无异。

4. 海运提单的法律问题

(1)海运单的法律适用。海运单是海上货物运输合同的证明。因而调整海上货物运输合同的《汉堡规则》和有关国内法适用于海运单。然而,调整提单法律问题的《海牙规则》《海牙 - 维斯比规则》能否适用于海运单,目前观点不一。

(2)收货人的法律地位。《海运单规则》规定了代理原则,规定托运人不仅为其自身利益,同时也作为收货人的代理人,为收货人的利益订立运输合同。因而收货人被视为海运单所证明的运输合同的当事人,可以依据海运单向承运人主张权利并承担义务。

(3)货物支配权。在使用海运单的情况下,托运人有权在承运人向收货人交付货物之前的任何时候书面变更收货人,实现对货物的支配。

二、空运单

1. 空运单的定义

空运单(AirWay Bill,简称 AWB)是由空运承运人或其代理人签发的货运单据,是承运人收到货物的收据,也是托运人同承运人之间的运输契约。但空运单不具有物权凭证的性质,因此空运单也是不可以转让的。

2. 空运单的性质

空运单与海运提单有很大不同,却与国际铁路运单相似。它是由承运人或其代理人签发的重要的货物运输单据,是承托双方的运输合同,其内容对双方均具有约束力。空运单不可转让,持有空运单也并不能说明可以对货物要求所有权。

(1)空运单是发货人与航空承运人之间的运输合同。与海运提单不同,空运单不仅证明航空运输合同的存在,而且空运单本身就是发货人与航空运输承运人之间缔结的货物运输合同,在双方共同签署后产生效力,并在货物到达目的地交付给运单上所记载的收货人后失效。

(2)空运单是承运人签发的已接收货物的证明。空运单也是货物收据,在发货人将货物发运后,承运人或其代理人就会将其中一份交给发货人(即发货人联),作为已经接收货物的证明。除非另外注明,它是承运人收到货物并在良好条件下装运的证明。

(3)空运单是承运人据以核收运费的账单。空运单分别记载着属于收货人负担的费用、属于应支付给承运人的费用和应支付给代理人的费用,并详细列明费用的种类、金额,因此可作为运费账单和发票。承运人往往也将其中的承运人联作为记账凭证。

(4)空运单是报关单证之一。出口时空运单是报关单证之一。在货物到达目的地机场进行进口报关时,空运单也通常是海关查验放行的基本单证。

(5)空运单同时可作为保险证书。如果承运人承办保险或发货人要求承运人代办保险,则空运单也可用来作为保险证书。

(6)空运单是承运人内部业务的依据。空运单随货同行,证明了货物的身份。运单上载有有关该票货物发送、转运、交付的事项,承运人会据此对货物的运输做出相应安排。

空运提单的正本一式三份,每份都印有背面条款,其中一份交发货人,是承运人或其代理人接收货物的依据;第二份由承运人留存,作为记账凭证;最后一份随货同行,在货物到达目的地、交付给收货人时作为核收货物的依据。

3. 空运单与海运提单的区别

空空运单叫 Airway Bill(AWB),铁路运单叫 Railway Bill(RWB),海运提单叫 Bill of Lading(B/L)。有人把航空运单叫做空运提单,铁路运单叫做铁路提单。其实,AWB 和 RWB 不应该叫提单。严格来说,提单是海运特有的,只有海运的才能叫提单。因为提单有一个非常重要的特征:“物权凭证”功能。“运输契约”和“货物收据”是航空运单、铁路运单和海运提单都具有的,但“物权凭证”是海运提单(Bill of Lading)特有的。所以,空运和铁运的只能叫运单,海运的才能叫提单。

因此,海运单、空运单、铁运单,都只是“运输契约”和“货物收据”,没有“物权凭证”功能。总之,“物权凭证”是提单和运单(海运单、空运单、铁运单)的根本区别。

4. 空运单各联的用途

我国国际航空空运单一般由三份正本(Original)、三份副本(Copy)和六份额外副本(Extra Copy)共十二联组成。各联的顺序及用途如下。

(1)Original 1(for Issuing carrier):正本1。

填开运单的承运人(Issuing carrier)联,即运单所属承运人联。绿色。

①交承运人财务部门使用。

②作为托运人和承运人签订运输契约的证明文件(运输契约)。

(2)Original 2(for Consignee):正本2。

收货人(Consignee)联,收货人留存。粉红色。

(3)Original 3(for Shipper):正本3。

托运人(Shipper)联。淡蓝色。

①作为承运人收到货物的证明(货物收据)。

②作为托运人和承运人签订运输契约的证明文件(运输契约)。

以上为三份正本运单。航空运输涉及的三方当事人——委托人(Shipper)、承运人(Carrier)和收货人(Consignee),各执一份正本运单(Original)。

(4)Copy 4(Delivery receipt):副本4。

交付(Delivery)收据联。黄色。

在目的站(Destination),收货人(Consignee)在此联上签收,证明货物完好无损地交付(Delivered)给收货人。

(5)Copy 5(Extra copy):副本5。

额外副本。目的站机场联。供目的站有关部门使用。白色。

(6)Copy 6(Extra copy):副本6。

额外副本。第三承运人(Carrier)联。供航空公司结算用。白色。

(7)Copy 7(Copy for Carrier):副本7。

第二承运人(Carrier)联。供航空公司结算用。白色。

(8)Copy 8(for Agent):副本8。

货运代理人(Agent)联。白色。

(9)Copy 9(Extra copy):副本9。

额外副本。白色。

(10)Copy 10(Extra copy):副本10。

额外副本。白色。

(11)Copy 11(Extra copy):副本11。

额外副本。白色。

(12)Copy 12(Extra copy):副本12。

额外副本。白色。

5. 空运单的分类

1)按有无承运人的名称分类

(1)航空公司货运单。航空公司货运单(Airline AirWay Bill)是指印有出票航空公司(Issue Carrier)名称及标志(航徽、代码等)的航空货运单。这类空运单代表出票航空公司的身份。

(2)中性货运单。中性货运单(Neutral AirWay Bill)是指没有预先在运单上打印任何承运人名称及标志的货运单。这类空运单不代表任何一个航空公司,是中立货运单。

2)按不同作用分类

(1)航空主运单。航空主运单(Master AirWay Bill ,MAWB)是指凡由航空运输公司签发的航空运单就称为主运单。

(2)航空分运单。航空分运单(House AirWay Bill ,HAWB)是指航空货运代理公司在办理集中托运业务时签发给各个发货人的运单。

6. 空运单的填开责任

根据《华沙公约》《海牙议定书》和承运人运输条件的条款规定,承运人的承运条件为托运人准备航空货运单。

根据《华沙公约》规定,航空货运单应当由托运人填写,承运人根据托运人的要求填写航空货运单的,在没有相反证据的情况下,应当视为是代替委托人填写的。这表明托运人应对货运单所填各项内容的正确性、完备性负责。由于货运单所填内容不准确、不完全,致使承运人或其他人遭受损失,托运人负有责任。

在航空货运业务的操作中,各航空公司承运的货物大量是通过其代理人收运的,某些特种货物由航空公司直接收运。因为填写航空货运单必须具有一定的专业知识,同时为了方便操作和对客户提供服务,托运人以托运书或委托书的形式授权航空公司或其代理人代替填写航空货运单。在这种情况下,托运人正确、完整地填写托运书或委托书十分重要。航空公司或其代理人应根据托运人的托运书或委托书代替托运人填写航空货运单。托运人在航空货运单上的签字,证明其接受航空货运单正本背面的运输条件和契约。

7. 空运单的主要内容

空运单与海运提单类似,也有正面、背面条款之分,不同的航空公司也会有自己独特的航空运单格式。所不同的是,航运公司的海运提单可能千差万别,但各航空公司所使用的空运单则大多借鉴 IATA 所推荐的标准格式,差别并不大。所以我们这里只介绍这种标准格式,也称中性运单。下面就有关需要填写的栏目说明如下,空运单样例见式样 6－9。

(1)始发站机场:需填写 IATA 统一制定的始发站机场或城市的三字代码,这一栏应该和(11)栏相一致。

1A:IATA 统一编制的航空公司代码,如我国的国际航空公司的代码就是 999;

1B:运单号。

式样 6－9　　　　空　运　单

(1A) | (1) | (1B)　　　　(1A)　　(1B)

SHIPPER'S NAME AND ADDRESS (2)	(3)SHIPPER'S ACCOUNT NUMBER	Not Negotiable **Air Waybill**　(1C) ISSUED BY
		Copy 1,2 and 3 of this Air Waybill are originals and has the same validity.
CONSIGNEE'S NAME AND ADDRESS (4)	(5)CONSIGNEE'S ACCOUNT NUMBER	It is agreed that the goods described herein are accepted in apparent good order and condition (except as noted) for carriage SUBJECT TO THE CONDITIONS OF CONTRACT ON THE REVERSE HEREOF. ALL GOODS MAY BE CARRIED BY ANY OTHER MEANS INCLUDING ROAD OR ANY OTHER CARRIER UNLESS SPECIFIC CONTRARY INSTRACTIONS ARE GIVEN HEREON BY THE SHIPPER. THE SHIPPER'S ATTENTION IS DRAWN TO THE NOTICE CONCERNING CARRIES'S LIMITATION OF LIABILITY. Shipper may increase such limitation of liability by declaring a higher value for carriage and paying a supplemental charge if required.　(1E)
Issuing Carrier's Agent Name and City (6)		Accounting Information (10)
Agent's IATA Code (7)	Account No. (8)	
AIRPORT OF DEPARTURE (Addr. of First Carrier) and Requested Routing (9)		Reference Number (34A) / Optional Shipping Information (34B) (34C)

To (11A)	Routing and Destination By First Carrier (11B)	to (11C)	by (11D)	to (11E)	by (11F)	Currency (12)	CHGS Code (13)	WT/VAL PPD (14A)	WT/VAL COLE. (14B)	Other PPD (15A)	Other COLE. (15B)	Declared Value for Carriage (16)	Declared Value for Customs (17)

AIRPORT OF DESTINATION (18)	For Carrier Use Only (19A) Flight/Date	(19B) Flight/Date	AMOUNT OF INSURANCE (20)

HANDLING INFORMATION　(21)　　(21A) SCI

NO. OF PACKAGS RCP	GROSS WEIGHT	kg lb		RATE CLASS	Commodity Item No.	CHARGEABLE WEIGHT	RATE / CHARGE	Total	Nature and Quantity of Goods (incl. Dimensions or Volume)
(22A)	(22B)	(22C)	(22Z)	(22D)	(22E)	(22F)	(22G)	(22H)	(22I)
(22J)	(22L)							(22L)	

Prepaid		Collect	
(24A)	Weight Charge	(24B)	Other Charges (23)
(25A)	Valuation Charge	(25B)	
(26A)	Tax	(26B)	
(27A)	Total Other Charges Due Agent	(27B)	Shipper certifies that the particulars on the face hereof are correct and that insofar as any part of the consignment contains dangerous goods ,such part is properly described by name and is in proper condition for carriage by air according to the applicable Dangerous Goods Regulations.
(28A)	Total Other Charges Due Carrier	(28B)	
(29A)		(29B)	(31) Signature of Shipper or his Agent
Total Prepaid (30A)		Total Collect (30B)	
Currency Conversion Rates (33A)		CC Charges in Dest. Currency (33B)	(32A) Executed on (date)　(32B) at(place)　(32C) Signature of Issuing Carrier or his Agent
For Carrier's Use Only At Destination (33)		Charges at Destination (33C)	Total Collect Charges (33D)

(2)发货人姓名、住址(SHIPPER'S NAME and ADDRESS):填写发货人姓名、地址、所在国家及联络方法。

(3)发货人账号(SHIPPER'S ACCOUNT NUMBER):只在必要时填写。

(4)收货人姓名、住址(CONSIGNEE'S NAME and ADDRESS):应填写收货人姓名、地址、所在国家及联络方法。与海运提单不同,因为空运单不可转让,所以“凭指示”之类的字样不得出现。

(5)收货人账号(CONSIGNEE'S ACCOUNT NUMBER):同(3)栏一样只在必要时填写。

(6)承运人代理的名称和所在城市(Issuing Carrier's Agent Name and City)。

(7)代理人的 IATA 代号。

(8)代理人账号。

(9)始发站机场及所要求的航线(Airport of Departure and Requested Routing):这里的始发站应与(1)栏填写的相一致。

(10)支付信息(Accounting Information):此栏只有在采用特殊付款方式时才填写。

(11C)、(11E),去往(To):分别填入第一(二、三)中转站机场的 IATA 代码。

(11D)、(11F),承运人(By):分别填入第一(二、三)段运输的承运人。

(12)货币(Currency):填入 ISO 货币代码。

(13)收费代号:表明支付方式。

(14)运费及声明价值费(WT/VAL,Weight Charge/Valuation Charge):需要注意的是,航空货物运输中运费与声明价值费支付的方式必须一致,不能分别支付。

(15)其他费用(Other):也有预付和到付两种支付方式。

(16)运输声明价值(Declared Value for Carriage):在此栏填入发货人要求的用于运输的声明价值。如果发货人不要求声明价值,则填入“NVD(No Value Declared)”。

(17)海关声明价值(Declared Value for Customs):发货人在此填入对海关的声明价值,或者填入“NCV(No Customs Valuation)”,表明没有声明价值。

(18)目的地机场(AIRPORT OF DESTINATION):填写最终目的地机场的全称。

(19)航班及日期(Flight/Date):填入货物所搭乘航班及日期。

(20)保险金额(AMOUNT OF INSURANCE):只有在航空公司提供代保险业务而客户也有此需要时才填写。

(21)操作信息(HANDLING INFORMATION):一般填入承运人对货物处理的有关注意事项,如 Shipper's certification for live animals(托运人提供活动物证明)等。

(22A)~(22L)货物运价、运费细节。

(22A)货物件数和运价组成点(NO. OF PIECES RCP,RATE COMBINATION POINT):填入货物包装件数。如 10 包即填“10”。当需要组成比例运价或分段相加运价时,在此栏填入运价组成点机场的 IATA 代码。

(22B)毛重(GROSS WEIGHT):填入货物总毛重。

(22C)重量单位:可选择千克(kg)或磅(lb)。

(22D)运价等级(RATE CLASS):针对不同的航空运价共有6种代码,它们是M(Minimum,起码运费)、C(Specific Commodity Rates,特种运价)、S(Surcharge,高于普通货物运价的等级货物运价)、R(Reduced,低于普通货物运价的等级货物运价)、N(Normal,45千克以下货物适用的普通货物运价)、Q(Quantity,45千克以上货物适用的普通货物运价)。

(22E)商品代码(Commodity Item No.):在使用特种运价时需要在此栏填写商品代码。

(22F)计费重量(CHARGEABLE WEIGHT):此栏填入航空公司据以计算运费的计费重量,该重量可以与货物毛重相同也可以不同。

(22G)运价(RATE/CHARGE):填入该货物适用的费率。

(22H)运费总额(Total):此栏数值应为起码运费值或者是运价与计费重量两栏数值的乘积。

(22I)货物的品名、数量,含尺码或体积(Nature and Quantity of Goods inch. Dimensions or Volume):货物的尺码应以厘米或英寸为单位,尺寸分别以货物最长、最宽、最高边为基础。体积则是上述三边的乘积,单位为立方厘米或立方英寸。

(22J)该运单项下货物总件数。

(22K)该运单项下货物总毛重。

(22L)该运单项下货物总运费。

(23)其他费用(Other Charges):指除运费和声明价值附加费以外的其他费用。根据IATA规则,各项费用分别用三个英文字母表示。其中前两个字母是某项费用的代码,如运单费就表示为AW(Air Waybill Fee)。第三个字母是C或A,分别表示费用应支付给承运人(Carrier)或货运代理人(Agent)。

(24)~(26)分别记录运费、声明价值费和税款金额,有预付与到付两种方式。

(27)~(28)分别记录需要付与货运代理人(Due Agent)和承运人(Due Carrier)的其他费用合计金额。

(29)需预付或到付的各种费用。

(30)预付、到付的总金额。

(31)发货人的签字。

(32)签单时间(日期)、地点、承运人或其代理人的签字。

(33)货币换算及目的地机场收费记录。

以上所有内容不一定要全部填入空运单,IATA也并未反对在运单中写入其他所需的内容。但这种标准化的单证对航空货运经营人提高工作效率、促进航空货运业向电子商务的方向迈进有着积极的意义。

三、联运提单

1. 联运提单的定义

联运提单是托运货物的承运人一次签发包括运输全程但用于陆海、海陆、海河、海海联合运输的提单。联运提单和转船提单虽都包活运输全程，但二者既有联系又有区别，转船提单属于联合运输中的海海联运提单，而联运提单则是陆海联运、海陆联运、海河联运或海海联运提单。因此，联运提单中包括转船提单，但转船提单不能包括联运提单。其次，签发联运提单的承运人，只对第一程运输负承运人的责任，当货物运达转运地时，第一承运人只代发货人将货物交与下一段运程的承运人，但不负担下一运程中的一切责任。关于计收运费问题，因第一承运人签发的联运提单是包括运输全程，所以由第一承运人按规定费率计收全程运费，其中包括转装和舱租等费用，但若事先声明另外计收转装费及舱租等费者，则按规定费率另行计收。

2. 联运提单的签发过程

联运提单通常由第一程船运输的承运人或其代理人签发，但其包括货物的全程运输。由于在联运中，货物从装货港运至目的港是由多个承运人共同完成，为分清责任，各程船承运人需要分别签发分程提单，作为内部责任划分基础与凭证。

签发联运提单的承运人应对货物的全程运输负责，即对从其接管货物时起到货物交付收货人止的运输负责；各程承运人对各自航程的运输负责。如果由于承运人的疏忽、过失或未履行有关的规定与义务，因而引起货物或与货物有关的灭失或损害，收货人有权向承运人索赔。收货人可以向发生损害的该航程承运人索赔，也可以向签发联运提单的承运人索赔，签发联运提单的承运人就全程货物的灭失与损害对各程的承运人负连带责任。但其在赔偿货物损害后，可以依据分程提单向具体造成货物损害的分程船承运人追偿。

3. 与海运提单的区别

(1)联运提单的签发时间是收货后；而海运提单的签发时间是装船后。

(2)联运提单的签发人是船公司或其代理人；而海运提单的签发人是海上承运人或其代理。

(3)联运提单适用的运输方式包括海运、海-海、多式联运；而海运提单适用的运输方式包括海运、海-海。

(4)由于联运提单是收货待运提单，所以当联运提单作为海运提单使用时，装船批注内应加上“实际船名”“装运日”“ON BOARD”字样；而海运提单是已转船提单，不需加注“ON BOARD”等字样。

(5)联运提单签发人(多式联运经营人)对货物的全程运输负责，即其责任是从接受货物起到交付货物为止。因此联运提单正面表述有“货物收到”字样，并载有“实际接货地点”和“实际交货地点”，而海运提单只显示“装运港”“卸货港”“中转港”，其海运提单的签发人只对自己执行的这一程运输负责。

式样 6 - 10 所示为中国对外贸易运输总公司联运提单。

式样 6－10　　中国对外贸易运输总公司联运提单

<table>
<tr><td colspan="2">托运人
Shipper</td><td colspan="3" rowspan="5">B/L No.
中国对外贸易运输总公司
CHINA NATIONAL POREIGN TRADE
TRANSPORTATION
GA
联运提单
COMBINED TRANSPORT BILL OF LADING
RECEIVED the goods in apparent good order and condition as specified below unless otherwise stated herein.
1) undertakes to perform or to procure the performance of the entire transport from the place at which the goods are taken in charge to the place designated for deliberation in this document, and
2) assumes liability as prescribed in this document for such transport. One of the Bills of Lading must be surrendered duly endorsed in exchange for the goods or delivery order.</td></tr>
<tr><td colspan="2">收货人或指示
Consignee or Order</td></tr>
<tr><td colspan="2">通知地址
Notify Address</td></tr>
<tr><td>前段运输
Pre-carriage</td><td>收货地点
Place of Receipt</td></tr>
<tr><td>海运船只
Ocean Vessel</td><td>装货港
Port of Loading</td></tr>
<tr><td>卸货港
Port of Discharge</td><td>交货地点
Place of Delivery</td><td colspan="2">运费支付地
Freight payable at</td><td>正本提单份数
Number of Original B/L</td></tr>
<tr><td>标志和号码
Marks and Nos.</td><td>件数和包装种类
Number and Kind of Packages</td><td>货名
Description of Goods</td><td>毛重(千克)
Gross Weight(kgs.)</td><td>尺码(立方米)
Measurement(m^3)</td></tr>
<tr><td colspan="5">以上各细目由托运人提供
ABOVE PARTICCLARS FURNSHED BY SHIPER</td></tr>
<tr><td colspan="2" rowspan="3">运费和费用
Freight and Charges</td><td colspan="3">IN WTTNESS where of the number of original Bills of Lading stated above have been signed, one of which being accomplished, the other (s) to bevoid.</td></tr>
<tr><td colspan="3">签单地点和日期
Place and Date of Issue</td></tr>
<tr><td colspan="3">代表承运人签字
Signed for or on behalf of the Carrier
代理
As Agents</td></tr>
</table>

复 习 题

一、判断题

1. 海运提单、海运单、空运单都属于物权凭证，均可背书转让。（　　）

2. 承运人在发货人和收货人二份保函前提下签发倒签提单，不承担欺骗行为的责任。（　　）

3. 空运单上填报的运价，一般是国际航协公布运价，但是与实际托运人支付给承运人的运价不同，因此，空运总运单不是托运人与承运人结算运费的依据。（　　）

4. 由于货运单所填内容不准确、不完整，致使承运人或其他人遭受损失，托运人负有责任。（　　）

二、选择题

1. 海运提单的抬头是指提单中的（　　）。

A. 发货人　　B. 收货人　　C. 通知人　　D. 标题

2. 各种运输单据中，能同时具有货物收据、运输合同和物权凭证作用的是（　　）。

A. 铁路运单　　B. 航空运单　　C. 海运提单　　D. 海运单

3. 根据《UCP600》，受益人提交提单到银行议付应在规定期限内，超过提单签发日期后21天交到银行的提单称为（　　）。

A. 过期提单　　B. 倒签提单　　C. 不清洁提单　　D. 转船提单

4. 航空货运单一般有三联正本，分别为正本1交（　　）人，正本2交（　　）人，正本3交（　　）人。

A. 托运人，收货人，开单人　　B. 托运人，开单人，收货人

C. 开单人，托运人，收货人　　D. 开单人，收货人，托运人

三、简答题

1. 常见的包装单据有哪些？
2. 简述海运单与提单的区别。
3. 简述空运单的性质。
4. 简述联运运单的作用。

四、单据填制题

我国启明星贸易公司像日本三明株式会社出口2016年产的东北大豆200公吨，每公吨220美元CIF东京，单层新麻袋装，每袋净重50千克。唛头为：

S. M.

TOKYO

NOS. 1_4000

货物于2017年2月15日在大连港“东风号”轮运往日本东京。

请根据上述条件填制一份海运单：“Clean On Board Marine Bills of lading, Made out to Order and Endorsed in Bank, Marked Freight Prepaid.”

BILL OF LADING

Shipper(1)

Consignee(2)

Notify Party(3)

Ocean Vessel(4)   Voy. 368 S/O No. 898 B/L No. 567

Port of Loading(5) Port of Discharge(6)

Freight payable at(7)

Particulars furnished by the Shipper

Marks and Numbers	No. of Packages	Description of goods	Gross Weight	Measurement
(8)	(9)	(10)	(11)	

Total Packages(In words)

Freight and Charges(12)   Date(13)   at(14)

第七章 保险单据

【本章导读】

在国际贸易中，货物由出口方交付给进口方，需要经过跨越国境的长途运输以及不止一次的装卸和存储。在整个运输过程中，货物可能遭遇各种风险而受损或灭失。出口方或进口方为了在货物遭受损失后能够得到经济补偿，就需要办理货物运输保险。国际货物运输保险是财产险的一种，它是随着国际贸易和航运业的发展而产生的，它反过来又促进了国际贸易和航运业的发展。海洋运输是国际贸易中最主要的运输手段，因此海洋运输货物保险业务在国际货物运输保险业务中占有绝对重要的地位。国际货物运输保险中的陆路运输货物保险、航空运输货物保险以及邮政包裹运输保险都是在海洋运输货物保险的基础上发展起来的，并且海洋运输货物保险出现时间最早、险种最齐全、发展最完善。因此，本章以国际海洋运输货物保险为例，介绍国际货物运输保险的投保流程和投保险别，以及投保单和保险单的相关知识。从事国际贸易的人员必须熟悉和掌握有关国际货物运输保险的基本知识，从而保证国际货物贸易顺利完成。本章主要介绍了国际货物运输保险的有关知识、投保程序以及保险单的种类，要求掌握国际货物运输保险投保单和保险单的内容及缮制要求，学会缮制投保单和保险单。

【学习目标】

通过本章学习，使学生能够认识国际货物运输保险对于转移、降低进出口商面临的货物损害风险和出口信用风险的重要作用，了解国际货物运输保险和出口信用保险所承保的险别，掌握投保的程序，培养相关保险单据的缮制能力。

【关键概念】

货物运输保险投保单(Application for Transportation Insurance)

保险单(Insurance Policy)　　保险凭证(Insurance Certificate)

预约保险单(Open Policy)　　联合凭证(Combined Insurance Certificate)

保险批单(Endorsement)

第一节　投保单

一、国际货运投保及其流程

1. 国际货运投保

国际贸易货物要经过长途运输、装卸和存储等环节才能到达买方。这其中难免由于自然灾害和意外事故等原因造成货物损失。为将这种货物运输过程中的风险转移出去，进出口合同当事人就需要与保险公司签订保险合同。

所谓国际货运投保，即进出口贸易合同当事人就进出口运输货物向保险公司申请保险。当事人向保险公司申请国际货运保险的手续是向保险公司填写国际货运投保单。国际货运投保单既是进出口企业向保险公司申请国际货运保险的书面请求，也是保险公司接受、办理国际货运保险及开立国际货运保险单的凭据。保险公司在收到投保人的投保单后，根据投保单内容缮制保险单。

2. 国际货运投保流程

凡按 CIF 和 CIP 条件成交的出口货物，由出口企业向当地保险公司逐笔办理保险手续。具体流程是：根据合同或信用证规定，在备妥货物，并确定装运日期和运输工具后（一般是在收到船公司有关配船的资料，如经船公司签署的配舱回单后），按约定的保险险别和保险金额，向保险公司投保。投保时应填制"海运货物运输保险投保单"或"运输险投保申请单"（Application for Transportation Insurance），并交付保险费，保险公司根据投保人填写的投保单出具保险单或保险凭证并交给投保人。

需要注意的是，投保的日期应不迟于货物装船的日期。若投保金额合同中没有明确规定，应按 CIF 或 CIP 价格加成 10%，如果买方要求提高加成比率，一般情况下可以协商接受，但增加的保险费应由进口方负担。

二、海洋运输货物保险的险别

保险险别是保险公司对风险和损失的承保责任范围，它是保险公司与被保险人履行权利与义务的基础，也是保险公司承保责任大小和被保险人缴付保险费多少的依据。海洋运输货物保险的险别，根据所承保风险产生的原因不同分为两大类：一类是基本险——承保由于海上风险和一般外来风险原因导致的海洋运输货物风险；另一类是附加险——承保由于特殊外来风险原因造成的海洋运输货物风险。基本险可以单独投保，而附加险则不能独立投保，它只有在投保了某一种基本险的基础上才能加保附加险。

1. CIC 的基本险别

《中国保险条款》（China Insurance Clause，CIC）是中国人民保险公司（PICC）1981 年 1 月 1 日修订的《海洋运输货物保险条款》。该条款的基本险分别为平安险（Free from Particular Average，简称 F. P. A）、水渍险（With Average or With Particular Average，简称 W. A 或

W. P. A）和一切险（All Risks，简称 A. R）三种。三种险别保险公司承担保险责任范围依次逐渐增加。此外，《中国保险条款》还包括了海洋运输散装桐油保险条款和海洋运输冷藏货物保险条款两个专门险别，这两个险别在本质上业属于基本险。

2. CIC 的附加险别

海洋运输货物保险的附加险种类繁多，归纳起来，《中国保险条款》中的附加险可分为一般附加险和特别附加险两类。

1）一般附加险

一般附加险所承保的是由于一般外来风险所造成的全部或部分损失，共有 11 种险别：偷窃、提货不着险，淡水雨淋险，短量险，渗漏险，混杂、玷污险，破损、破碎险，串味险，受潮受热险，钩损险，包装破裂险，锈损险。

上述 11 种附加险，不能独立投保，它只能在投平安险或水渍险的基础上加保。当投保的险别为平安险或水渍险时，可以根据货物的特性和运输条件加保其中一种或者数种附加险。但是如果投保了一切险，就不需要再加保任何一种一般附加险的险别，因为一切险所承保的责任范围已经包括了由于一般外来原因造成的风险损失。

2）特殊附加险

特殊附加险承保特殊外来风险所造成的全部或者部分损失，中国人民保险公司承保的特别附加险包括 8 种险别：罢工险，海运战争险，交货不到险，进口关税险，舱面险，拒收险，黄曲霉素险，卖方利益险。被保险人不论已经投保了何种基本险别，均可以另行加保有关的特殊附加险险别。根据《INCOTERMS2000》的规定，在 CIF 和 CIP 条件下成交时，如果进口商（买方）要求并负担费用，出口商（卖方）应当在可能的情况下加投战争、罢工、暴乱和民变险。

3. ICC 的六种险别

由于英国在世界保险业历史的深远影响，英国伦敦保险协会制定的“协会货物条款”（Institute Cargo Clause，ICC），是国际货物保险中运用最为广泛的海洋运输货物保险条款，该条款共包括六种险别：

（1）协会货物条款（A）（Institute Cargo Clauses，ICC（A））。

（2）协会货物条款（B）（Institute Cargo Clauses，ICC（B））。

（3）协会货物条款（C）（Institute Cargo Clauses，ICC（C））。

（4）协会战争险条款（货物）（Institute War Clauses Cargo）。

（5）协会罢工险条款（货物）（Institute Strikes Clauses Cargo）。

（6）恶意损害险条款（Malicious Damage Clauses）。

其中 ICC（A）、ICC（B）、ICC（C）所承保的风险损失责任范围类似于中国人民保险公司《海洋运输货物保险条款》中的基本险。ICC（A）类似于一切险，承保的责任范围最大；ICC（B）类似于水渍险；ICC（C）类似于平安险，承保的责任范围最小。伦敦保险业协会海运货物保险条款中的恶意损害险属于附加险，战争险和罢工险可以作为附加险，也可以单独投保。

根据《INCOTERMS2000》的规定，如果采用 CIF、CIP 等应由出口商（卖方）投保的贸易术语成交，“卖方必须与信誉良好的保险人或保险公司订立保险合同，如果没有相反的明示协议，按照《协会货物条款》（伦敦保险业协会）或其他类似的保险条款中最低责任的保险险别投保……”。ICC（C）险和我国的平安险都是此处所指的最低责任的保险险别。

三、国际货物运输保险投保单

货物运输保险投保单是投保人要求与保险人订立保险合同的书面要约，是进出口企业办理进出口货运保险的前期工作，它是保险公司接受进出口企业（投保人/被保险人）的投保申请和开立保险单的依据。投保人应按合同或信用证要求仔细、认真填写投保单，以供保险人决定是否承保、以何种条件何种费率承保，保险公司根据投保单的内容来缮制和签发保险单（货物运输保险投保单见式样 7-1）。投保单内容正确与否，不仅影响保险公司出具的保险单内容的正确性，同时还会影响出口商的顺利结汇。货物运输保险投保单一般用英文填写，投保单的内容与保险单基本相似，不同的保险公司都有自己固有的投保单格式，其基本内容及缮制要点如下。

1. 被保险人（Insured）

此栏填写投保人（外贸公司），除非信用证有特别规定，一般应为信用证的受益人或合同的卖方即发货人。以 CIF 条件对外成交时，一般为出口商名称，此时出口商应对保单进行背书转让。如果信用证要求以进口商名称投保或指明要过户给银行，在投保单上应明确表示，以便保险公司按要求制作保险单据。

2. 发票、合同、信用证号码（Invoice No. ,Contract No. , L/C No. ）

按实际情况如实填写。

3. 标记（Marks & Nos）

标记（俗称唛头）按信用证规定填写，与提单和发票等其他单据上的标记相一致。如果标记繁杂，可以简化，如“与×号发票同”（as per Invoice NO. ×××）。

4. 数量及包装（Packing &Quantity）

填实际发运货物运输包装的件数及商品数量，写明包装性质，如箱、捆、包以及具体数量，以集装箱装运的也要注明。若为散装，则应先注明“IN BULK”，再填重量。

5. 保险货物项目（Description of Goods）

填写货物名称，一般按提单所列内容填写，与提单和发票保持一致（不必列明货物规格等细节），可写统称但不能与发票所列货名相抵触。

6. 保险金额（Amount Insured）

保险金额分小写和大写两种。保险金额（小写）通常根据信用证条款，按照发票 CIF 面值加一成（发票金额 110%）计算（小数点后尾数需进为整数），使用货币与信用证币种相同。按规定，保险公司一般能接受的最高加成是 30%，超过此，保险公司一般不予承保。如发票价为 FOB 或 CFR，应将运费、保费相应加上去，再行加成。保额小数点后进位成整数。总保险金额（大写）是小写保险金额的英文翻译。

7. 启运日期(Date of Commencement)

按确定日期或大约月、日填写,但与提单所列开航日期要一致(提单签发日期),或“AS PER B/L”。

8. 装载运输工具、运输起讫地、提单号码(Per Conveyance, From × × × to × × ×, B/L No.)

按合同、信用证规定以及实际情况填写,即写明货物装运地和目的地。如转内陆,则要写明内陆城市名称。

9. 赔款偿付地点(Claim Payable at)

通常是在货运目的地(进口方所在地),如果在目的地之外的地点,要加以注明。

10. 投保险别(Conditions)

按双方买卖合同或信用证的有关规定填写。要明确具体险别,不能笼统地写“海运保险”(Marine clauses)。如:COVERING ALL RISKS AS PER OCEAN MARINE CARGO CLAUSES(1981. 1. 1)OF THE PICC.

11. 货物、集装箱、运输工具种类和船舶资料

按所给选项及实际情况画“√”确认。

12. 投保日期

填写实际投保日期(不能迟于提单上的出航日期)。

在办理投保以后发现投保项目有变更或遗漏,应及时书面通知保险公司,保险公司将视具体情况或在原报单上修改,或出立批单。

除上述的投保单外,有时,出口企业也可用出口货物明细单或发票副本来代替投保单,但必须加注有关的保险项目,如运输工具、开航日期、承保险别、投保金额或投保加成、赔款地和保单份数等要求。

式样 7 - 1 是中国平安保险股份有限公司使用的《货物运输保险投保单》,它除了具备上述投保单应具备的一般内容外还包括了投保说明条款,内容更为详尽。

式样 7 - 1

中国平安保险股份有限公司

PING AN INSURANCE COMPANY OF CHINA, LTD.

货物运输保险投保单

APPLICATION FOR IMP/EXP TRANPORTATION INSURANCE

被保险人 Insured:
本投保单由投保人如实填写并签章后作为向本公司投保货物运输保险的依据,本投保单为该货物运输保险单的组成部分。 The Applicant is required to fill in the following items in good faith and as detailed as possible, and affix signature to this application, which shall be treated as proof of application to the Company for cargo transportation insurance and constitute an integral part of the insurance policy.

<table>
<tr><td colspan="2">兹拟向中国平安财产保险股份有限公司投保下列货物运输保险：
Herein apply to the Company for Transportation Insurance of following cargo：

请将保险货物项目、标记、数量及包装注明此上。
Please state items, marks, quantity and packing of cargo insured here above.</td><td>请将投保的险别及条件注明如下：
Please state risks insured against and conditions：
(　)PICC　(C. I. C.)Clause
(　)S. R. C. C.　(　)ICC Clause
(　)W/W　(　)All Risks
(　)TPND　(　)W. A.
(　)FREC　(　)F. P. A.
(　)IOP　(　)ICC Clause A
(　)RFWD　(　)ICC Clause B
(　)Risk of Breakage
(　)ICC Clause C
(　)Risks during
(　)Air TPT All Risks
(　)transshipment
(　)Air TPT Risks
(　)O/L TPT All Risks
(　)O/L TPT Risks
(　)War Risks</td></tr>
<tr><td colspan="3">装载运输工具(船名/车号)：per conveyance S. S.　船龄：Age of Vessel　集装箱运输：Container Load　是□ Yes　否□ No.　整船运输：Full Vessel Charter　是□ Yes　否□ No.</td></tr>
<tr><td colspan="3">发票或提单号 Invoice No. or B/L No.　开航日期：Slg. On or abt.　年 Year　月 Month　日 Day</td></tr>
<tr><td colspan="3">自：From：　国 Country　港/地 Port　经：Via：　港/地 Port　至：To：　国 Country　港/地 Port</td></tr>
<tr><td colspan="2">发票金额
Invoice Value：</td><td>保险金额
Amount Insured：</td></tr>
<tr><td colspan="2">费率
Rate：</td><td>保险费
Premium：</td></tr>
<tr><td colspan="3">备注
Remarks：</td></tr>
<tr><td colspan="3">投保人兹声明上述所填内容属实，同意以本投保单作为订立保险合同的依据；对贵公司就货物运输保险条款及附加险条款(包括责任免除和投保人及被保险人义务部分)的内容及说明已经了解。
I declare that above is true to the best of my knowledge and belief, and hereby agree that the application be incorporated into the policy. I have read and understand the Company's cargo transportation insurance and extensions (including the Exclusions and the applicant's or insured's Obligations).

投保人签章：Name/Seal of Proposer　联系地址：Address of Proposer

送单地址：Delivery Address：　同上□ Ditto　或 or　电话：Tel：　日期：Date：　年 year　月 month　日 day</td></tr>
</table>

第二节　保 险 单

保险单据一般被理解为保险单，简称保单，它是保险公司与投保人之间订立的一种正式保险合同，显然保险单上的内容必须能够清晰完整地反映保险合同双方当事人的权利及义务。通常情况下，保险单由保险公司应投保人的申请开立，并由被保险人持有。保险单是保险公司向被保险人收取保险费的依据，同时也是所约定的保险事故发生后被保险人向保险公司索赔的主要凭证。保险单证是主要的出口单据之一。保险单证所代表的保险权益经背书后可以转让。出口方在向进口方（或银行）交单前，应先行背书。

一、保险单据的种类

根据其表现形式的不同，国际货物运输保险单据可以分为以下几种。

1. 保险单

保险单（Insurance Policy）俗称"大保单"，它是海上运输保险单据中最具有代表性、承保形式最完整的一种保险单据，也是我国最正式、最经常使用的保险单据。保险单一般由保险公司根据投保人的投保单而逐笔签发的，它是一种正规的保险合同，承保在保单中所指定的经由指定船舶承运的货物在运输途中的风险。保险单除了载明被保险人、投保人的名称、发票号码、唛头、数量或重量、被保险货物、保险金额、运输工具、保险的起讫地点、承保险别、检验理赔代理人、赔偿地点、出单日期等基本项目外，还在其背面列明了保险条款等，正面条款即保险项目，背面条款是保险公司与被保险人之间的责任条款，一般都是保险公司单方面的格式合同，如式样 7－2 和式样 7－3 所示。

货物运输保险单可以由被保险人背书随物权的转移而转让，货物安全抵达目的地或保险单指定的地点后，保险单的效力即告终止。出口货运保险单一般由三份正本保单和两份副本保单组成，也可根据投保人的要求增设正本或副本保单的份数。

式样 7－2

PICC 中国人民财产保险股份有限公司
PICC Property and Casualty Company Limited

总公司设于北京　　一九四九年创立
Head Office Beijing　　Established in 1949

货物运输保险单
CARGO TRANSPORTATION INSURANCE POLICY

保单号
POLICY NO.

被保险人：
Insured：________________

中国人民财产保险股份有限公司（以下简称本公司）根据被保险人的要求，由被保险人向本公司缴付约定的保险费，按照本保险单承保险别和背面所载条款与下列特款承保下述货物运输保险，特立本保险单。

THIS POLICY OF INSURANCE WITNESSES THAT THE PICC PROPERTY AND CASUALTY COMPANY LIMITED

(HEREINAFTER CALLED "THE COMPANY") AT THE REQUEST OF THE INSURED AND IN CONSIDERATION OF THE AGREED PREMIUM PAID TO THE COMPANY BY THE INSURED. UNDERTAKES TO INSURE THE UNDERMENTIONED GOODS IN TRANSPORTATION SUBJECT TO THE CONDITIONS OF THIS POLICY AS PER THE CLAUSES PRINTED OVER-LEAF AND OTHER SPECIAL CLAUSES ATTACHED HEREON.

标记 MARKS &NOS.	包装及数量 QUANTITY	保险货物项目 DESCRIPTION OF GOODS	保险金额 AMOUNT INSURED

总保险金额:
TOTAL AMOUNT INSURED: ______.

保费: 启运日期: 装载运输工具:
PREMIUM: ______ DATE OF COMMENCEMENT: ______ PER CONVEYANCE: ______

自 至
FROM ______ TO ______

承保险别:
CONDITIONS:

NUMBER OF ORIGINAL: . L/C NO:

所保货物,如发生保单项下可能引起索赔的损失或损坏,应立即通知本公司下述代理人查勘。如有索赔,应向本公司提交保单正本(本保单共有三份正本)及有关文件。如一份正本已用于索赔,其余正本自动失效。

IN THE EVENT OF LOSS OR DAMAGE WHICH MAY RESULT IN A CLAIM UNDER THIS POLICY. IMMEDIATE NO-TICE MUST BE GIVEN TO THE COMPANY'S AGENT AS MENTIONED HEREUNDER. CLAIMS, IF ANY, ONE OF THE O-RIGINAL POLICY WHICH HAS BEEN ISSUED IN THREE ORIGINAL(S) TOGETHER WITH THE RELEVANT DOCUMENTS SHALL BE SURRENDERED TO THE COMPANY. IF ONE OF THE ORIGINAL POLICY HAS BEEN ACCOMPLISHED, THE OTHERS TO BE VOID.

中国人民财产保险股份有限公司
PICC PROPERTY AND CASUALTY COMPANY LIMITED

赔款偿付地点
CLAIM PAYABLE AT ______

出单日期
ISSUING DATE ______

地址:
ADD:86 RENMIN STREET, NANJING CITY, JIANGSU P. R. CHINA ______

电话(TEL):86－25－83234567 Authorized signature

传真(FAX):86－25－83234568

邮编(POST CODE):210000

保单顺序号:PICC 0011＊＊50

式样 7－3

中保财产保险有限公司

The People's Insurance (Property) Company of China,Ltd

发票号码 Invoice No.	IV0000066	保险单号次 Policy No.	MI000931

海 洋 货 物 运 输 保 险 单

MARINE CARGO TRANSPORTATION INSURANCE POLICY

被 保 险 人： Insured:	JAPAN SAKURA LIMITED COMPANY

中保财产保险有限公司（以下简称本公司）根据被保险人的要求，及其所缴付约定的保险费，按照本保险单承担险别和背面所载条款与下列特别条款承保下列货物运输保险，特签发本保险单。

This policy of Insurance witnesses that the People's Insurance (Property) Company of China, Ltd. (hereinafter called "The Company"), at the request of the Insured and in consideration of the agreed premium paid by the Insured, undertakes to insure the undermentioned goods in transportation subject to conditions of the Policy as per the Clauses printed overleaf and other special clauses attached hereon.

保险货物项目 Descriptions of Goods	包装 Packing	重量 WEIGHT	保险金额 Amount Insured
PLASTIC CUP SIZE:H12.3cm CAPACITY:410mcl PACKING: 10PCS/CARTON	CARTONS	30000KGS	USD444308.18

承保险别 Conditions	货物标记 Marks of Goods
COVERING F.P.A AND WAR RISK AS PER PICC 1/1/1981	PLASTIC CUP JAPAN C/NO:1-10000 MADE IN CHINA

总保险金额： Total Amount Insured:	USD FOUR HUNDRED AND FORTY FOUR THOUSAND AND THREE HUNDRED EIGHT CENTS EIGHTEEN ONLY

保费 Premium	USD1014.53	载运输工具 Per conveyance S.S	TBA	开航日期 Slg. on or abt	2014-06-04

起运港 Form	Shanghai,China	目的港 To	Nagoya,Japan

所保货物，如发生本保险单项下可能引起索赔的损失或损坏，应立即通知本公司下述代理人查勘。如有索赔，应向本公司提交保险单正本（本保险单共有　　份正本）及有关文件。如一份正本已用于索赔，其余正本则自动失效。

In the event of loss or damage which may result in acclaim under this Policy, immediate notice must be given to the Company's Agent as mentioned here under. Claims, if any, one of the Original Policy which has been issued in original (s) together with the relevant documents shall be surrendered to the Company. If one of the Original Policy has been accomplished, the others to be void.

赔款偿付地点 Claim payable at	Nagoya,Japan
日期 Date	2014-06-06

2. 保险凭证

保险凭证(Insurance Certificate)俗称“小保单”,它是保险单的一种简化形式,并且同正式的保险单具有同样的效力。保险证明书的正面载明了类似于保险单正面的保险基本项目,但是其背面未列有保险条款,仅声明:“兹依照本公司正式运输险保险单内所载全部条款及本承保凭证订立条款,承保下列货物保险,如保险单之条款与本凭证所订立条款有抵触时,应以本凭证所订条款为准。”

3. 预约保险单

预约保险单(Open Policy),又称开口保单,是保险公司与被保险人预先订立的在特定期限内有效的货物运输保险合同,又称为预保合同或预保协议。预约保险单是保险公司与被保险人事先约定在一定时期内对指定范围内的货物进行统一承保的协议,适用于经常有大批货物出运的投保人。

预约保险单上应明确保险公司承保的保险标的、期限、预计承保金额、承保的航运路线等内容。被保险人在投保了预约保险之后,每批货物一经装运,就要将该批货物的名称、数量、保险金额、船名、航线等内容以“保险声明书”或“装运通知”的形式及时通知保险公司,保险公司即可自动承保,减少了逐批投保和逐笔签订保单的手续,使保险人防止漏保。我国企业进口时通常如此做法。

4. 联合凭证

联合凭证(Combined Insurance Certificate)又称为“联合发票”,它是保险单和发票的一种结合。在商业发票的空白处,加打保险条款,此时发票即为联合保险凭证,简称联合凭证。联合凭证较保险单、保险证明书以及预约保险单而言是一种更为简化的保险单据,并且它与正式保险单具有同等的效力。

联合凭证作为一种保险单据,其使用范围十分有限,仅被我国采用,此种联合凭证仅在港、澳地区的中资银行所开信用证中出现,或对该地区出口的托收项下的保险,同时必须注意的是联合凭证是不能够转让的。

5. 保险批单

当保险单、保险证明书、预约保险单以及联合凭证在签发生效以后,如果需要变更保险合同的内容,被保险人应向保险公司提出批改申请,由保险公司出具批单(Endorsement),从而对原保险单据的内容进行变更或补充。保险批单是原保险单据的组成部分,它与上述保险单据具有相同的法律效力。若原保险单据内容与之不一致,则以批单的内容为准。值得注意的是,保险批单上较原保险单据变更的内容如果涉及增加保险金额或扩大保险责任时,必须是在被保险人不知有任何损失事故发生的情况下,在货物到达目的地或在货物发生损失以前申请办理批改手续。

二、保险单据的缮制及注意事项

在各种形式的保险单据之中,要以保险单所包含的内容最为齐全,对于同一笔保险业务,其他形式的保险单据上的内容一般不会超出保险单上所包含的项目。在此以货物运输保险单为例,结合信用证的填写要求介绍其载明的基本项目。

1. 出单公司的名称

通常,出具保险单公司的全称(The Name of Issuing Company),公司标记会用醒目的字体预先印制在保险单的最上端,该项目可以帮助被保险人明确保险责任的承担者。

2. 保险单编号

保险单编号(Policy No.)一般在缮制保险单时才编定,不同保险公司编制保险单编号的规定不尽相同。

3. 被保险人

由于保险单可以转让,被保险人(Insured)只要在保险单背面签章,保险单的权益就转让给了任何保单持有人,所以除非信用证上有明确规定,否则投保人便被作为被保险人。根据信用证的有关规定,常见的缮制方法有以下几种。

(1)一般情况下,投保人与被保险人系同一人,不指定受益人。来证若无明确规定,由卖方投保时,被保险人一栏应填写信用证上受益人的名称,并由该受益人在保单后背面作空白背书。

(2)信用证规定须转让给开证行或第三方时,则被保险人一栏内在信用证受益人名称之后在打上“Held to the Order of ××”,并由该受益人在保单背面作空白背书。

(3)信用证指定以“个人名义”或“来人”(To Order)为抬头人,则在被保险人一栏内直接打上“××”或“To Order”,信用证上的受益人不要背书。

(4)信用证指定“Endorse To the Order of ××”,则在被保险人一栏内仍打上信用证的受益人名称,同时保单背面在信用证上的受益人空白背书的上方打上“Held/Pay to the Order of ××”。

4. 标记

标记(Marks & No.)一般应按发票或提单上所标明的唛头填写,且内容需要与其他相关单证相符;但是如果信用证没有特殊规定,为简化起见一般写为“As per Invoice No. ××”(参照商业发票上的货物标记)。因为在向保险公司索赔时,被保险人须递交相关商业发票。

5. 包装及数量

一般情况下,除了散装货物和信用证另有规定的,保险单上不需填制货物重量。但是需要显示包装数量(Quantity),如“袋”(Bag)、“包”(Bale)、“木箱”(Case)等;如果是裸装货物,则表示其件数即可;散装货物则应先注明“IN BULK”,再填重量。

如果保险单上没有标明“货物数量”,银行便不能确定信用证所规定的货物数量是否已全部投保,所以开证行可以凭此拒付。

6. 保险货物项目

保险货物项目(Description of Goods)是指保险单内必须显示对货物的描述,若货物的名称单一,可按发票上的名称填写;若货物的项目很多,该描述可以用统称,但不得与信用证和其他单据上对货物的描述相矛盾。

7. 保险金额

一般情况下,保险金额(Amount Insured)需要以信用证规定的货币种类及金额表示。若信用证未对保险金额作出规定,则一般按照发票金额加成10%计算,即按照发票总金额的110%投保。要求加成比例超过10%的,保险公司会根据实际情况决定是否接受。

发票金额中往往含有佣金或折扣,在计算保险金额时需要区别对待。通常,除非信用证中另有规定,否则佣金不需扣除,直接以发票金额为基数加成计算保险金额;而发票金额中如果包含折扣,那么需要先从发票金额中扣除折扣后加成计算保险金额。

8. 总保险金额

总保险金额(Total Amount Insured)即保险金额的大写数字,以英文表示,总保险金额的币种须与信用证或合约的规定相一致,而且应使用币种的全称(如:美元不能用"USD",而应写"U. S. DOLLARS")。同时需要注意的是,大小写金额必须相符,并且由于保险金额精确到个位,所以大写金额末尾应加"ONLY"字样,以防涂改。

9. 保费和费率

因为保险费费率一般不公开,所以在保费(Premium)和费率(Rate)栏内通常由保险公司印就"AS ARRANGED"(如约定)字样。除非信用证另有规定,每笔保费及费率可以不具体表示。若信用证要求注明"保费已付"(Premium Paid),可以将原先印制的"As Arranged"删除,然后改打为"Paid"或"Prepaid"。

10. 装载运输工具

如果采用直达轮运输货物,则在装载运输工具(Per Conveyance)栏填写装载船的船名。当运输由两程运输完成时,中途需要转船,应分别填写一程船名和二程船名。除非信用证另有规定,否则如果保险单中只有船名而没有注明航次,银行应予接受。

11. 开航日期

开航日期(Slg On or abt)一般填写提单的签发日期,海运可以填写"as per B/L",空运可以填写"as per AWB"。

12. 起讫地点

在选用海运直达船运输的情况下,则"From…"即提单中的"Port of loading","to…"即为提单中的"Port of Discharge"。若信用证上的目的地(一般为内陆港)非提单卸货港,则保险单上的起讫地点应按信用证规定的原样显示。如:信用证上规定"Port of loading: Shanghai;Port of discharge: Hamburg; Final destination: Austria",则保险单上应该显示"From Shanghai to Hamburg in transit to Austria."

在选用海运非直达船运输的情况下,保险单的转运地点应注明。例如从上海经纽约转运芝加哥(From Shanghai to Chicago W/T at New York)。

13. 承保险别

本栏系保险单的核心内容,填写时应注意保险险别(Conditions)及文句与信用证规定严格一致,即使信用证中有重复语句,为了避免混乱和误解,最好按信用证规定的顺序填写。出口货物运输保险适用的保险条款种类较多,国内一般采用中国保险条款,包括基本险条款和附加险条款;国际上常用的货物运输保险条款最主要的便是英国协会条款。投保的险别除注明险别名称外,还应注明险别适用的文本及日期。

14. 保险勘查代理人

保险公司选择的勘查代理人(Name Survey Agent)应位于货运目的地,以便发生损失时收货人通知其进行勘查和理赔。若当地没有符合条件的检验代理人,则应尽可能就近选择。此栏除了填写勘查代理人的名称外,还需有详尽的地址及联系方式,以便被保险人在货物出险后与其联系。

15. 赔款偿付地点

此栏按合同或信用证要求填制。如果信用证中并未列明确，一般将目的港作为赔款偿付地点(Claim Payable at)。当信用证要求以汇票货币为赔付货币时，则在赔付地点之后加注“in the Currency of the Draft”；若信用证明确规定指定以某种货币为赔付货币时(如：美元)，则在赔付地点后直接注明“in USD”。

16. 出单地点和日期(Place and date of issue)

出单地点按出单公司的实际所在地填写。出单日期指保险单的签发日期。除非信用证另有规定，或除非在保险单上表明“保险责任最迟于货物装船或发运或接受监管之日起生效”，银行将不接受出单日期迟于装船或发运或接受监管日的保险单。

17. 签章

签章(Authorized signature)是指由保险公司签字或盖章以示保险单正式生效。保险单必须在表面上由保险公司或保险人或他们两者的代理人开立和签署。除非信用证另有规定，否则银行可以接受保险经纪人以保险公司代理人身份开立和签署保险证明。

18. 对保险单据的其他要求

信用证除了对保险单上的基本项目的填写有所要求之外，对保险单据的其他方面还有规定。

三、L/C 中有关保险条款举例

1. INSURANCE POLICIES OR CERTIFICATE IN TWO FOLD PAYABLE TO THE ORDER OF COMMERCIAL BANK OF LONDON LTD. COVERING MARINE INSTITUTE CARGO CLAUSES A(1. 1. 1982), INSTITUTE STRIKE CLAUSE CARGO(1. 1. 1982). FOR INVOICE VALUE PLUS 10%INCLUDING WAREHOUSE TO WAREHOUSE UP TO THE FINAL DESTINATION AT SWITZERLAND, MARKED PREMIUM PAID, SHOWING CLAIMS IF ANY, PAYABLE IN GERMANY, NAMING SETTLING AGENT IN GERMANY.

2. INSURANCE POLICIES OR CERTIFICATE IN TWO FOLD ISSUED TO THE APPLICANT, COVERING RISKS AS PER INSTITUTE CARGO CLAUSES(A), AND INSTITUTE WAR CLAUSES(CARGO) INCLUDING WAREHOUSE TO WAREHOUSE CLAUSE UP TO FINAL DESTINATION AT LONG BEACH FOR AT LEAST 110% OF CIF VALUE, MARKED PREMIUM PAID SHOWING CLAIMS IF ANY PAYABLE IN USA, NAMING SETTLING AGENT IN USA.

第三节　案例讨论

一、保险单缮制案例

【案例 7－1】新加坡 LF 贸易公司向中国 ABC 进出口贸易公司进口一批毛巾和浴巾，以 CIF 成交，由 UNITED OVERSEAS BANK LIMITED SINGAPORE 开立不可撤销信用证。根据信用证要求，缮制保险单。

LETTER OF CREDIT

MT700	ISSUE A DOCUMENTARY CREDIT	
SENDER:	UOVBSGSGAXXX UNITED OVERSEAS BANK LIMITED, SINGAPORE	
RECIEVER:	ICBKNJAHYC INDUSTRIAL AND COMMERCIAL BANK OF CHINA (NANJING CITY BRANCH), NANJING, CHINA	
SEQUENCE OF TOTAL	27:	1/1
FORM OF DOC. REDIT	40A:	IRREVOCABLE
DOC. CREDIT NUMBER	20:	1CMLC459886
DATE OF ISSUE	31C:	170817
APPLICABLE RULES	40E:	UCP LATEST VERSION
EXPIRY	31D:	170910 IN BENEFICIARY'S COUNTRY
APPLICANT	50:	LF TRADING BLOCK 4 BEACH ROAD, HEX 01 –4983, SINGAPORE.
BENEFICIARY	59:	ABC IMPORT AND EXPORT TRADE CO., LTD. 86 RENMIN STREET, NANJING CITY, JIANGSU P. R. CHINA
AMOUNT	32B:	CURRENCY USD AMOUNT17399. 50
AVAILABLE WITH/BY	41D:	ANY BANK BY NEGOTIATION
DRAFT AT...	42C:	AT SIGHT FOR FULL INVOICE VALUE
DRAWEE	42D:	UOVBSGSGAXXX UNITED OVERSEAS BANK LIMITED
PARTIAL SHIPMENT	43P:	PROHIBITED
TRANSSHIPMENT	43T:	ALLOWED
ON BOARD/DISP/TAKING CHARGE	44A:	SHANGHAI
FOR TRANSPORTATION TO	44B:	SINGAPORE
LATEST DATE OF SHIPMETN	44C:	170830
DESCRIPTION OF GOODS	45A:	
15600DOZEN OF BATH AND FACE TOWELS		
SHIPPING MARKS DESCP. OF GOODS QUANTITY PRICE/DZ AMOUNT L. F. T. /SPORE/108 100%COTTON STRIPE FACE TOWEL, ART NO. 108 2400DOZEN/24PACKAGES USD0. 85 USD2040. 00 L. F. T. /SPORT/218 100%COTTON TEA TOWEL, ART NO. 218 3000DOZEN/30PACKAGES USD0. 9775 USD2932. 50 L. F. T. /SPORT/75 100%COTTON PRINTED FACE TOWEL, ART NO. 75 4000DOZEN/40PACKAGES USD1. 054 USD4216. 00 L. F. T/SPORT/318 100%COTTON TEA TOWEL, ART NO. 318 2200DOZEN/55PACKAGES USD2. 465 USD5423. 00 L. F. T. /SPORT/WN167 100%COTTON SQUARE TOWEL, ART NO. WN167 4000DOZEN/20PACKAGES USD0. 697 USD2788. 00		
AT CIFSINGAPORE		

DOCUMENTS REQUIRED	46A:	
+ SIGNED COMMERCIAL INVOICE IN QUADRUPLICATE + WEIGHT LIST		
+ PACKING LIST IN 3 FOLDS		
+ FULL SET OF CLEAN ON BOARD BILL OF LADING MADE OUT THE ORDER MARKED "FREIGHT COLLECT" AND NOTIFY THE APPLICANT		
+ CERTIFICATE OF ORIGIN IN 3 FOLDS		
+ INSURANCE POLICY/CERTIFICATE BLANK ENDORSED FOR 110PCT OF CIF INVOICE VALUE COVERING INSTITUTE CARGO CLAUSES(ALL RISKS) INSTITUTE WAR CLAUSES(CARGO) WITH CLAIMS PAYABLE AT SINGAPORE.		
+ SHIPPING ADVICE SHOWING THE NAME OF THE CARRYING VESSEL ,DATE OF SHIPMENT, MARKS, QUANTITY, NET WEIGHT AND GROSS WEIGHT OF THE SHIPMENT TO APPLICANT WITHIN 3 DAYS AFTER THE DATE OF BILL OF LADING. + BENEFICIARY'S CERTIFICATE CERTIFYING THAT ONE FULL SET OF NON - NEGOTIABLE SHIPPING DOCUMENTS HAVE BEEN SENT TO APPLICANT BY SPEEDPOST. RELATIVE POSTAL RECEIPT IS REQUIRED.		
ADDITIONAL CONDITIONS	47A:	
+ 5%MORE OR LESS OF QUANTITY OF GOODS AND CREDIT AMOUNT ARE ALLOWED.		
+ BILL OF LADING MUST SHOW THE ACTUAL PORT OF LOADING AND DISCHARGE + ALL DOCUMENTS TO SHOW THIS L/C NUMBER + ALL ART NO. MUST BE PRINTED CLEARLY ON EACH BALE. + BENEFICIARY'S CERTIFICATE TO THIS EFFECT IS REQUIRED + UPON NEGOTIATION, NEGOTIATING BANK TO DEDUCT USD158. 43		
+ ALL DOCUMENTS MUST BEAR OUR CREDIT NUMBER、DATE AND ISSUING BANK		
+ ALL DOCUMENTS MUST BE ISSUED IN ENGLISH UNLESS OTHERWISE STIPULATED.		
DETAILS OF CHARGES	71B:	+ ALL BANKING COMMISSIONS AND CHARGES INCLUDING REIMBURSEMENT COMMISSIONS OUTSIDE SINGAPORE ARE FOR ACCOUNT OF BENEFICIARY
PRESENTATION PERIOD	48:	+ DOCUMENTS MUST BE PRESENTED FOR NEGOTIATION WITHIN 21 DAYS AFTER DATE OF SHIPMENT BUT WITHIN CREDIT VALIDITY
CONFIRMATION	49:	WITHOUT
INSTRUCTIONS	78:	
+ THE AMOUNT OF EACH NEGOTIATION/DRAWING MUST BE ENDORSED ON THE REVERSE OF THIS CREDIT AND NEGOTIATING/ PRESENTING BANK MUST CERTIFY THE SAME ON THE COVERING SCHEDULE.		
+ ALL DOCUMENTS MUST BE MAILED TO UOVBSGSGAXXX UNITED OVERSEAS BANK LIMITED, SINGAPORE. IN ONE LOT BY COURIER MAIL.		

补充材料：

(1)INSURANCE POLICY NO. YCA993208400000

(2)INSURANCE DATE:2017 年 8 月 26 日。

保险单缮制：

PICC 中国人民财产保险股份有限公司
PICC Property and Casualty Company Limited

总公司设于北京　　一九四九年创立
Head Office Beijing　　Established in 1949

货物运输保险单
CARGO TRANSPORTATION INSURANCE POLICY

保单号
POLICY NO. YCA993208400000 * * * * CH011

被保险人：ABC 进出口贸易公司

Insured:ABC IMPORT AND EXPORT TRADE CO. , LTD. , 86 RENMIN STREET, NANJING CITY, JIANGSU P. R. CHINA

中国人民财产保险股份有限公司(以下简称本公司)根据被保险人的要求,由被保险人向本公司缴付约定的保险费,按照本保险单承保险别和背面所载条款与下列特款承保下述货物运输保险,特立本保险单。

THIS POLICY OF INSURANCE WITNESSES THAT THE PICC PROPERTY AND CASUALTY COMPANY LIMITED (HEREINAFTER CALLED "THE COMPANY") AT THE REQUEST OF THE INSURED AND IN CONSIDERATION OF THE AGREED PREMIUM PAID TO THE COMPANY BY THE INSURED. UNDERTAKES TO INSURE THE UNDERMENTIONED GOODS IN TRANSPORTATION SUBJECT TO THE CONDITIONS OF THIS POLICY AS PER THE CLAUSES PRINTED OVERLEAF AND OTHER SPECIAL CLAUSES ATTACHED HEREON.

标记 MARKS &NOS.	包装及数量 QUANTITY	保险货物项目 DESCRIPTION OF GOODS	保险金额 AMOUNT INSURED
L. F. T. /SPORE/108 L. F. T. /SPORT/218 L. F. T. /SPORT/75 L. F. T/SPORT/318 L. F. T. / SPORT/WN167	15600DOZEN/169 PACKAGES	100% COTTON STRIPE FACE TOWEL, ART NO. 108 100%COTTON TEA TOWEL, ART NO. 218 100% COTTON PRINTED FACE TOWEL, ART NO. 75 100%COTTON TEA TOWEL, ART NO. 318 100% COTTON SQUARE TOWEL, ART NO. WN167	USD19139. 45

总保险金额：

TOTAL AMOUNT INSURED:US DOLLARS NINETEEN THOUSAND ONE HUNDRED AND THIRTY NINE AND FORTY FIVE CENTS.

保费：　　启运日期：　　装载运输工具：

PREMIUM:AS ARRANGED　　DATE OF COMMENCEMENT:AS PER B/L　　PER CONVEYANCE:　BY SEA

自　　至

FROM　SHANGHAI　　TO　SINGAPORE

承保险别：

CONDITIONS:

110PCT OF CIF INVOICE VALUE COVERING INSTITUTE CARGO CLAUSES(ALL RISKS)INSTITUTE WAR CLAUSES (CARGO)

WITH CLAIMS PAYABLE AT SINGAPORE　　NUMBER OF ORIGINAL: THREE.　　L/C NO: 1CMLC459886

所保货物，如发生保单项下可能引起索赔的损失或损坏，应立即通知本公司下述代理人查勘。如有索赔，应向本公司提交保单正本(本保单共有三份正本)及有关文件。如一份正本已用于索赔，其余正本自动失效。

IN THE EVENT OF LOSS OR DAMAGE WHICH MAY RESULT IN A CLAIM UNDER THIS POLICY. IMMEDIATE NOTICE MUST BE GIVEN TO THE COMPANY'S AGENT AS MENTIONED HEREUNDER. CLAIMS, IF ANY, ONE OF THE ORIGINAL POLICY WHICH HAS BEEN ISSUED IN THREE ORIGINAL(S) TOGETHER WITH THE RELEVANT DOCUMENTS SHALL BE SURRENDERED TO THE COMPANY. IF ONE OF THE ORIGINAL POLICY HAS BEEN ACCOMPLISHED, THE OTHERS TO BE VOID.

中国人民财产保险股份有限公司

PICC PROPERTY AND CASUALTY COMPANY LIMITED

赔款偿付地点

CLAIM PAYABLE AT SINGAPORE

出单日期

ISSUING DATE AUG. 26, 2017

地址：

ADD:86 RENMIN STREET, NANJING CITY, JIANGSU P. R. CHINA

×××

Authorized signature

电话(TEL):86-25-83234567

传真(FAX):86-25-83234568

邮编(POST CODE):210000

二、出口香港罐头保险索赔案

【案例7-2】1997年，我国WK外贸公司向香港出口罐头一批共500箱，按照CIF HONGKONG向保险公司投保一切险。单上写明进口商的名称，没有详细注明其地址，货物抵达香港后，船公司无法通知进口商来货场提货，货运代理联系，自行决定将该批货物运回起运港天津新港。在运回途中因为轮船渗水，有229箱罐头受到海水浸泡，WK公司没有将货物卸下，只是在海运提单上补写进口商详细地址后，又运回香港。进口商提货后发现罐头已经生锈，所以只提取了未生锈的271箱罐头，其余的罐头又运回新港。WK外贸公司发现货物有锈蚀后，公司提起索赔，要求赔偿229箱货物的锈损。保险公司经过调查发现，生锈发生在第二航次，不属于承保范围，于是保险公司拒绝赔偿。

讨论：

保险公司拒绝理赔是正当的。原因如下：

(1)保险事故不属于保险单的承保范围，本案中被保险人只对货物运输的第一航次投了保险，但是至新港的第二航次中发生了风险损失的，即使该项损失属于一切险的承保范围，保险人对此也不予负责。

(2)被保险人在提出保险索赔时明显违反了诚信原则。被保险人向保险人提出索赔明知是不属于承保范围造成的损失，其目的是想利用保险人的疏忽将货物损失转嫁给保险人，这违反了诚实信义的原则，保险公司可以拒付。

三、保险"加成率"案例

【案例7-3】有一份CIF合同，卖方甲投保了一切险，自法国内陆仓库起，到美国纽约的买方仓库为止。合同中规定的投保金额是:“按发票金额点值另加百分之十”。卖方在货物装船后,已凭提单、保险单、发票、品质检验证书等单证向买方银行收取了货款。后来,货物在运到纽约港前遇险而全部损失。买方凭保险单要求保值的百分之十部分应该属于他,但遭到卖方保险公司拒绝。

问:买方有无权利要求保险公发票总值10%的这部分金额?为什么?

讨论:

买方有权要求这部分赔款,保险公司应将全部损失赔偿支付给买方。

《国际贸易术语解释通则》中,关于CIF卖方的责任有如下规定:“自费向信誉卓著的保险人或保险公司投保有关货物运送中的海洋险,并取得保险单,这项保险,应投保平安险,保险金额包括CIF价另加百分之十。”

在CIF合同中,虽然由卖方向保险公司投保,负责支付保险费并领取保险单,但在卖方提供符合合同规定的单据(包括提单、保险单、发单等)换取买方支付货款时,这些单据包括保险单已合法、有效地转让给买方。买方作为保险单的合法受让人和持有人,享有根据保险单所产生的全部利益,包括超出发票总值的保险价值的各项权益。

复　习　题

一、选择题

1. 以CIF术语达成的交易,如信用证没有特别规定,保险单的被保险人一栏应填写(　　)。

   A. 开证申请人的名称　　B. 受益人的名称
   C. TO ORDER　　D. TO WHOM IT MAY CONCERN

2. 如信用证没有特别规定,按国际保险市场惯例,保险金额一般在发票金额的基础上(　　)填写。

   A. 加一成　　B. 加两成　　C. 不用加成　　D. 加三成

3. 根据伦敦保险协会制定的《协会货物条款》,以下险别能单独投保的是(　　)。

   A. 战争险　　B. 恶意损害险　　C. ICC(A)　　D. 罢工险

4. 保险的赔付地点一般填写(　　)。

   A. 起运港　　B. 目的港　　C. 投保人所在地　　D. 保险公司所在地

二、判断题

1. 保险单的签发日期可以晚于提单日期。(　　)

2. 保险单俗称大保单,保险凭证俗称小保单,由于保险凭证背面没有列入保险条款,因而它们不具有同等的法律效力。(　　)

3. 保险单出具后,如需要补充或变更保险内容,保险公司可根据投保人的请求出具修改保险内容的凭证,该项凭证称为批单。(　　)

三、制单操作题

1. 根据以下材料制作投保单。

LETTER OF CREDIT NO.: YS1234

BENEFICIARY: CHINA MACHINERY IMP & EXP CO., NINGBO BRANCH

AMOUNT：USD 18 400.00

LIST OF DOCUMENTS：

……

INSURANCE POLICY IN DUPLICATE BLANK ENDORSED COVERING ALL RISKS AND WAR RISK FOR 110% INVOICE VALUE CLAIM AT LONDON, ENGLAND

COVERING：400SETS BUTTERFLY SEWING MACHINES

PACKING：IN WOODEN CASES OF 1 SET EACH

SHIPMENT：FROM NINGBO TO LONDON，ENGLAND BY VESSEL"HONGZHEN"V. 65

ON JULY 15，2009 WITH TRANSSHIPMENT AT HONGKONG

INVOICE NO. ：MIE201156

SPECIAL CONDITIONS ：ALL DOCUMENTS MUST SHOW THE L/C NO.

中国人民保险公司

The PEOPLE'S INSURANCE COMPANY OF CHINA

运输险投保单

APPLICATION FOR TRANSPORTATION INSURANCE

被保险人

Assured's Name ______________________________

兹有下列货物拟向中国人民保险公司投保：

Insurance is required on the following commodities：

标　记 Marks & Nos.	包装及数量 Quantity	保险货物项目 Description of goods	保险金额 Amount insured

装载运输工具

Per conveyance

开航日期　　　　　　提单号码

Slg. on/abt. ______________　　B/L No. ______________

自　　　　　　至

From ______________　　to ______________

____

请将要保的险别标明

Please indicate the Conditions &/or Special Coverage：______________

备注：

Remarks：______________________________

投保人（签名盖章）　　　　电话

Name/Seal of Proposer：　　　　Telephone No.

地址　　　　日期

Address：______________　　Date：______________

____

本公司自用　FOR OFFICE USE ONLY

费率　　　　保费　　　　经办人

Rate ______________　Premium ______________　By ______________

2. 根据下列所提供的信用证条款的主要内容及有关制单资料，填制保险单。

LETTER OF CREDIT

SEQUENCE OF TOTAL　27：1 / 1

FORM OF DOC. CREDIT　40A：IRREVOCABLE

DOC. CREDIT NUMBER　20：S100 - 108085

DATE OF ISSUE　31C：20090214

EXPIRY　31D：DATE 20090510 PLACE BENEFICIARY'S COUNTRY

APPLICANT BANK　51：/ /

APPLICANT　50：FUKUOKA BOEKI COMPANY LIMITED
34 - CHOME TENJIN CHUO - KU
FUKUOKA，JAPAN

BENEFICIARY　59：SHANGHAI GUNFLAK FIREWORKS I/E CORPORATION 16，NORTH INDUSTRY ROAD
SHANGHAI，CHINA

AMOUNT　32B：CURRENCY USD AMOUNT 177.400，00

AVAILABLE WITH/BY　41D：ANY BANK
BY NEGOTIATION

DRAFTS AT...　42C：DRAFT AT SIGHT FOR FULL INVOICE COST

DRAWEE　42A：/FKBKJPJT100
* BANK OF FUKUOKA LTD
* TOKYO

PARTIAL SHIPMENTS　43P：ALLOWED

TRANSSHIPMENT　43T：ALLOWED

LOADING IN CHARGE　44A：
CHINA

FOR TRANSPORT TO...　44B：
MOJI

LATEST DATE OF SHIP.　44C：20090425

SHIPMENT PERIOD　44：

DESCRIPT. OF GOODS　45A：
TRADE TERM CIF MOJI
CHINESE TOY FIREWORKS FLOWER BASKET BRAND

DOCUMENTS REQUIRED　46A：

+ SIGNED COMMERCIAL INVOICE IN 3 COPIES INDICATING CREDIT NO

+ FULL SET CLEAN ON BOARD MARINE BILL OF LADING MADE OUT TO ORDER OF SHIPPER AND BLANK ENDORSED NOTIFY FUKUOKA BOEKI COMPANY LTD MARKED FREIGHT PREPAID AND ALSO INDICATING THE B/L PRESENTED ARE LINER B/L

+ PACKING LIST IN 3 COPIES

+ GSP CERTIFICATE OF ORIGIN FORM A

+ FULL SET INSURANCE POLICY OR CERTIFICATE COVERING INSTITUTE CARGO CLAUSES(ALL RISK) INCLUDING INSTITUTE WAR CLAUSES FROM WAREHOUSE TO WAREHOUSE WITH CLAIMS PAYABLE AT DESTINATION

DETAILS OF CHARGES　71B：ALL BANKING CHARGES OUTSIDE JAPAN
ARE FOR ACCOUNT OF THE APPLICANT

PRESENTATION PERIOD　48：DOCUMENTS TO BE PRESETNED WITHIN 15 DAYS AFTER THE DATE OF SHIP-

MENT BUT WITHIN THE VALIDITY OF THE CREDIT

CONFIRMATION *49: WITHOUT

REIMBURSING BANK 53:/CITIUS 33/

*CITIBANK N. A.

*NEW YORK, NY

INSTRUCTIONS 78:

+ REIMBURSEMENT IS SUBJECT TO ICC URR525

+ PROVIDED THAT THE TERMS AND CONDITIONS OF THIS CREDIT ARE COMPLIED WITH PLEASE REIMBURSE YOURSELVES FROM ABOVE REIMBURSEMENT BANK

+ DRAFT AND DOCUMENTS ARE TO BE SENT BY COURIER TO OUR HEAD OFFICE FUKUOKA(ADDRESS: 13 - 1, TENJIN 2 - CHOME, CHUO - KU, FUKUOKA JAPAN) IN ONE LOT

ADDITIONAL COND *47B:

+ REIMBURSEMENT BY TELECOMMUNICATION IS PROHIBITED

+ ONE COPY OF INVOICE, PACKING LIST AND ORIGINAL CERTIFICATE OF ORIGIN(FORM A) MUST BE SENT TO THE ACCOUNTEE BY COURIER IMMEDIATELY AFTER SHIPMENT AND BENEFICIARY'S CERTIFICATE TO THIS EFFECT IS REQUIRED

PICC 中国人民财产保险股份有限公司
PICC Property and Casualty Company Limited

总公司设于北京　　一九四九年创立
Head Office Beijing　　Established in 1949

货物运输保险单

CARGO TRANSPORTATION INSURANCE POLICY

保单号
POLICY NO.

被保险人:
Insured:________________

中国人民财产保险股份有限公司(以下简称本公司)根据被保险人的要求,由被保险人向本公司缴付约定的保险费,按照本保险单承保险别和背面所载条款与下列特款承保下述货物运输保险,特立本保险单。

THIS POLICY OF INSURANCE WITNESSES THAT THE PICC PROPERTY AND CASUALTY COMPANY LIMITED (HEREINAFTER CALLED "THE COMPANY") AT THE REQUEST OF THE INSURED AND IN CONSIDERATION OF THE AGREED PREMIUM PAID TO THE COMPANY BY THE INSURED. UNDERTAKES TO INSURE THE UNDERMENTIONED GOODS IN TRANSPORTATION SUBJECT TO THE CONDITIONS OF THIS POLICY AS PER THE CLAUSES PRINTED OVER-LEAF AND OTHER SPECIAL CLAUSES ATTACHED HEREON.

标记 MARKS &NOS.	包装及数量 QUANTITY	保险货物项目 DESCRIPTION OF GOODS	保险金额 AMOUNT INSURED

总保险金额:
TOTAL AMOUNT INSURED:________________.

保费:
PREMIUM:__________　启运日期:
DATE OF COMMENCEMENT:__________　装载运输工具:
PER CONVEYANCE:__________

自
FROM __________　至
TO __________

承保险别:
CONDITIONS:

NUMBER OF ORIGINAL: .　　L/C NO:

所保货物,如发生保单项下可能引起索赔的损失或损坏,应立即通知本公司下述代理人查勘。如有索赔,应向本公司提交保单正本(本保单共有三份正本)及有关文件。如一份正本已用于索赔,其余正本自动失效。

IN THE EVENT OF LOSS OR DAMAGE WHICH MAY RESULT IN A CLAIM UNDER THIS POLICY. IMMEDIATE NOTICE MUST BE GIVEN TO THE COMPANY'S AGENT AS MENTIONED HEREUNDER. CLAIMS, IF ANY, ONE OF THE ORIGINAL POLICY WHICH HAS BEEN ISSUED IN THREE ORIGINAL(S) TOGETHER WITH THE RELEVANT DOCUMENTS SHALL BE SURRENDERED TO THE COMPANY. IF ONE OF THE ORIGINAL POLICY HAS BEEN ACCOMPLISHED, THE OTHERS TO BE VOID.

中国人民财产保险股份有限公司

PICC PROPERTY AND CASUALTY COMPANY LIMITED

赔款偿付地点

CLAIM PAYABLE AT ________________

出单日期

ISSUING DATE ____________________

地址：

ADD：______________________________________

电话(TEL)：86－25－83234567　　　　Authorized signature

传真(FAX)：86－25－83234568

邮编(POST CODE)：210000

保单顺序号：PICC 0011 ** 50

第八章 官方单据

【本章导读】

在国际贸易活动中，政府行为对交易的过程及结果均会产生重要影响。每个国家都对本国的进出口贸易进行相应的管理和控制。政府的对外贸易政策及对本国进出口贸易的宏观管理，实际上就是通过控制和发放各种官方单据来实现的，官方单据是指由政府机关或社会团体签发的单据，进出口贸易中的官方单据主要有进出口许可证、检验检疫证书及原产地证书等。政府依靠对官方单据的管理实现对外贸的管理。因此，官方单据的使用是否得当、准确，将直接关系到贸易国及进出口商的利益。本章主要介绍进出口许可证、检验检疫证书及原产地证明书的相关基础知识，并对进出口许可证、出境货物报检单、商品检验检疫证书、一般原产地证明书及普惠制原产地证明书等单据的缮制进行详细阐述。

【学习目标】

通过本章学习，使同学们能够了解进出口许可证的申领范围及制作要点，学习进出口货物报检的含义，掌握一般原产地证明书及普惠制原产地证明书的概念、使用及功能，熟悉出境货物报检的程序，掌握一般贸易下出口货物报检单、一般原产地证明书及普惠制原产地证明书的缮制。

【关键概念】

商品检验（Commodity Inspection）　　检验检疫证书（Inspection Certificate）

品质检验证书（Inspection Certificate of Quality）

重量或数量检验证书（Inspection Certificate of Weight or Quantity）

原产地证书（Certificate of Origin）

第一节　进出口许可证

一、进出口许可证概述

贸易管制措施有关报关规范由两大方面构成：一是如实申报，即进出口货物收发货人在向海关申请办理通关手续时，按照规定的格式（进出口货物报关单）真实、准确地填报与货物有关的各项内容；二是按照政策规定，主动向海关提交有关许可证件及其他有关证明文件，即通过进出口货物类别，准确认定其所应适用的国家贸易管制政策，对其中属于国家实行许可证件管理的货类，向海关申请办理通关手续时应主动递交相应的许可证件，对涉及多项国家贸易管制措施的货类，依据国家贸易管制措施相对独立原则，应分别递交相应的许可证。

进出口许可证管理是国家限制进出口的一种最主要的管理形式，作为我国货物进出口许可制度的核心管理，是由国务院对外经济贸易主管部门或者由其会同国务院有关部门，根据《中华人民共和国对外贸易法》以及国家其他法律法规的有关规定，制定并调整进出口许可证管理目录，以签发《中华人民共和国进口许可证》（以下简称《进口许可证》）、《中华人民共和国出口许可证》（以下简称《出口许可证》）的形式对该目录商品实行进出口许可的国别管理。

二、进出口许可证的管理

进出口许可证是国家管理货物进出口的凭证，不得买卖、转让、涂改、伪造和变造。凡属于进出口许可证管理的货物，除国家另有规定的以外，对外贸易经营者应当在进口或出口前按规定向指定的发证机构申领进出口许可证，海关凭进出口许可证接受申报和验放。

1. 发证机构

目前，我国进出口许可证的签发工作由商务部统一管理、指导。全国商务发证机构按其管理级别分为：商务部配额许可证事务局、商务部驻各地特派员办事处，以及各省、自治区、直辖市、计划单列市和商务部授权的其他省会城市商务厅（局）、外经贸委（厅、局）。它们负责在授权范围内签发《进口许可证》或《出口许可证》，如式样 8－1 和式样 8－2 所示。

2. 分类

进出口许可证管理分为进口许可证管理和出口许可证管理，商务部是全国进出口许可证的归口管理部门，负责制定进出口许可证管理办法及规章制度，监督、检查进出口许可证管理办法的执行情况，处罚违规行为。商务部会同海关总署制定、调整和发布年度进口许可证管理货物目录及出口许可证管理货物目录。

3. 申领程序

1）《进口许可证》

（1）《进口许可证》管理属于国家限制进口管理范畴，是国家许可对外经营单位进口某种货物的证明，也是海关对进口货物监管的重要依据。凡属《进口许可证》管理的商品，除国家另有规定外，对外贸易经营者，应当进口前按照规定向指定的发证机构申领《进口许可证》，海关凭《进口许可证》接受申报和验放。

式样 8－1

中华人民共和国进口许可证

IMPORT LICENCE OF THE PEOPLE'S REPUBLIC OF CHINA

<table>
<tr><td colspan="3">1. 进口商：
Importer</td><td colspan="3">3. 进口许可证号：
Import Licence No.</td></tr>
<tr><td colspan="3">2. 收货人：
Consignee</td><td colspan="3">4. 进口许可证有效截止日期：
Import Licence expire date</td></tr>
<tr><td colspan="3">5. 贸易方式：
Terms of trade</td><td colspan="3">8. 出口国(地区)：
Country/Region of exportation</td></tr>
<tr><td colspan="3">6. 外汇来源：
Terms of foreign exchange</td><td colspan="3">9. 原产地国(地区)：
Country/Region of origin</td></tr>
<tr><td colspan="3">7. 报关口岸：
Place of clearance</td><td colspan="3">10. 商品用途：
Use of goods</td></tr>
<tr><td colspan="2">11. 商品名称：
Description of goods</td><td colspan="4">商品编码：
Code of goods</td></tr>
<tr><td>12. 规格、型号
Specification</td><td>13. 单位
Unit</td><td>14. 数量
Quantity</td><td>15. 单价(　)
Unit price</td><td>16. 总值(　)
Amount</td><td>17. 总值折美元
Amount in USD</td></tr>
<tr><td></td><td></td><td></td><td></td><td></td><td></td></tr>
<tr><td></td><td></td><td></td><td></td><td></td><td></td></tr>
<tr><td></td><td></td><td></td><td></td><td></td><td></td></tr>
<tr><td></td><td></td><td></td><td></td><td></td><td></td></tr>
<tr><td>18. 总计
Total</td><td></td><td></td><td></td><td></td><td></td></tr>
<tr><td colspan="3">19. 备注
Supplementary details</td><td colspan="3">20. 发证机关签章
Issuing authority's stamp&signature

21. 发证日期
Licence date</td></tr>
</table>

式样 8－2

中华人民共和国出口许可证

EXPORT LICENCE OF THE PEOPLE'S REPUBLIC OF CHINA

1. 出口商： Exporter	3. 出口许可证号： Exporter licence No.
2. 发货人： Consigner	4. 出口许可证有效截止日期： Export licence expiry date
5. 贸易方式： Forms of trade	8. 进口国(地区)： Country/Region of purchase
6. 合同号： Contract No.	9. 付款方式： Payment
7. 报关口岸： Place of clearance	10. 运输方式： Mode of transport
11. 唛头—包装件数 Marks & numbers—number of packages	
12. 商品名称： Description of goods	商品编码： Code of goods

13. 规格、等级 Specification	14. 单位 Unit	15. 数量 Quantity	16. 单价(USD) Unit Price	17. 总值(USD) Amount	18. 总值折美元 Amount in USD
19. 总计 Total					

20. 备注 Supplementary details	21. 发证机关签章 Issuing authority's stamp & signature 22. 发证日期 Licence date

商务部监制　　　　本证不得涂改，不得转让

(2)2021 年《进口许可证》管理的商品范围:消耗臭氧层物质和重点旧机电产品共 2 种 118 个 HS 编码。消耗臭氧层物质包括:三氯氟甲烷(CFC-11)、二氯二氟甲烷(CFC-12)等货物。重点旧机电产品包括:旧化工设备类、旧水泥生产设备类、旧金属冶炼设备类、旧工程设备机械类、旧造纸设备类、旧电力电器设备类、旧农业机械类、旧纺织机械类、旧印刷机械类、旧食品加工包装设备、旧船舶类、旧硒鼓等,详见《2021 年进口许可证管理货物目录》。

(3)发证机关:重点旧机电产品进口单位申领的进口许可证和在京的属于国务院国资委管理企业申领的进口许可证,由商务部配额许可证事务局签发。消耗臭氧层物质进口单位申领的进口许可证,由省级地方商务主管部门签发。对消耗臭氧层物质进口实行"一批一证"制管理,即进口许可证在有效期内一次报关使用。

(4)报关规范:《进口许可证》的有效期为 1 年,当年有效。特殊情况需要跨年度使用时,有效期最长不得超过次年 3 月 31 日,逾期自行失效。《进口许可证》实行"一证一关",就是指只能在一个海关报关。《进口许可证》一般情况下实行"一批一证",即《进口许可证》在有效期内一次报关使用。如要实行"非一批一证",应当同时在《进口许可证》备注栏内打印"非一批一证"字样,但最多不超过 12 次,由海关在许可证背面"海关验放签注栏"内逐批签注核减进口数量。对进口实行许可证管理的大宗、散装货物,溢短装数量不得超过《进口许可证》所列数量的 5%,其中原油、成品油溢装数量不得超过许可证所列数量的 3%。对不实行"一批一证"制的大宗、散装货物,在每批货物进口时,按其实际进口数量进行核扣;最后一批货物进口时,其溢装数量按该许可证实际剩余数量并在规定的溢装上限 5%内计算,原油、成品油则在溢装上限 3%内计算。

2)《出口许可证》

(1)含义:《出口许可证》是我国进出口许可证管理制度中具有法律效力,用来证明对外贸易经营者经营列入国家《出口许可证》管理目录商品合法出口的证明文件,是海关验放该类货物的重要依据。

(2)范围:2021 年实行许可证管理的出口货物为 43 种。对外贸易经营者出口目录内所列货物的,应向商务部或者商务部委托的地方商务主管部门申请取得《中华人民共和国出口许可证》,凭出口许可证向海关办理通关验放手续。

出口活牛(对港澳)、活猪(对港澳)、活鸡(对香港)、小麦、玉米、大米、小麦粉、玉米粉、大米粉、药料用麻黄草(人工种植)、煤炭、原油、成品油(不含润滑油、润滑脂、润滑油基础油)、锯材、棉花的,凭配额证明文件申领出口许可证;出口甘草及甘草制品、蔺草及蔺草制品的,凭配额招标中标证明文件申领出口许可证。

以加工贸易方式出口货物的,凭配额证明文件、货物出口合同申领出口许可证。其中,出口甘草及甘草制品、蔺草及蔺草制品的,凭配额招标中标证明文件、海关加工贸易进口报关单申领出口许可证。

以边境小额贸易方式出口货物的,由省级地方商务主管部门根据商务部下达的边境小额贸易配额和要求签发出口许可证。以边境小额贸易方式出口甘草及甘草制品、蔺草及蔺草制品、消耗臭氧层物质、摩托车(含全地形车)及其发动机和车架、汽车(包括成套散件)及其底盘等货物的,需按规定申领出口许可证。以边境小额贸易方式出口本款上述情形以外的货物的,免于申领出口许可证。

出口活牛（对港澳以外市场）、活猪（对港澳以外市场）、活鸡（对香港以外市场）、牛肉、猪肉、鸡肉、天然砂（含标准砂）、矾土、磷矿石、镁砂、滑石块（粉）、萤石（氟石）、稀土、锡及锡制品、钨及钨制品、钼及钼制品、锑及锑制品、焦炭、成品油（润滑油、润滑脂、润滑油基础油）、石蜡、部分金属及制品、硫酸二钠、碳化硅、消耗臭氧层物质、柠檬酸、白银、铂金（以加工贸易方式出口）、铟及铟制品、摩托车（含全地形车）及其发动机和车架、汽车（包括成套散件）及其底盘的，需按规定申领出口许可证。其中，消耗臭氧层物质货样广告品需凭出口许可证出口；以一般贸易、加工贸易、边境贸易和捐赠贸易方式出口汽车、摩托车产品的，需按规定的条件申领出口许可证；以工程承包方式出口汽车、摩托车产品的，凭对外承包工程项目备案回执或特定项目立项函、中标文件等材料申领出口许可证；以上述贸易方式出口非原产于中国的汽车、摩托车产品的，凭进口海关单据和货物出口合同申领出口许可证。

以加工贸易方式出口第五款所列货物的，除另有规定以外，凭有关批准文件、海关加工贸易进口报关单和货物出口合同申领出口许可证。出口润滑油、润滑脂、润滑油基础油以外的成品油的，免于申领出口许可证。

出口铈及铈合金（颗粒 <500 微米）、钨及钨合金（颗粒 <500 微米）、锆、铍的可免于申领出口许可证，但需按规定申领《中华人民共和国两用物项和技术出口许可证》。

我国政府对外援助项下提供的货物免于申领出口许可证。

继续暂停对一般贸易项下润滑油（海关商品编号 27101991）、润滑脂（海关商品编号 27101992）、润滑油基础油（海关商品编号 27101993）出口的国营贸易管理。以一般贸易方式出口上述货物的，凭有效的货物出口合同申领出口许可证。以其他贸易方式出口上述货物的，按照商务部、发展改革委、海关总署公告 2008 年第 30 号的规定执行。

（3）发证机关：商务部和受商务部委托的省级地方商务主管部门及沈阳市、长春市、哈尔滨市、南京市、武汉市、广州市、成都市、西安市商务主管部门按照分工受理申请人的申请并实施出口许可，向符合条件的申请人签发出口许可证，省级地方商务主管部门，是指各省、自治区、直辖市、计划单列市及新疆生产建设兵团商务主管部门。

为维护对外贸易秩序，对以下出口货物实行指定机构发证。出口此类货物需向指定机构申领出口许可证。以陆运方式出口活牛（对港澳）、活猪（对港澳）、活鸡（对香港）的出口单位申领的出口许可证，由商务部驻广州特派员办事处和驻深圳特派员办事处签发；药料用人工种植麻黄草出口单位申领的出口许可证，由商务部驻天津特派员办事处签发；福建省行政区域内天然砂（对台湾）出口单位申领的出口许可证和标准砂出口单位申领的出口许可证，由商务部驻福州特派员办事处签发。海南省行政区域内天然砂（对台港澳）出口单位申领的出口许可证，由商务部驻海南特派员办事处签发。福建省和海南省行政区域以外天然砂（对台港澳）出口单位申领的出口许可证，由商务部驻广州特派员办事处签发。

（4）报关规范：许可证的有效期最长不得超过 6 个月，且有效期截止时间不得超过当年 12 月 31 日。商务部可视具体情况，调整某些货物《出口许可证》的有效期。

对下列货物实行“非一批一证”制管理，即小麦、玉米、大米、小麦粉、玉米粉、大米粉、活牛、活猪、活鸡、牛肉、猪肉、鸡肉、原油、成品油、煤炭、摩托车（含全地形车）及其发动机和车架、汽车（包括成套散件）及其底盘（限新车）、加工贸易项下出口货物、补偿贸易项下出口货物等。出口上述货物的，可在出口许可证有效期内多次通关使用出口许可证，但通关使用次数不得超过12次。对消耗臭氧层物质、二手车出口实行“一批一证”制管理,出口许可证在有效期内一次报关使用。取消对甘草及甘草制品、天然砂(对台港澳地区)出口实施的指定口岸管理措施。继续暂停对镁砂、稀土、锑及锑制品等出口货物的指定口岸管理。

第二节　检验检疫证书

出入境货物报检指进出口货物当事人(主要是进口商和出口商),根据有关法律、法规的规定,对法定检验检疫的出入境货物,向检验检疫机构申请办理检验、检疫、认定和鉴定手续。出入境货物报检是进出口商履行进出口合同的一个重要环节。凡属国家规定或合同协议规定需要由出入境检验检疫部门检验的商品,在货物备齐后或货到后,必须向出入境检验检疫部门申请检验,取得出入境检验检疫部门颁发的合格的检验检疫证书或货物通关证明,海关才准予放行。进出口商向出入境检验检疫部门申请检验检疫、出具证书的手续,也就是向出入境检验检疫部门填写并提交出入境货物报检单及其他必要的单据。

一、中国的检验检疫管理

出入境检验检疫工作是国家检验检疫部门依照国家检验检疫法律法规规定,对进出境的商品(包括动植物产品)、动植物以及运载这些商品、动植物和旅客的交通工具、运输设备,分别实施检验、检疫、鉴定、监督管理和对出入境人员实施卫生检疫及口岸卫生监督的统称。

根据《中华人民共和国进出口商品检验法》及其实施条例、《中华人民共和国进出境动植物检疫法》及其实施条例、《中华人民共和国国境卫生检疫法》及其实施细则等有关法律、行政法规的规定,法定检验检疫的出口货物的发货人或其代理人应当在检验检疫机构规定的地点和期限内向出入境检验检疫机构报检,未经检验合格的,不准出口。输出动植物、动植物产品和其他检疫物,经检疫合格或者经除害处理合格的,准予出境。检疫不合格又无有效方法除害处理的,不准出境。

出入境检验检疫工作的主要内容和目的是:①对进出口商品进行检验、鉴定和监督管理,其目的是保证进出口商品符合质量(标准)要求、维护对外贸易有关各方的合法权益,促进对外经济贸易的顺利发展;②对出入境动植物及其产品,包括其运输工具、包装材料的检疫和监督管理,其目的是防止危害动植物的病菌、害虫、杂草种子及其他有害生物由国外传入或由国内传出,保护本国农、林、渔、牧业生产和国际生态环境和人类的健康;③对出入境人员、交通工具、运输设备以及可能传播检疫传染病的行李、货物、邮包等物品实施国境卫生检疫和口岸卫生监督,其目的是防止传染病由国外传入或者由国内传出,保护人类健康。

二、出境货物报检单

出入境货物报检单也称进出口货物检验申请书,是进出口货物的收发货人或其代理人向检验检疫机构填制的、要求其对进出口商品进行检验检疫或鉴定的单据,见式样8-3。出入境货物报检单是进出口商办理进出口商品检验检疫前必须填制的单据,是商品检验检疫机构据以进行检验检疫并出具相关证明的重要依据。填写出入境货物报检单是商品检验检疫乃至整个进出口合同履行的重要环节。

式样 8 – 3

中华人民共和国出入境检验检疫
出境货物报检单

报检单位(加盖公章):　　　　　　　　　　　　　　　　　　＊编号________________

报检单位登记号:　　联系人:　　电话:　　报检日期:　　年　　月　　日

<table>
<tr><td rowspan="2">发货人</td><td colspan="7">(中文)</td></tr>
<tr><td colspan="7">(外文)</td></tr>
<tr><td rowspan="2">收货人</td><td colspan="7">(中文)</td></tr>
<tr><td colspan="7">(外文)</td></tr>
<tr><td>货物名称(中/外文)</td><td>H. S. 编码</td><td>产地</td><td>数/重量</td><td>货物总值</td><td colspan="3">包装种类及数量</td></tr>
<tr><td></td><td></td><td></td><td></td><td></td><td colspan="3"></td></tr>
<tr><td>运输工具名称号码</td><td></td><td>贸易方式</td><td></td><td>货物存放地点</td><td colspan="3"></td></tr>
<tr><td>合同号</td><td></td><td>信用证号</td><td></td><td>用途</td><td colspan="3"></td></tr>
<tr><td>发货日期</td><td></td><td>输往国家(地区)</td><td></td><td>许可证/审批号</td><td colspan="3"></td></tr>
<tr><td>启运地</td><td></td><td>到达口岸</td><td></td><td>生产单位注册号</td><td colspan="3"></td></tr>
<tr><td>集装箱规格、数量及号码</td><td colspan="7"></td></tr>
<tr><td colspan="2">合同、信用证订立的检验检疫条款或特殊要求</td><td colspan="2">标记及号码</td><td colspan="4">随附单据(画"√"或补填)</td></tr>
<tr><td colspan="2"></td><td colspan="2"></td><td colspan="2">□合同
□信用证
□发票
□换证凭单
□装箱单</td><td colspan="2">□厂检单
□包装性能结果单
□许可/审批文件
□
□</td></tr>
<tr><td colspan="4">需要证单名称(画"√"或补填)</td><td colspan="4">＊检验检疫费</td></tr>
<tr><td colspan="2" rowspan="3">□品质证书
□重量证书
□数量证书
□兽医卫生证书
□健康证书
□卫生证书</td><td colspan="2" rowspan="3">□动物卫生证书
□植物检疫证书
□熏蒸/消毒证书
□出境货物换证凭单
□通关单</td><td colspan="4">总金额
(人民币元)</td></tr>
<tr><td colspan="4">计费人</td></tr>
<tr><td colspan="4">收费人</td></tr>
<tr><td colspan="4" rowspan="3">报检人郑重声明:
1. 本人被授权报验。
2. 上列填写内容正确属实,货物无伪造或冒用他人的厂名、标志、认证标志,并承担货物质量责任。

签名:__________</td><td colspan="4">领取证单</td></tr>
<tr><td colspan="4">日期</td></tr>
<tr><td colspan="4">签名</td></tr>
</table>

1. 出境货物报检单的缮制

(1)报检单位:指向检验检疫机构申报检验、检疫、鉴定业务的单位;报检单位应加盖公章。

(2)报检单位登记号:指在检验检疫机构的报检注册登记号。

(3)联系人:报检人员姓名。

(4)电话:报检人员的联系电话。

(5)报检日期:报检当天的日期。

(6)发货人:指本批货物的贸易合同中卖方名称或信用证中的受益人的名称,如需要出具英文证书的,填写中英文。

(7)收货人:指本批货物的贸易合同中买方名称或信用证中的申请人名称,如需要出具英文证书的,填写中英文。

(8)货物名称:按贸易合同、信用证上所列货物名称填写。

(9)H. S. 编码:按《协调商品名称及编码制度》中所列编码填写。填写 8 位数或 10 位数。

(10)产地:指货物的生产/加工的省(自治区、直辖市)以及地区(市)名称。

(11)数/重量:填写报检货物的数/重量,重量一般以净重填写,如填写毛重或以毛重作净重,则需注明。

(12)货物的总值:按本批货物合同或发票上所列的总值填写,需注明币种。如同一报检单报检多批货物,须列明每批货物的总值。

(13)包装种类及数量:指本批货物运输包装的种类及数量。

(14)运输工具名称号码:填写货物实际装载的运输工具类别名称(如船舶、飞机、汽车、火车等)及运输工具编号(船名、飞机航班号、车牌号码、火车车次)。报检时,未能确定运输工具编号的,可只填写运输工具类别。

(15)贸易方式:该批货物出口的贸易方式,如一般贸易、来料加工、边境贸易、进料加工等。

(16)货物存放地点:指本批货物存放的地点位置,注明具体地点、厂库。

(17)合同号:指贸易双方就本批货物出境而签订的贸易合同编号。

(18)信用证号:指本批货物所对应的信用证编号。

(19)用途:指本批货物出境用途,如种用、食用、奶用、观赏或演艺、伴侣、实验、药用、饲用、加工等。

(20)发货日期:按本批货物信用证或合同所列的出境日期填写。

(21)输往国家(地区):出口货物的最终销售国(地区)。按对外贸易合同或信用证填写。

(22)许可证/审批号:须办理出境许可证或审批的货物应填写有关许可证号或审批号。

(23)启运地:指装运本批货物离境的交通工具的启运口岸/地区城市名称。

(24)到达口岸:指装运本批货物的交通工具最终抵达目的地停靠的口岸名称。

(25)生产单位注册号:指生产/加工本批货物的单位在检验检疫机构的注册登记编号。

(26)集装箱规格、数量及号码:填写装载本批货物的集装箱规格(如 40 英尺、20 英尺等)以及分别对应的数量和集装箱号码全称。若集装箱太多,可用附单形式填报。例如:1 * 20′/TGHU8491952。

(27)合同、信用证订立的检验检疫条款或特殊要求:指贸易合同或信用证中贸易双方对本批货物特别约定而订立的质量、卫生等条款和报检单位对本批出境货物的检验检疫的其他特别要求。

(28)标记及号码:按出境货物实际运输包装标志填写,如没有标记,填写 N/M,标记填写不下时可用附页填报。

(29)随附单据:按实际提供的单据,在对应的窗口打对钩。

(30)需要证单名称:按需要检验检疫机构出具的证单,在对应的窗口打对钩,并注明所需证单的正副本的数量。

(31)检验检疫费:由检验检疫机构计费人员核定费用后填写。

(32)报检人郑重声明:必须有报检人的亲笔签名。

(33)领取证单:报检人在领取证单时填写领证日期及领证人姓名。

2. 注意事项

(1)报检人必须按规定填写出境货物报检单,该填的项目完整准确,单单一致,报检单必须加盖报检单位印章。

(2)每份报检单只限填报一批商品。

(3)报检人对所需检验证书的内容如有特殊要求的,应预先在出境货物报检单上申明。

(4)已报检的出境商品,如国外开来信用证修改函有涉及与检验检疫有关的条款,报检企业必须及时将修改函送商检机构,办理更改手续。

三、检验检疫证书的含义和作用

1. 检验检疫证书的含义

商品的检验检疫证书(Inspection Certificate)是由某一机构出具的,证明货物在装运前已经得到检验(一般依据一套行业、消费者、政府或承运人规格进行检验),并注明检验结果的书面证明文件。其签发一般是由一家中立、独立的第三方检验服务机构或政府商检部门出具,也可以是由制造厂商出具的。在某些国家,对于某些商品,商检证书必须由一个特殊的政府机构出具。

检验检疫证书应包括下列主要内容:①发货人名称与地址;②收货人名称与地址;③货物描述;④检验日期;⑤抽样方法说明;⑥检验结果说明;⑦姓名、签字及检验机构签章。

在确定或形容某一可接受的检验机构时,买方应避免使用“一流的”、“著名的”、“合格的”、“独立的”、“官方的”、“有资格的”或“当地的”等类似词语。最好当事各方事先确定某一具体的检验组织或实体,买方应在跟单信用证(使用时)中具体规定其所要求的认证机构或实体。在信用证交易中,只要单证不是由受益人(卖方)出具的,类似含糊的表述将导致银行接受任何“表面上”符合跟单信用证要求的相关的文件。

2. 检验检疫证书的作用

检验检疫证书虽然不属于国际贸易结算中的基本单据,但倘若证明书中的检验结果不符合信用证或合同的规定,进口商可据此作为拒付或索赔的理由。在国际贸易中,检验检疫证书有多方面的作用。

1)作为议付货款的单据之一

许多产品的定价取决于商品的等级,或某些主要成分的含量。因此,进出口合同中订有价格与金额的增减条款,以适应不同的检验结果。在进出口实务中,一般都根据检验检疫证书中标明的产品等级和主要成分含量确定合适价格并计算出货值。

如果合同或信用证规定需由××检验机构出具有关要求的检验检疫证书,则检验证明中所列的项目或结果必须与信用证的要求相符,否则,银行可以以单证不符为由拒付,因此,此时的商检证书是不可缺少的议付单据。

2)作为证明履约、交货接收的有效证件

检验检疫证书对出口商品的品质、规格、物理和技术指标、交货数量或重量等提供科学的依据。货物经过长途运输后难免会出现质量变化或数量缺损、包装损坏等情况,从而引起进口商的争议。出口商为了免责,必须提供权威机构签发的检验证书,证明其已履行合格交货任务。可凭以认定商品是否符合规定,对商品的品质规格等方面起保障作用。

出口商品出具检验检疫证书可以保证出口货物的质量,维护对外贸易信誉。例如:以品质证书控制商品的质量;以数量或重量证书控制交货的数量、重量和包装等情况;以兽医或卫生证书控制动物产品的疫情和其他卫生情况;以植物检疫证书控制植物产品的虫害、疫情等情况。一份由信誉良好的商检机构签发的证书,不仅使买方在付款时增加了安全感,而且也为卖方解除了交货后可能产生的品质、数量等方面争议的顾虑。

3)作为索赔、仲裁、诉讼的佐证文件

货物在运达进口地后一般都需进行检验,以确定收货时的质量、数量、状况等,这样做,既便于进口商转售,又可以在发现问题时提起争议。根据检验结果,明确责任归属,提出赔偿要求。如需进行仲裁或诉讼,也必须提供商检证书作为对货物缺陷、残损等事实的说明。所以,商检证书在买卖双方发生争议或索赔时作为科学的依据。

4)作为某些出口商品计价的依据

有些商品依照品质规格幅度进行价格的增减,例如棉花、羊毛、粮食等商品。棉花等纺织品原料都是按公量计价的。公量,是指该商品的干燥重量加上国际上公认的或买卖双方协议的含水率而得到的重量。又如粮食类,双方设定含水分标准为8%,如果实际交货的水分高于该标准者,每高1%,其价格扣减1%;如低于标准者,每低1%,其价格增加1%。所以,商检的结果关系到价格的确定。

5)作为验收报关的有效凭证

许多国家为维护本国及消费者利益,通常规定某些商品必须进行强制性检验,如食品等。进口商必须出示出口地检验机构签发的证明商品合格或符合国家进口标准的检验证书才能报关验收,否则禁止进口。这是有效防止人类、牲畜病害或传染疾病扩大传播的一道屏障,也是海关验放、征收关税和优惠减免关税的必要证明。

四、检验检疫证书的种类

我国由国家检验机构签发的常见检验证书主要有以下几种。

(1)品质检验证书(Inspection Certificate of Quality)。

(2)重量检验证书(Inspection Certificate of Weight)。

(3)数量检验证书(Inspection Certificate of Quantity)。

(4)包装检验证书(Inspection Certificate of Packing)。

(5)兽医检验证书(Veterinary Inspection Certificate)。

(6)卫生检验证书(Sanitary Inspection Certificate)。

(7)消毒检验证书(Disinfecting Inspection Certificate)。

(8)熏蒸检验证书(Inspection Certificate of Fumigation)。

(9)温度检验证书(Certificate of Temperature)。

(10)残损检验证书(Inspection Certificate of Damaged Cargo)。

(11)船舱检验证书(Inspection Certificate on Tank/Hold)。

(12)价值检验证书(Certificate of Value)。

也有少数由非国家检验机构签发的检验证明书,如:

(1)出口商/生产厂家检验证明书(Inspection Certificate Issued by Exporter/Manufacturer)。

(2)瑞士 SGS 检验证书(Inspection Certificate Of Societe Generale de-Surveillance S. A.)。

(3)日本 OMIC 检验证书(Inspection Certificate Issued by OMIC)。

(4)法国 BV 检验证书(Inspection Certificate Issued by BV)。

(5)进口商指派专人签发的检验证书(Inspection Certificate Signed by Importer's Nominee)。

五、检验检疫证书的内容和缮制要求

各种不同类别的检验检疫证书,因其对应不同的检验项目和检验要求,所以内容也不相同,但大多由如下五个部分组成,如式样 8 - 4 所示。

1. 检验检疫证书的内容

(1)局名头,包括局名、标志、地址、电话和电报挂号。

(2)证书种类名称,包括正、副本字样,证书号码和签证日期。

(3)商品识别部分,证明批次商品的各有关项目,如发货人、收货人、商品名称、报检重量/数量、标记号码、运输工具、发货港、目的港等。

(4)证明内容,指检验、鉴定结果和评定结论部分,这是证书的主要部分。

(5)签署部分,包括检验日期和地点、签证机构印章和签署人的签字,只有经过签署人签字和盖有商检机构签证印章并加盖钢印章的证书才是有效的。

检验检疫证书,一般用英文签发。如合同、信用证均为中文本或客商要求使用中文本的,也可用中文签发。如进口国有法令规定或客商要求使用其他文种的,也可使用其他文种证书。商检机构对外签发证书,一般只签发一份正本,并根据报检人需要签发若干份副本。下面重点介绍品质/数量检验检疫证书的内容和缮制要求。

式样 8 – 4

中华人民共和国出入境检验检疫局
ENTRY-EXIT INSPECTION AND QUARANTINE OF THE PEOPLES'S REPUBLIC OF CHINA

品质/数量检验证书
QUALITY/QUANTITY CERTIFICATE

编号
No. :
发货人:
Consignor
收货人:
Consignee
品　名:
Description Of Goods
标记及唛码:
Marks and Nos. :
报验数量/重量:
Quantity/Weight Declared
包装种类及数量:
Number and Type of Packages
运输工具:
Means Of Conveyance
检验结果:
Results of Inspection

我们已尽所知和最大能力实施上述检验,不能因我们签发本证书而免除卖方或其他方面根据合同和法律所承担的产品质量责任和其他责任。

All inspections are carried out conscientiously to the best of our knowledge and ability. This certificate does not in any respect absolve the seller and other related parties from his contractual and legal obligations especially when product quality is concerned.

检验机构印章授权签字人签名

2. 缮制要求

(1)证书的名称和编号:应根据信用证的要求显示具体证书的名称,如《出入境检验检疫品质证书》(Quality Certificate)、《出入境检验检疫数量检验证书》(Quantity Certificate)等。证书的编号则由出证机构根据不同类别的商品提供。

(2)证书的签发日期:证书的签发日期应为实际检验检疫日期,一般不得晚于提单的签发日。

(3)发货人:信用证支付方式下检验检疫证书的发货人通常是信用证的受益人,托收项下的证书发货人是合同中的卖方。

(4)收货人。信用证支付方式下按信用证的规定填写,一般为开证申请人,除非信用证另有规定,该栏一般不必填写或用“—”表示。若出口商是中间商,收货人一栏可做成“To Whom It May Concern”或“To Order”。托收项下证书的收货人为合同中的买方。

(5)品名:商品品名系信用证及发票中所表明的货物,也可用与其他单据无矛盾的统称。

(6)标记及唛码:按信用证或合同规定的唛码填写,如没有具体的规定,出口商可自行编制。如果没有唛码,可填写“N/M”。

(7)报验数量/重量:按发票相同的内容填制。散装货物可用“IN BULK”注明。

(8)包装种类及数量:应与商业发票和提单上的内容相一致。

(9)检验结果:证明本批货物经检验后的实际品质,若信用证对检验结果有明确规定,则检验证书上显示的检验结果须符合信用证的检验要求:若信用证未对检验结果有明确的规定,但信用证中具体规定了商品的质量、成分等,则检验结果应与信用证规定相符。

(10)印章与签署:如果信用证指定检验机构,则应由信用证指定的检验机构签章并签字;如果信用证没有特别规定检验机构,任何检验机构均可出具,但需盖章和签署。

第三节　原产地证明书

一、原产地证明书的性质和作用

原产地证明书(Certificate of Origin)又称产地证书,是出口方应进口商的要求,自行签发或向特定的机构申请后由其签发的,证明货物原产地或制造地的一种具有法律效力的证明文件,在国际贸易领域广泛应用,是必不可少的重要单据之一。目前约有 120 多个国家在进口商品时要求出口国或出口商提交原产地证明书。

原产地证明书的作用体现在四个方面:一是证明货物的产地或制造地,以禁止从某些国家或地区进口货物;二是用来证明货物的价格;三是用来通关计税;四是当交易双方以商品的产地作为品质标准并凭以买卖时,原产地证明书可作为交货品质的证明。

从各国的实践来看,原产地证明书一般可由各国的官方机构、商会出具,也有出口商和厂商自行出具的情况。中国国际贸易促进委员会、中国进出口商品检验局等是我国出具原产地证明书的官方机构。

二、原产地证明书的种类

原产地证书种类较多,主要有以下几种。

1. 制造商或出口商出具的产地证

手续最为简便,由出口单位自行签发,便于更改或更换,不须支付费用。

2. 商会出具的产地证明书

例如,中国国际贸易促进委员会(CCPIT)出具的一般原产地证明书,相当于西方的行业性商会或类似的民间组织。

3. 商检机构出具的原产地证明书

例如,国家质量监督检验检疫总局(AQSIQ)出具的普惠制产地证明书格式 A(GSP Form A)。

至于一笔进出口贸易到底需要哪种产地证明书,主要依据合同或信用证的要求。一般来说,对于实行普惠制国家的出口货物,都要求出具普惠制产地证明书。如果信用证并未明确规定产地证明书的出具者,那么银行应该接受任何一种产地证明书。目前,我国多数出口商习惯于使用贸促会出具的证书。

三、一般原产地证明书

1. 含义

一般原产地证明书(Certificate of Origin,C/O),简称产地证,是指中华人民共和国出口货物原产地证明书,它是证明中国出口货物符合《中华人民共和国货物原产地规则》。一般原产地证明书如式样 8 -5 所示。

式样 8 -5　　　　一般原产地证明书

<table>
<tr><td colspan="2">(1) Exporter</td><td colspan="3" rowspan="2">Certificate No.

CERTIFICATE OF ORIGIN
OF
THE PEOPLE'S REPUBLIC OF CHINA</td></tr>
<tr><td colspan="2">(2) Consignee</td></tr>
<tr><td colspan="2">(3) Means of Transport and Route</td><td colspan="3" rowspan="2">(5) For certifying authority use only</td></tr>
<tr><td colspan="2">(4) Country/Region of Destination</td></tr>
<tr><td>(6) Marks & Numbers</td><td>(7) Description of goods, Number and Kind of Packages</td><td>(8) H. S. code</td><td>(9) Quantity or Weight</td><td>(10) Number and Date of invoices</td></tr>
<tr><td colspan="2">(11) Declaration by the Exporter
The undersigned hereby declares that the above details and statements are correct; that all the goods were produced in China and that they comply with the rules of origin of the people's Republic of China.

Place and date, signature and stamp of certifying authority</td><td colspan="3">(12) Certification
It is hereby certified that the declaration by the exporter is correct.

Place and date, signature and stamp of certifying authority</td></tr>
</table>

2. 签发机构与申请流程

中国国际贸易促进委员会(China Council for the Promotion Of International Trade,CCPIT,以下简称“贸促会”)与中华人民共和国国家质量监督检验检疫总局(General Administration Of Quality Supervision,Inspection and Quarantine of the People's Republic of China,AQSIQ,以下简称“质检局”)都可签发一般原产地证明,其签发格式统一,编号统一,并统一由国家指定机构印制发放,有长城水印防伪花纹。出口商需要时,可以向商检局或贸促会购买。

出口商应在每批货物报关出运前 3 天,根据信用证、合同规定缮制好产地证明,并按要求向上述机构申请签发。申请时,须提交全套已填制好的原产地证书及合同、商业发票和装箱单的副本各一份,贸促会或商检局在证书(一正三副)正本上盖章,并留一份黄色副本备查。

3. 缮制要求

(1)出口商(Exporter):按实际填写,信用证项下为受益人。

(2)收货人(Consignee Full Name, Address, Country):填写实际进口商名称、地址及所在国。信用证下为开证申请人。

(3)运输方式和路线(Means of Transport and Route):按信用证或合同规定,填写起运地、目的地及采用的运输方式。例如,FROM NINGBO TO MANCHEST BY SEA。

(4)目的地国家或地区(Country/Region of Destination):一般应与最终收货人或最终目的港国别(地区)一致,不能填中间商国家(地区)的名称。

(5)供签证机构使用(For certifying authority use only):由签证机构在签发后发证书、补发证书或加注其他声明时使用,一般留空不填。

(6)标记唛码(Marks & Numbers):应按照发票上所列唛头填写完整,若没有唛头,则填“N/M”,不得留空不填。

(7)品名及包装种类和件数(Description of Goods,Number and Kind of Packages):一般应按商业发票填写,品名要具体,不得概括;包装种类和件数要按具体单位填写总的包、装件数,并在阿拉伯数字后加注英文表述,末行要打上表示结束的符号“* * * *”,以防添加;若货物为散装,则在品名后加注“IN BULK”。例如:“THREE HUNDRED CARTONS (300) OF DOOR LOCKS.

* *”。

(8)HS 编码(H. S. Code):此栏要求填写四位数的 H. S. 编码,与报关单一致。若同一证书包含有几种商品,则应将相应的税目号全部填写。此栏不得留空。

(9)数量或重量(Quantity or Weight):填写出口货物的量值及商品计量单位,若无则填重量,要标明毛重(G. W.)或净重(N. W.)。

(10)发票号码及日期(Number and Date of invoices):分两行填写,第一行填写发票号码,第二行填写发票日期(要求日期为英文写法)。如:Invoice No.:FHT021T;Invoice Date:DEC 10,2017。

(11)出口商声明(Declaration by the Exporter):声明内容为“下列签署人声明,以上所述各项细节均正确,所有的全部货物均生产于中国,完全符合中华人民共和国原产地规则”。(The undersigned hereby declares that the above details and statements are correct; that all the goods were produced in China and that they comply with the Rules Of Origin of the People's Republic of China.)在本栏加盖申报单位中英文对照的图章和签字,签字人必须是事先指定的申领人,申领人及其签字样本需事先在签证机构登记注册,签字和盖章不得重合,并填具签署的地址和日期,地址一般为出口商所在地。日期不应早于发票日期。

(12)签证机构证明(Certification)。证明内容为"兹证明出口商的声明是正确的"。(It is hereby certified that the declaration by the exporter is correct.)此栏填注签证地址和日期,并由签证机构签字盖章。签证地址为签证机构所在地,日期不得早于发票日期和出口商声明日期。

四、普惠制原产地证书

1. 含义

普遍优惠制是发达国家对发展中国家向其出口的制成品或半成品货物,普遍给予的一种关税优惠待遇的制度。普惠制原产地证书是依据给惠国要求而出具的能证明出口货物原产自受惠国的证明文件,并能使出口货物在给惠国享受普惠制优惠关税待遇。普惠制原产地证明书有格式A(即Form A)、格式59A、格式APR及简易的普惠制原产地证书等,其中以格式A最为常用,澳大利西亚可使用发票加注有关声明文句代替,新西兰使用FORM 59A。

目前给予我国普惠制待遇的国家共36个:欧盟25国(比利时、丹麦、英国、德国、法国、爱尔兰、意大利、卢森堡、荷兰、希腊、葡萄牙、西班牙、奥地利、芬兰、瑞典、波兰、捷克、斯洛伐克、拉脱维亚、爱沙尼亚、立陶宛、匈牙利、马尔他、塞浦路斯、斯洛文尼亚)、挪威、瑞士、土耳其、俄罗斯、白俄罗斯、乌克兰、哈萨克斯坦、日本、加拿大、澳大利亚和新西兰。出口到上述给惠国市场的给惠商品,我国出口企业一般都会向进口商提供普惠制原产地证书格式A,以享受进口关税优惠,提高产品竞争力。我国普惠制原产地证书(Form A)的签发机关是国家质量监督检验检疫总局。

2. 签发机构与签发流程

在我国,由质检总局及其各地分局负责签发普惠制原产地证明书,如式样8-6所示。证书纹面为绿色扭索型图案,由出口企业在货物出运前5天自行缮制,连同该证书申请及商业发票一份送交各地质检局审核,质检机构接受申请后,审核无误即签发正本一份进行议付(副本由出口商自己签章),除6、8、10、11、12栏不能更改外,其他各栏也只能更改一处,并要加盖质检局更正章。

3. 缮制要求

(1)出口商名称、地址及所在国(Exporter's business name, address, country):此栏是强制性的,必须填上出口商的全称和详细地址,包括街道及门牌号码等。

(2)收货人名称、地址、国家(Consignee's name, address, country):一般为给惠国的收货人名址,不能填中间商名址。

(3)运输方式和路线(Means of transport and route):按信用证或合同规定,填写起运地、目的地及采用的运输方式。

(4)供官方使用(For official use):由签证机构根据需要填写。

式样 8－6　　**普惠制原产地证明书**

ORIGINAL

<table>
<tr><td colspan="3">(1) goods consigned from (Exporter's name, address, country)</td><td colspan="3" rowspan="2">Reference No.

GENERALIZED SYSTEM OF PREFERENCES CERTIFICATE ORIGIN
(combined declaration and certificate)
FORM A
Issued in <u>THE PEOPLE'S REPUBLIC OF CHINA</u>
(COUNTRY)

see notes. overleaf</td></tr>
<tr><td colspan="3">(2) goods consigned to (Consignee's name, address, country)</td></tr>
<tr><td colspan="3">(3) Means of transport and route (as far as known)</td><td colspan="3">(4) For official use</td></tr>
<tr><td>(5) Item number</td><td>(6) Marks and numbers</td><td>(7) Description of goods, Number and kind of packages</td><td>(8) Origin criterion (see notes overleaf)</td><td>(9) Gross weight or other Quantity</td><td>(10) Number and date of invoices</td></tr>
<tr><td colspan="3">(11) Certification
It is hereby certified, on the basis of control out, that the declaration by the exporter is correct.

Place and date, signature and stamp of certifying authority</td><td colspan="3">(12) Declaration by the exporter
The undersigned hereby declares that the above details and statements are correct; that all the goods were produced in ________ and that they comply with the origin requirements specified for those goods in the generalized system of preferences for goods exported to ________
(importing country)

Place and date, signature and stamp of certifying authority</td></tr>
</table>

(5)商品项目编号(Item number):根据商品种类编号,如1、2、3等。若只有一种商品,此栏填1。

(6)标记唛码(Marks and numbers):应按实际填写,若唛头过多可利用第(7)、(8)栏。

(7)品名及包装种类和件数(Description of goods, number and kind of packages):一般应按商业发票填写。品名要具体,不得概括;包装种类和件数要用阿拉伯数字和英文同时表示,在下行要打上表示结束的符号****,以防加添。若货物为散装,则在品名后加注IN BULK。

(8)原产地标准(Origin criterion):此栏是证书的核心,根据规定填写,要求如下。

①完全自产于出口国的产品:输往给惠国时,填写"P"。对澳大利亚和新西兰出口时,可不必填写。

②经过出口国充分制作或加工的产品，输往下列国家时，其填写要求为：

A. 加拿大：对于在两个或两个以上受惠国内加工或制作且符合原产地标准的产品，填“G”，其他填“F”。

B. 日本、挪威、瑞士和欧盟：填“W”，其后填明出口产品 HS 编码的前四位税则号如：“W”9618。

C. 白俄罗斯、保加利亚、捷克、匈牙利、哈萨克斯坦、波兰、俄罗斯、乌克兰和斯洛伐克：对于在出口受惠国增值的产品，填“Y”，其后注明进口原料和部件的价值在出口产品离岸价格中所占的百分率，如“Y”45%，对于在一个受惠国生产而在另一个或数个其他受惠国制作或加工的产品，填写“PK”。

D. 澳大利亚和新西兰：本栏不必填写，在第(12)栏作出适当申报即可。

E. 对美国出口，对于单一国家产的货物，填“Y”，对于被认定的国家集团产的货物填“Z”，其后填明本国原料的成本或价值加上直接加工成本在该出口货物出厂价中所占的百分率(如“Y”35%或“Z”35%)。

(9)数量或重量(Gross weight or other Quantity)：填写出口货物的量值及商品计量单位，若无则填重量，要标明毛重(G. W.)或净重(N. W.)。

(10)发票号码及日期(Number and date of invoice)：分两行填写，第一行填写发票号码，第二行填写发票日期(要求日期为英文写法)。如：INVOICE NO.：FHT021T INVOICE-DATE：DEC. 10，2017。

(11)签证当局的证明(Certification)：由质检局签发地点、日期、盖章和手签。生产国家的横线上应填上“中国”(China)。进口国家一般与第二栏最终收货人的国别一致，进口国必须明确、具体。

(12)出口商声明(Declaration by the exporter)：已事先印好，由出口公司填写签发地点、日期并加盖公章和专人签字，公章应为中英文对照章，且签字与公章不得重合。

值得注意的是：普惠制格式 A 的填写不允许有任何涂改，制作中一旦出错，就必须更换表格从头开始。

复　习　题

一、选择题

1. 出口许可证如为“一批一证”制商品，其有效期是(　　)，其他情况为 6 个月。

A. 2 个月　　B. 3 个月　　C. 4 个月　　D. 5 个月

2. 原产地证书是证明本批出口商品的生产地，并符合《中华人民共和国出口货物原产地规则》的一种文件，如果信用证或合同对签证机构未作具体规定，一般由(　　)签发。

A. 中国出入境检验检疫局　　B. 中国国际贸易促进委员会

C. 海关　　D. 出口商

3. 普惠制产地证主要有三种形式，其中(　　)使用范围较广。

A. 普惠制产地证明书格式 A　　B. 普惠制产地证明书格式 59A

C. 普惠制产地证书格式 APR　　D. 普惠制产地证明书

4. 出口企业在货物装运前(　　),向签证机构审核签发普惠制产地证明书 Form A。

A. 4 天　　B. 5 天　　C. 6 天　　D. 7 天

5. 凡列入《检验检疫商品目录》等法定商检的商品、食品卫生和动植物产品,或贸易当事人提出检验检疫要求时,由报验单位在货物出运前填制(　　),向地方出入境商品检验检疫局进行报验,获取有关检验检疫证书。

A. 入境货物报验单　　B. 出境货物通关单

C. 入境货物通关单　　D. 出境货物报验单

二、判断题

1. 填报普惠制产地证中"进口商名称"栏目时,如果有中间商,也可以将中间商的名称填入此栏。(　　)

2. 不属于法定检验范围的进出口商品,不需要检验,不涉及商品检验检疫机构。(　　)

3. 原产地证书应由检验检疫局、贸促会或商务部出具,不能由出口商或生产厂家出具。(　　)

4. 产地证的签发日期不得早于发票日期和申领日期,而应早于货物的装运日期。(　　)

三、制单操作题

根据信用证和已知条件制作普惠制出境货物报检单、原产地证明书及数量检验证书一份。

(1)信用证:

MT700	ISSUE A DOCUMENTARY CREDIT	
SENDER:	HOCK HUA BANK BERHAD SIBU, MALAYSIA	
RECIEVER:	HANGZHOU CITY COMMERCIAL BANK ,HANGZHOU,CHINA	
SEQUENCE OF TOTAL	27:	1/1
FORM OF DOC. REDIT	40A:	IRREVOCABLE
DOC. CREDIT NUMBER	20:	T－027651
DATE OF ISSUE	31C:	180616
EXPIRY	31D:	DATE180731 PLACE IN CHINA
APPLICANT	50:	BBB TRADING CO. P. O. BOX 1236, 60078 SIBU,MALAYSIA
BENEFICIARY	59:	HENAN YIHAI IMPORT AND EXPORT COMPANY LTD. NO. 91 WENHUA ROAD,ZHENGZHOU, CHINA
AMOUNT	32B:	CURRENCY USD AMOUNT 10 800. 00
AVAILABLE WITH/BY	41D:	ANY BANK BY NEGOTIATION
DRAFT AT...	42C:	AT SIGHT FOR FULL INVOICE VALUE
DRAWEE	42A:	ISSUING BANK
PARTIAL SHIPMENT	43P:	ALLOWED
TRANSSHIPMENT	43T:	ALLOWED
PORT OF LOADING	44A:	SHANGHAI

续表

PORT OF DISCHARGE	44B:	SIBU, MALAYSIA
LATEST DATE OF SHIPMETN	44C:	180716
DESCRIPTION OF GOODS	45A:	
AGRICULTURAL IMPLEMENT		
300 DOZEN S301B SHOVEL		
100 DOZEN S302B SHOVEL		
100 DOZEN S303B SHOVEL		
AT USD21. 60 PER DOZEN CIF SIBU		
DOCUMENTS REQUIRED	46A:	
+ SIGNED COMMERCIAL INVOICE IN THREEFOLDS.		
+ PACKING LISTAND WEIGHT NOTE IN THREE FOLDS.		
+ FULL SET OF CLEAN ON BOARD OCEAN BILLS OF LADING MADE OUT TO ORDER OF HOCK HUA BANK BERHAD AND ENDORSED IN BLANK , MARKED FREIGHT PREPAID NOTIFY APPLICANT AND SHIPPED IN 1 ×40'FCL CY TO CY.		
+ MARINE INSURANCE POLICY/CERTIFICATE ENDORSED IN BLANK FOR FULL CIF VALUE PLUS 10 PERCENT SHOWING CLAIMS IF ANY PAYABLE AT DESTINATION IN THE CURRENCY OF THE DRAFT COVERING ALL RISKS AND WAR RISK AS PER CIC		
+ GSP CERTIFICATE OF ORIGIN.		
+ COPY OF FAX SENT BY BENEFICIARY TO THE APPLICANT ADVISING DESPATCH WITH SHIP'S NAME, BILL OF LADING NUMBER AND AMOUNT AND DESTINATION PORT WITHIN 3 DAYS AFTER THE DATE OF BILL OF LADING.		
ADDITIONAL CONDITION	47A:	
+ A DISCREPANCY HANDLING FEE OF USD50. 00 (OR EQUIVALENT) IS TO BE DEDUCTED FROM EACH DRAWING FOR THE ACCOUNT OF BENEFICIARY.		
+ DOCUMENTS MUST BE NEGOTIATED IN CONFORMITY WITH THE CREDIT TERMS.		
+ ONE NON – NEGOTIABLE SHIPPING DOCUMENTS MUST BE FORWARDED TO THE APPLICANT IMMEDIATELY AFTER SHIPMENT. A BENEFICIARY'S CERTIFICATE TO THIS EFFECT IS REQUIRED.		
+ ALL DOCUMENTS MUST BEAROUR CREDIT NO.		
DETAILS OF CHARGES	71B:	ALL BANKING CHARGES OUTSIDE LC ISSUING BANK ARE FOR ACCOUNT BENEFICIARY INCLUDING OUR REIMBURSEMENT CHARGES.
PRESENTATION PERIOD	48:	WITHIN 15 DAYS AFTER THE DATE OF SHIPMENT BUT WITHIN THE CREDIT VALIDITY.
CONFIRMATION	49:	WITHOUT
INSTRUCTIONS	78:	
DOCUMENTS MUST BEMAILED TO HOCK HUA BANK BERHAD SIBU, MALAYSIA IN 1 LOT BY COURIER SERVICE.		

(2)已知条件:

①发票号码:HYL – A008。

②发票日期:JUL. 2,2018。

③合同号:ABC2018009;合同日期:MAY. 5,2018。

④SHIPPING MARK:

ABC

SIBU

NO. 1 – UP

⑤实际出货信息。

规 格	数 量	包 装	毛 重	净 重	体 积
S301B SHOVEL	300DOZ	300GUNNY BAGS	7 200 KGS	6 600 KGS	18 CBM
S302B SHOVEL	100DOZ	100GUNNY BAGS	2 400 KGS	2 200 KGS	6 CBM
S303B SHOVEL	100DOZ	100GUNNY BAGS	2 400 KGS	2 200 KGS	6 CBM

⑥OCEAN VESSEL VOY NO. : DONGFENG V. 122。

⑦1 ×40'FCL。

⑧B/L DATE:2018 年 7 月 15 日。

⑨B/L NO. :HT156。

⑩CARRIER:COSCO CONTAINER LINES, SHANGHAI。

⑪CERTIFICATE OF ORIGIN NO. CCPIT081956145。

⑫ H. S. CODE:84659100。

⑬ ISSUED BY: CCPIT。

⑭声明和证明日期:2018 年 7 月 11 日。

⑮货物存放地点:河南省宁府路 101 号,于 2018 年 7 月 10 日申报,发货日期 2018 年 7 月 15 日。

中华人民共和国出入境检验检疫
出境货物报检单

报检单位(加盖公章):× × ×　　　　　　　　　　　　　　　　＊编　号______________

报检单位登记号:× × ×　　联系人:× × × 电话:× ×　报检日期:× 年× 月× 日

发货人	(中文)
	(外文)
收货人	(中文)
	(外文)

货物名称(中/外文)	H. S. 编码	产地	数/重量	货物总值	包装种类及件数

运输工具名称号码		贸易方式		货物存放地点	
合同号		信用证号		用途	
发货日期		输往国家(地区)		许可证/审批号	× × ×
启运地		到达口岸		生产单位注册号	× × ×
集装箱规格、数量及号码					

合同、信用证订立的检验检疫条款或特殊要求	标记及号码	随附单据(划"√"或补填)	
		□合同 □信用证 □发票 □换证凭单	□装箱单 □厂检单 □包装性能结果单 □许可/审批文件

需要证单名称(划"√"或补填)		＊检验检疫费	
□品质证书　_正_副 □重量证书　_正_副 □数量证书　_正_副 □兽医卫生证书　_正_副 □健康证书　_正_副 □卫生证书　_正_副 □动物卫生证书　_正_副	□植物检疫证书　_正_副 □熏蒸/消毒证书　_正_副 □出境货物换证凭单 □出镜货物通关单	总金额 (人民币元)	
		计费人	
		收费人	

报检人郑重声明:	领取证单	
1. 本人被授权报验。 2. 上列填写内容正确属实,货物无伪造或冒用他人的厂名、标志、认证标志,并承担货物质量责任。 签名:__________	日期	
	签名	

注:有"＊"号栏由出入境检验检疫机关填写　　　　◆国家出入境检验检疫局制

ORIGINAL

<table>
<tr><td colspan="3">1. goods consigned from (Exporter's name, address, country)</td><td colspan="3" rowspan="2">Reference No.

GENERALIZED SYSTEM OF PREFERENCES CERTIFICATE ORIGIN
(combined declaration and certificate)
FORM A
Issued in THE PEOPLE'S REPUBLIC OF CHINA
(COUNTRY)

see notes. overleaf</td></tr>
<tr><td colspan="3">2. goods consigned to (Consignee's name, address, country)</td></tr>
<tr><td colspan="3">3. Means of transport and route (as far as known)</td><td colspan="3">4. For official use</td></tr>
<tr><td>5. Item number</td><td>6. Marks and numbers</td><td>7. Number and kind of packages; description of goods</td><td>8. Origin criterion (see notes overleaf)</td><td>9. Gross weight or other Quantity</td><td>10. Number and date of invoices</td></tr>
<tr><td colspan="3">11. Certification
It is hereby certified, on the basis of control out, that the declaration by the exporter is correct.

Place and date, signature and stamp of certifying authority</td><td colspan="3">12. Declaration by the exporter
The undersigned hereby declares that the above details and statements are correct; that all the goods were produced in ________________ and that they comply with the origin requirements specified for those goods in the generalized system of preferences for goods exported to ________________
(importing country)

Place and date, signature and stamp of certifying authority</td></tr>
</table>

中华人民共和国上海出入境检验检疫局

SHANGHAI ENTRY－EXIT INSPECTION AND QUARANTINE BUREAU

OF THE PEOPLE'S REPUBLIC OF CHINA

地址:上海市中山东一路13号 No. ×××

Address:13,Zhongshan Road (E.1), Shanghai

数 量 检 验 证 书

QUANTITY INSPECTION CERTIFICATE

日期:

Date:

电话:

Tel: 8621－32155296

发 货 人:

Consignor:

收 货 人:

Consignee:

品 名:

Commodity: COTTON TEATOWELS

报验数量/重量:

Quantity/Weight Declared:

包装种类及数量:

Number and Type of Packages:

运输工具:

Means of Conveyance:

检验结果:

Results of Inspection:

我们已尽所知和最大能力实施上述检验,不能因我们签发本证书而免除卖方或其他方面根据合同和法律所承担的产品数量责任和其他责任。

ALL INSPECTIONS ARE CARRIED OUT CONSCIENTIOUSLY TO THE BEST OF OUR KNOWLEDGE AND ABILITY. THIS CERTIFICATE DOES NOT IN ANY RESPECT ABSOLVE THE SELLER AND OTHER RELATED PARTIES FROM HIS CONTRACTUAL AND LEGAL OBLIGATIONS ESPECIALLY WHEN PRODUCT QUANTITY IS CONCERNED.

第九章 其他单据

【本章导读】

本章主要介绍了汇票、装运通知及各种证明,阐述出口收汇核销与出口退税等内容。

【学习目标】

通过本章学习,学生可以学会缮制汇票、装运通知及买方要求的各种证明文件,并了解出口收汇核销与出口退税等内容,为以后的深入学习做好准备。

【关键概念】

汇票(Bill of Exchange)　　装运通知(Shipping Advice)
受益人证明(Beneficiary's Certificate)
核销(Cancel after verification)　　退税(Tax rebate)

第一节 汇 票

一、汇票的定义及注意事项

1. 汇票的定义

汇票(Bill of Exchange/Draft)是国际贸易结算中使用最为广泛的主要票据。按照1882年英国汇票法所下的定义:"汇票是由一个人签发给另一个人的无条件书面命令,要求受票人见票时,或于未来某一规定或可以确定的时间,将一定数量的款项支付给某一特定的人或所指定的人或持票人。"

《中华人民共和国票据法》第十九条对汇票下了如下的定义:"汇票是出票人签发的,委托付款人在见票时或者在指定日期无条件支付确定的金额给收款人或者持票人的票据。"一张汇票必须具备一定的内容,倘若缺少或多出某一或某些内容,就不能算是有效的汇票。

2. 汇票的注意事项

(1)汇票是出口商凭以向进口商要求付款的收款工具,也是进口商付款的重要凭证。通常由卖方签发,属商业汇票,收汇方式为逆汇。

(2)商业汇票通常签发一套,一式两份,具有同等的法律效力,个别标明 FIRST OF EXCHANGE(1), FIRST OF EXCHANGE(2),其中一联生效则另一联自动作废,即"付一不付二"或"付二不付一"。汇票的一套,最初主要是为了防止邮寄过程中的遗失,随着邮政、交通事业的发票,遗失的情况几乎已经不会发生,但是习惯仍然保留了下来。汇票样例如式样 9-1 和式样 9-2 所示。

式样 9-1

BILL OF EXCHANGE

凭　　　　不可撤销信用证

Drawn Under ________ Irrevocable L/C No. ________

日期　　支取　按　息　付款

________ Payable With interest @ ________ %

号码　　汇票全额　　上海

No. ________ Exchange for ________ shanghai, ________

见票　　日后(本汇票之副本未付)付交

at ________ sight of this FIRST of Exchange(Second of Being unpaid) Pay to the order of ________

金额

the Sum of ________

此致

To ________

____

式样 9-2

BILL OF EXCHANGE

凭　　　　信用证或购买证

Drawn under (1) AUSTRALIA AND NEW ZEALAND BANKING GROUP LIMITED L/C or A/P No. (2) LC96067

日期　　支取　按　年　息　付　款

Dated (3) NOV. 5, 2017 Payable with interest @ (4) %Per annum

号码　　汇票金额　　中国,湖州　年　月　日

No. (5) BP9600636 Exchange for (6) USD 21 600 Huzhou, China (7)

见票　　日后(本汇票之副本未付)付

At (8) * * * sight of this FIRST of Exchange(Second of the same tenor and date unpaid) pay to the order of (9) BANK OF CHINA

金额

the sum of (10) SAY US DOLLAR TWENTY-ONE THOUSAND AND SIX HUNDRED ONLY.

此致

To (11) AUSTRALIA AND NEW ZEALAND BANKING GROUP LIMITED

(12) NINGBO YITONG LEATHER CO., LTD.

(3)在国际贸易实务中,托收或信用证方式都有可能使用汇票。在信用证方式下,除延期付款信用证不需要汇票外,其他情况下都可能使用,凡信用证中有“BY PAYMENT”字样的,就需要附有汇票。而托收方式下汇票则必不可少。

二、汇票的内容与缮制

1. 出票依据/出票条款(Drawn Under)

1)信用证项下

汇票的出票依据(Drawn Under):开证行名称及地址。

信用证号码(L/C NO.):即信用证编号。

开证日期(DATED):信用证的开立日期,即信用证 DATE OF ISSUE。

2)托收项下

留空不填或者填写托收的“对价文句”即“FOR COLLECTION”。

2. 年息(Payable With Interest@…%per Annual)

具体由银行填写,留空不填。

3. 出票地点及出票日期

1)出票地点

在信用证项下汇票出票地点为议付地,托收项下汇票出票地点为办理托收的地点。一般都已事先印好,若未印好则由银行填写。

2)出票日期

出票日期由银行收到出口商提交的单证时填写,是向银行议付日期或委托银行收款的日期。该日期应晚于所有单据的签发日期,且必须在信用证的有效期及议付期之前。

4. 汇票编号(NO.)

填写此项交易的发票号码或其他有利于识别的号码。

5. 汇票金额

汇票金额分为小写和大写两部分,即汇票上的两条灰色区域。

(1)小写汇票金额:填货币代号和阿拉伯数字,小数保留两位,第三位小数四舍五入,不得涂改,否则需加校正章。

(2)大写汇票金额:由小写金额翻译而成,包括货币全称和金额数目文字两部分。习惯上,货币前写“SAY”(合计),金额后写“ONLY”(整),要求顶格,不留空隙。

①金额大、小写应完全一致,若不一致,按我国《票据法》规定,该汇票无效,而其他各国法律规定,有的以文字为准,有的则以金额小者为准。即使如此,银行也会以“单单不一致”而拒付。

②信用证项下,不得超过信用证额度,若 L/C 前有“约”字样,则允许有 10%的增减幅度,其他情况下应与发票金额一致。

如:DRAFT…:FOR 100%OF INVOICE VALUE 或 DRAFT COVER FULL INVOICE VALUE,则汇票金额 = 发票额,DRAFT…FOR 97%OF INVOICE VALUE,则发票额 - 汇票额 = 佣金。

6. 付款期限(at Sight)

付款期限即汇票期限,一般有即期和远期之分,信用证项下,按规定填写,托收项下应注明 D/P 还是 D/A。

(1)即期汇票:填 - - -、…或 * * *。

(2)远期汇票:填 AT 30 DAYS AFTER SIGHT(见票后 30 天);AT 30 DAYS AFTER DATE OF DRAFT SIGHT(出票后 30 天);AT 30 DAYS AFTER DATE OF B/L SIGHT(提单出单日后 30 天);AT ON APRIL 24,2003 SIGHT(2003 年 4 月 24 日)。

7. 受款人(Pay to the Order of Payee)

汇票受款人即受领汇票所规定的金额的人,在进出口业务中,通常为托收行或议付行。汇票受款人又称为汇票抬头,可分为限制性抬头(Pay to ×× only)、指示式抬头(Pay to the order of ××)、无记名抬头(Pay to the bearer)三种。

(1)限制性抬头:"仅付××"(Pay to××only)或"付给××不得转让"(Pay to××not transferable),这种抬头限制付款人只能将票款付给抬头人,不得转让他人。

(2)指示性抬头:"付××人的指定人"(Pay to the order of××)或"付××人或其指定人"(Pay to××or order),这种抬头经受款人背书可以转让。

(3)无记名抬头:"付持票来人"(Pay to bearer),这种抬头可无须持票人背书而仅凭单纯交付而转让。这种汇票较少使用,因为倘若汇票遗失落人他人之手,票款就可能落空,有一定风险。

8. 付款人(Drawee/Payer)

汇票付款人即"TO ________"栏,是汇票的受票人(Drawee),在进出口业务中,通常是进口商或其指定的银行,应写明名称和地址。

信用证项下:为开证行或指定的付款行(一般为通知行),不能填开证申请人,否则该汇票就成为附加单据。

托收项下:填进口商。

9. 出票人(Drawer)

汇票出票人一般在汇票的右下角,即汇票的签发人,在进出口业务中,通常是出口商或银行。写明全称和详细地址,并由负责人签字,否则无效。

信用证项下,填信用证受益人;托收项下,填托收委托人。

三、汇票的种类

从不同的角度划分,汇票可以分为如下几种。

1. 跟单汇票和光票

按是否跟随货运单据,汇票可分为跟单汇票(Documentary Bill)和光票(Clean Bill)。如果汇票跟随货运单据,称为跟单汇票;反之,不跟随货运单据的汇票称为光票。跟单汇票在国际贸易中经常使用,出口商发货后出具以进口商或其指定银行为付款人的汇票,收取货款。

2. 即期汇票和远期汇票

按付款期限的不同,汇票可分为即期汇票(Sight Bill)和远期汇票(Time Bill)。凡规定付款人在提示或见票时立即付款的汇票,称为即期汇票。一般情况下,即期交易需要出具即期汇票。凡规定付款人于将来的约定期限或日期付款的汇票,称为远期汇票。通常情况下,远期交易需要出具远期汇票。

远期汇票的付款期限通常有以下四种规定。

(1)见票后若干天付款。例如,“见票后 30 天/60 天/90 天/120 天付款”(At 30 days/60 days/90 days/120 days after sight)。付款期限应从提示、承兑日开始算起,如见票后 30 天付款,8 月 1 日提示汇票,当天不计入,则付款日应为 8 月 31 日。

(2)出票后若干天付款。例如,“出票后 30 天付款”(At 30 days after date of draft)。如果 8 月 1 日出票,则付款日为 8 月 31 日,无论受票人何时承兑,付款时间是确定的,即为 8 月 31 日。

(3)提单日期后若干天付款。例如,“提单日期后 30 天付款”(At 30 days after date of B/L)。如果提单日期为 8 月 1 日,则付款时间应为 8 月 31 日,不论受票人何时承兑,付款日为 8 月 31 日是不能变更的。

(4)确定时期付款,又称板期付款。例如,“在 2018 年 6 月 12 日付款”(At June 12, 2018 fixed)。

3. 商业汇票和银行汇票

根据出票人的不同,汇票可分为商业汇票(Commercial Bill)和银行汇票(Banker's Bill)。倘若出票人为商业企业,则汇票称为商业汇票,其付款人可以是商人、商号或银行。在出口贸易中,商业汇票多用于托收及信用证方式下出口商索取货款。如果出票人为银行,则汇票称为银行汇票,这种汇票用于银行汇款,因此,其付款人必然是银行。在出口贸易中,银行汇票多用于进口商汇付货款。

4. 银行承兑汇票和商业承兑汇票

根据承兑人的不同,汇票可分为银行承兑汇票(Banker's Acceptance Bill)和商业承兑汇票(Trader's Acceptance Bill)。两者均为远期汇票,前者的付款人是银行,所以须由银行承兑;后者的付款人是工商企业,所以须由工商企业承兑。银行承兑汇票由于有银行信用作保证,容易在票据市场上流通;而商业承兑汇票是以商业信用作保证,因此,它不如银行承兑汇票更易于在市场上流通。

四、汇票的流通使用

汇票的流通使用要经过出票(Issue)、背书(Endorsement)、提示(Presentation)、承兑(Acceptance)、付款(Payment)等程序,如果持票人遭到拒付(Dishonour),他还要作成拒付证书(Protest),依法行使追索权(Recourse)。

1. 出票

出票又称汇票的发行,是指首次将格式完备的汇票交付受款人。出票人由“作成”与“交付”两个行为构成:作成是指在汇票上记载法定内容并签名;交付是指基于出票人本意将汇票给予受款人。如果作成汇票被窃,不能称为出票。一旦出票行为完成,出票人负担汇票到期承兑或付款的责任,如付款人拒付,出票人有对受款人偿还的义务。在实际出口业务中,倘若以议付行为受款人,出口商缮制汇票及货运单据后交给议付行,即构成出票。

2. 背书

票据的转让作为票据的必然属性,构成票据制度的核心。汇票的背书是为了进行票据的转让。背书是指持票人在汇票背面签名,并把它交给受让人的行为。在汇票背面签名的人称为背书人(Endorsor);接受经过背书的汇票的人称为被背书人(Endorsee)。背书有两种方式:记名背书和空白背书。记名背书是指背书人在汇票背面写上被背书人的姓名、商号,并签上自己的名字,然后将汇票交付被背书人。空白背书是指背书人仅在汇票背面签上自己的名字,而不填写被背书人的姓名或商号名称。

背书有两种效力:其一是把汇票上的权利转让给被背书人;其二是背书人对包括被背书人在内的一切后手担保该汇票必然会被承兑或付款,如日后遭到拒付,持票人有权向背书人行使追索权。

3. 提示

提示是指持票人向付款人出示汇票,请求付款人承兑或付款,是持票人为行使和保全票据权利所必须做的一种行为。

提示可分为承兑提示和付款提示。对远期汇票,一般是由持票人先作承兑提示,再于到期日作付款提示,特别是见票后定期付款的远期汇票更需及时向付款人作承兑提示,以便从承兑日起推算付款的到期日。即使是出票日后定期付款的汇票,也需向付款人提示,以便确定其付款义务,因为付款人只有在承兑汇票后,才成为该汇票的主债务人,承担付款责任。即期汇票则只需作付款提示。

4. 承兑

承兑是汇票特有的制度,指付款人接受出票人的付款命令(委托),同意承担支付汇票金额的义务,并以签名形式将此项意思表示于汇票上的行为。

在汇票被付款人承兑以前,汇票的债务人是出票人而非付款人;但付款人一旦承兑了汇票之后,就被称为承兑人并由此而成为汇票的主债务人,而出票人和其他背书人则为从债务人。

5. 付款

付款是指付款人在汇票到期日向持票人支付票款以消灭票据关系的行为。付款不是票据行为,因为付款人并没有在票据上有任何意思表示。在实际业务中,付款人见到汇票或单据经审核合格后,或远期汇票到期后,应立即办理票款的支付手续。

6. 拒付

拒付又称退票,包括拒绝承兑和拒绝付款两种情况。如果付款人拒绝承兑,持票人即可行使追索权,无须等待汇票到期时遭到付款人拒付后才行使追索权。倘若已经对远期汇票承兑而到期日拒绝付款,则持票人和出票人都有权对承兑人采取法律行为强制其付款。拒付还包括付款人逃避、死亡或宣告破产的情形,在这种情形下,持票人已不可能从付款人那里得到票款。

7. 追索权

追索权是指汇票遭到拒付时,持票人对其前手(背书人、出票人)有请求偿还票款及有关费用的权利。被追索人因清偿而取得汇票后也可向其前手再追索。

持票人在遭到退票时，应及时向其前手发出拒绝通知书（Notice of Dishonour），只有这样，才能保留对其前手的追索权。不仅如此，持票人发出通知书后，为了证明汇票确已提示而遭到拒付，必须经由公证人（如法院、银行公会、邮局等机构）公证后做出拒绝证书，以此作为持票人向其前手进行追索的法律依据。

第二节　装运通知及各种证明文件

一、装运通知

1. 装运通知的定义及作用

装运通知（Shipping Advice），或称装运声明（Shipping Statement），有时也叫 Shipment Details 或 Insurance Declaration，是发货人按合同或信用证规定，在货物装船并取得提单后，向买方或其指定的人发出的有关货物装运情况的说明。

在国际贸易习惯作法上，发货人在装运货物后，应立即（一般在装船后 3 天内）通知买方或收货人有关装运情况，以便其安排具体的接货事宜，如租订仓库、安排接货运输工具、报关等，特别是在 FOB、CFR 等条件下，装运通知又是进口商办理进口货物运输保险的凭证。因此，买方为防止因卖方的疏忽而未及时接到装运通知，经常会在信用证中订明：受益人必须在规定时间内以电传、电报或其他方式将装运情况通知收货人或开证申请人，并凭该电传或电报的副本结汇，此时的电传或电报副本就成为议付或结汇的单据之一。若卖方未及时通知而使买方漏保或没有及时安排接运工具，则货物由此而产生的所有损失，都应由卖方负责。

2. 信用证中有关装运通知的要求

（1）ORIGINAL FAX FROM BENEFICIARY TO OUR APPLICANT EVIDENCING B/L NUMBER , NAME OF SHIP,SHIPMENT DATE ,QUANTITY AND VALUE OF GOODS.

（2）SHIPMENT ADVICE WITH FULL DETAILS INCLUDING SHIPPING MARKS, CARTON NUMBERS, VESSEL'S NAME, B/L NUMBER, VALUE AND QUANTITY OF GOODS MUST BE SENT ON THE DATE OF SHIPMENT TO US.

（3）BENEFICIARY MUST CABLE ADVISE THE APPLICANT FOR THE PARTICULARS BEFORE SHIPMENT EFFECTED AND A COPY OF SUCH ADVICE SHOULD BE PRESENTED FOR NEGOTIATION.

3. 装运通知的主要内容

装运通知没有固定的格式，它可以由各出口企业自行制定，如式样 9－3 和式样 9－4 所示。有时，合同或信用证中会要求装运通知的电报副本必须有邮局印章，那么卖方在拍发电报时，应注意多制一份副本请邮局盖戳以便能够办理结汇。根据装运通知的功能，其内容应该包括：出口公司名称、信用证号码、发票号、提单号、船名航次、装运港、目的港、装运日期、预计到达日期、商品的品名、数量、重量、发票金额等。另外，还应有装运通知的发送日期。

式样 9－3

SHIPPING ADVICE

TO：

INVOICE NO.：

L/C NO.：

S/C NO.：

DEAR SIRS：

WE HEREBY INFORM YOU THAT THE GOODS UNDER THE ABOVE MENTIONED CREDIT HAVE BEEN SHIPPED. THE DETAILS OF THE SHIPMENT ARE STATED BELOW：

COMMODITY：

NUMBER OF PKGS：

TOTAL G. W.：

OCEAN VESSEL：

DATE OF DEPARTURE：

B/L NO.：

PORT OF LOADING：

PORT OF DISCHARGE：

ETA：

SHIIPPING MARKS：

SIGNATURE

* * * * CORPORATION

有些进口国规定，保险必须在进口国本国投保。此时这些国家的进口商往往与保险人签订有预保险合同，要求我国出口企业在货物装运后直接向进口国的保险人发出装运通知，以便由保险人承保其进口商品的货运保险。此时，装运通知还应包括保险人名称和预保险合同号。

（1）编号及金额。装运通知的编号及金额按信用证要求，填于通知右上角。一般包括：信用证的编号、发票编号、日期、金额、预约保险单的号码（在预约保险的情况下、提单号等也需要标出）。

（2）抬头人。抬头人是指接收该装船通知的人，一般按信用要求填写，包括承担货物运输险的保险公司名称和地址、信用证中申请人名称和地址、信用证条款指定的保险公司或申请人的代理人的名称和地址。

（3）货物内容。装运通知的货物内容严格按照发票和提单等单据内容填写，包括 Shipping Marks、Description of Goods、Quantity、Weight 等。

（4）装船情况。装船情况包括装运港、中转港、目的港名称，以及装运日期、出单日期、船名和航次等。

（5）特殊条款。特殊条款是指信用证规定的以上固定栏目以外的内容。

（6）签署。装运通知一般可以不签署，如若签署，签于通知的右下方，填写出口商的名称和法人代表或经办人的签字。

式样 9－4

上海新新贸易有限公司

SHANGHAI XINXIN TRADING COMPANY LIMITED

88，CHUNGSHAN ROAD E. 1，SHANGHAI，CHINA

FAX：+1［250］8285155

REF. NO.：　GDP042653

To Messers：　ABC COMPANY LIMITED，FINLAND

AKEDSANTERINK AUTO P. O. BOX 9，FINLAND

ADVICE OF SHIPMENT

（1）Name of Commodity：TRANGLE BRAND 3U－SHAPE ELECTRONIC ENERGY SAVING LAM

（2）Quantity：　400 CARTONS

（3）Invoice Value：USD 67 500. 00

（4）Name of Vessel：SUISUN V. 103

（5）Date of Shipment：DEC. 13，2014

（6）Credit No.：LRT0402457

（7）Shipping Marks：　ABC
HELSINKI
NO. 1－400

（8）G. W.：3 600 kgs

（9）N. W.：3 500 kgs

（10）B/L No.：KEN 05－25401

（11）Contract No.：04SGQ468001

SHANGHAI XINXIN TRADING COMPANY LIMITED
88，CHUNGSHAN ROAD E. 1，SHANGHAI，CHINA

二、各种证明

国际贸易中，除前述的主要单据之外，有时买方或信用证还会要求一些与货物的包装、运输等有关的单据。为满足其要求，卖方应在事先了解对方的要求后，及时与有关部门联系，了解能否办到，并及时出证，若不能满足买方的要求，应及时与买方联系更改或更换。虽然这类单据并不是出口贸易中必备和必需的，但一旦成为信用证要求的单据，从结汇的角度来看，这些单据就与其他单据同样重要，要认真对待。常见的有受益人证明、寄单证明、有关运输方面的证明等。

1. 受益人证明

受益人证明（Beneficiary's Certificate），或称受益人声明（Beneficiary's Statement），是受益人根据信用证的要求来缮制的，证明货物的品质、数量、包装标识、装运以及寄单等事项的单据。其格式通常由出口方自行制定，例如：

BENEFIAIARY'S CERTIFICATE

TO WHOM IT MAY CONERN: DATE: × ×

RE. L/C NO. × × INV. NO. × ×

WE HEREBY CERTIFY THAT TWO COPIES OF NON – NEGOTIABLE B/L HAVE BEEN SENT TO THE APPLICANT BY AIRMAIL WITHIN 2 DAYS AFTER SHIPMENT DATE.

SIGNATURE: × × ×

2. 寄单证明

有些信用证经常规定，受益人在货物装运后，应立即直接邮寄某些单据给收货人或其指定的人，并出具有关证明即寄单证明作为议付单据之一，以证实其已按信用证的规定办事。寄单证明可以由出口公司或受益人出具，一般包括所寄单据的名称、份数、寄出时间、寄送方式和寄送对象等。如：

CERTIFICATE

TO WHOM IT MAY CONCERN: DATE: × ×

RE:SHIPPING DOCUMENTS UNDER L/C NO. × × ×

WE HEREBY CERTIFY THAT WE HAVE SENT THE FOLLOWING DOCUMENTS TO MESSERS XXX CO. LTD. BY REGISTERED AIRMAIL:

1. TO COPIES OF × × ×

2. TO COPIES OF × × × SIGNATURE: × × ×

有时寄单证明还须使用由邮局或快递公司承办的收据。如信用证规定：Original beneficiary's signed letter/certificate together with the couriers receipt certifying that the full set of original documents have been sent to × × × co. by airmail/DHL/speed post 8days after B/L date.

按此类条款的规定，受益人除了出具由其本公司出具的书面寄单证明外，还要随附信用证指定的快递公司出具的邮寄(Post Receipt)或快递收据(Speed Post Receipt)。一般办理快递业务的快邮公司主要有：EMS(国际特快专递)、DHL(信使专递)、Fed Express(联邦快递)、TNT 等。

3. 有关运输方面的证明

有关运输方面的证明主要是要求卖方对出口货物的运输方式、运输工具、运输路线等情况进行证明的文件，通常买方或信用证中都对其内容有特别的规定。这类证明主要有：

1)船籍及航程证明

船籍及航程证明是指发货人对其所发运货物使用船只的船籍、船只在航行中的航程进行证明的文件。大多数阿拉伯国家的商人及其信用证中常常会要求出具此类证明。

阿拉伯地区的国家为了抵制以色列，在信用证中常常要求装运的船只不能是以色列国籍，而且全部的航程不能在以色列港口停靠或加水加油。

如，来证中规定：Shipment must be effected not Israeli vessel and not call at any Israeli ports, and not blacklisted vessel.

此时要求的证明可由船公司或其代理出具，如果来证规定可由受益人出具，则卖方在向船公司了解了该船的情况后，也可自行签发，其格式可由出口企业自行制定。内容可根据信用证上的字句来填写，或将信用证中要求的内容写明，最后由出口公司签字盖章。如：

CERTIFICATE

SHANGHAI　JAN 21, 2018

TO WHOM IT MAY CONCERN:

RE: INV. NO. ××, L/C NO. ××

THIS IS TO CERTIFY THAT M. S. /S. S. ××× FLYING THE PEOPLE'S REPUBLIC OF CHINA FLAG, WILL NJOT CALL AT ANY ISRAELI PORTS DURING THIS PRESENT VOYAGE, ACCORDING TO THE SCHEDULE, AND SO FAR AS WE KNOW THAT IT'S NOT BLACKLISTED BY THE ARAB COUNTRIES.

SIGNATURE: ×××

2)货装集装箱证明

有时外商来证规定,货物须装载集装箱船只,若信用证中没有要求出具具体书面证明时,只要提单上能表示出是集装箱运输,就无须提供单独的书面证明,但如果信用证有下列条款,如 Shipment to be made by container vessel and beneficiary to certify to this effect. 此时受益人就须要出具证明,其内容及格式可如下:

CERTIFICATE

TIANJIN FEB 12, 2018

TO WHOM IT MAY CONCERN:

RE: INVOICE NO,. XX L/C NO. ×××

WE HEREBY CERTIFY THAT SHIPMENT OF THIS CAPTIONED INVOICE HAS BEEN EFFECTED BY THE CONTAINER VESSEL.

SIGNATURE: ×××

3)船龄证明

有些国家如阿拉伯国家、印度、孟加拉、巴基斯坦、科威特等,有时对卖方所装运货物船只的使用年限有一定的规定,如来证要求货物须在香港转船,二程船的船龄不得超过 15 年,不能进入科威特港等。若信用证中有此类条款,则卖方须提供书面的证明。此种证明一般由香港的运输代理签发。

CERTIFICATE

TIANJIN　FEB 12, 2018

TO WHOM IT MAY CONERN:

RE: INVOICE NO. ××

WE HEREBY CERTIFY THAT THE GOODS UNDER THE ABOVE INVOICE SHIPPED BY S. S. JINJIANG V. 4. B/L NO. 165 WILL BE TRANSSHIPPED AT HONGKONG VIA AN ON -CARRIER NOT OVER 15 YEARS OLD, AND IS ALLOWED TO ENTER KUWAIT PORT FROM HONGKONG

SIGNATURE: ×××

4)船级证明及班轮公会船只证明

有的国家特别是印度的信用证通常对装运货物船只的船级有一定的要求,如要求提供英国劳合氏船级社(LLOYDS)签发的船级证明等。此种条款对船只作了限制,且有一定的级别要求，而我国目前各口岸的劳合氏船只很少，我方对于这一点能否作到很难掌握，所以此类条款一般不能接受。若不能不接受时，则在允许转船的情况下，必须安排在香港转船，并由香港的劳合氏船级社代表其伦敦公司签发证明。

CERTIFICATE

TO WHOM IT MAY CONERN:

RE. HAIXING V. 81, B/L NO. ×××

WE HEREBY CERTIFY THAT THE ABOVE ON – CARRYING VESSEL IS A CONFERENCE LINE VESSEL COVERED BY INSTITUTE CLASSIFICATION CLAUSE.

SIGNATURE: ×××

5）船长收据

在近洋运输中，往往货物比单据先到达买方所在地。故有时信用证会规定，货装船后，正本或副本单据须交装货船只的船长，随船带给收货人。在议付时则须提交船长收据作为证明。如信用证规定：

ORIGINAL INSPECTION CERTIFICATE OF QUALITY MUST BE SENT TO THE MASTER OF THE CARRYING VESSEL, AND THE MASTER'S RECEIPT REQUIRED FOR NEGOTIATION.

此种情况下，须将"质检证"的正本交给船长，并由船长出具收据，证明后才能进行议付。此类信用证多见于日本。如：

RECEIPT

TIANJIN FEB 12, 2018

RECEIVED FOR SHIPPERS, ××× CO. LTD., THE FOLLOWING DOCUMENTS WHICH PRESENT MASTER IS REQUIRED TO TRANSMIT TO THE CONSIGNEE, ××× CO., LTD.:

2 COPIES OF B/L;

2 COPIES OF INVOICE;

2 COPIES OF PACKING LIST

SIGNATURE: ×××

或者如下：

TO THE MASTER:

WE THANK YOU FOR FORWARDING THE DOCUMENTS TO MESSRS. ××× CO. LTD. AS BELOW:

1. 2 COPIES OF B/L;

2. 2 COPIES OF INVOICE;

PLEASE ACKNOWLEDGE THE RECEIPT OF THE ABOVE MENTIONED DOCUMENTS BY COUNTER – SIGNING THIS LETTER AND RETURN REMAIN COPY OF THE CAME TO US.

THE MASTER OF S. S ×××(SIGNATURE)

4. 其他证明

1)寄样证明(Beneficiary's Certificate for Dispatch of Shipment Sample)

有时信用证会要求,受益人在货物装船时,需取样向买方寄样,并签发寄出船样、样卡、码样等情况的证明,这类证明为寄样证明。

2)借记通知单(Debit Note)

信用证金额不足,保险加成的规定超过合同规定需追加保险费或因保险责任扩展而发生超额保费时,由于这些费用应由买方负担且金额较小,如要修改信用证,有时会影响货物及时出运和议付结汇,或者修改费及利息损失也许大于应收款项,因此一般采用借记通知单通知对方,请对方把款项汇来,或征得对方同意,在佣金中扣除。此时需出具借记通知单。

3)扣佣通知书

当佣金不要求在商业发票上表示出来时,需另外出具扣佣通知书或称贷记通知书表示扣佣金额。此时汇票金额应为发票额减去扣佣通知的金额。

4)包装、唛头方面的证明

有些国家(地区)除在合同或信用证中对包装或唛头进行明确规定外,通常还要求受益人另外出具书面的证明。如,对伊拉克出口,须有包装、唛头证明;对港、澳地区出口,须在包装上刷制"请勿用钩"字样,并出具证明;对澳大利亚、新西兰出口,通常要求包装清洁完好的证明。

5)出口地无领事证明

有些国家在信用证中常规定,出口货物的单据要由其驻中国使领馆在上面认证或签证后,才能到银行交单议付,否则须出具出口地无领事证明。

因我国使领馆大都集中在北京,各省、市不可能都设有,所以要求使领馆认证势必增加更多时间和额外开支,因此,一般可由出口公司签发出口地无领事证明,并由当地贸促会盖章加以证明。

第三节　出口收汇核销与退税管理

出口收汇核销管理制度是指国家外汇管理部门依据国家赋予的职能,在海关、商务、税务、银行等部门的配合下,以出口货物的价值为标准,运用电子技术手段,核对出口单位在规定的期限内是否有相应的外汇(或货物)收回国内的一种事后监管制度。它是我国对境内出口货物实行跟踪管理和监督收汇的一项重要管理制度。

一、出口收汇核销管理

1. 出口收汇核销制度的建立及其作用

为了监督出口单位将与出口货物价值相对应的外汇及时、足额收回境内结汇或入账,以实现货物出口量与外汇收回量的等量对流,防止不法企业逃汇或将外汇非法滞留或截留境外,同时防止非出口贸易项下境外资金混入经常项目结汇,维护国际收支的平衡和人民币汇率的稳定，国家规定由外汇管理部门依托出口货物报关单，实施出口收汇核销管理。

出口收汇核销制度建立于1991年1月1日起开始实施的《中华人民共和国外汇管理暂行条例》，期间经过不断修改和完善，目前已成为一种比较成熟的管理制度。

2. 出口收汇核销的对象、原则和范围

(1)出口收汇核销的对象是有外贸经营权及出口业务权的企业，包括三资企业。

(2)出口收汇核销原则：

①属地管理，即在出口单位当地的外汇管理部门申领核销单并办理相关手续。

②专单专用——企业间不得借用出口收汇核销单。

③领用衔接——外汇管理部门根据企业出口量的大小，发给其一定量的核销单，多用多发，不用不发。

④单单相应——一份出口收汇核销单对应一份出口报关单。

⑤范围：除经特别批准外，以及援外项目物资、对外实物捐赠、暂时出口和无价样品、广告品等外，一切出口贸易项下均应办理出口收汇核销手续。

3. 出口收汇核销的管理方式

外汇局根据出口收汇核销年度考核结果和相关部门意见，结合属地业务量以及出口单位的国际收支申报率、出口贸易方式等情况，对出口单位实行分类管理，分别采取自动核销、批次核销和逐笔核销的管理方式。

(1)逐笔核销：出口单位按核销单证一一对应进行报告，外汇局按照一一对应、逐笔核对的方式为出口单位办理核销手续。适用于出口收汇高风险企业以及差额核销和无法全额收汇的出口收汇数据。

(2)批次核销：是由出口单位集中报告，外汇局按批次为出口单位办理核销手续的核销方式。它要求同一批次核销的出口贸易方式一致。适用于除出口收汇高风险企业外的所有出口单位的全额收汇核销，以及来料加工和进料加工抵扣项下需按合同核销的出口收汇数据。

(3)自动核销是指出口单位不需向外汇局报告，外汇局根据从“中国电子口岸出口收汇系统”采集的核销单信息和报关信息，以及从“国际收支统计申报系统”采集的收汇信息，进行总量核销的核销方式。适用于国际收支申报率高以及符合外汇局规定的其他条件的出口收汇荣誉企业的一般贸易项下及其他出口贸易项下全额收汇的出口收汇数据。

自动核销管理方式是外汇局管理与服务相结合、改进服务、支持贸易便利化、扶优限劣、实行分类管理理念的重要体现。该管理方式不要求每笔出口与收汇一一对应，而是按照一定时间内出口与收汇的总量对应自动办理核销手续。实行自动核销管理有利于简化出口单位和外汇局的核销操作流程，提高出口收汇核销管理的工作效率。

4. 出口收汇核销涉及的当事人

出口收汇核销涉及的当事人包括出口单位、外汇管理部门、海关和银行。

5. 出口收汇核销的操作

出口企业操作员凭其IC卡进入“中国电子口岸”，上网申领出口收汇核销单，外汇管理局依网上申请及出口核销系统确认后，发给出口企业核销单，同时在网上予以公布，出口企业到外汇局领取纸质出口收汇核销单后，进入“中国电子口岸”，对出口收汇核销单进行口岸备案，在银行办理出口收汇手续后，在规定期限内持出口收汇核销单、出口货物报关单等单证到外汇局办理出口收汇核销手续，并凭退税专用联和税务部门规定的其他单证到税务部门办理出口退税手续。

出口单位出口后，应当按照出口合同约定的收汇时间和方式，及时、足额地收回出口货款。即期收汇出口项下应当在货物报关出口后 180 天内收汇，远期收汇出口项下应当根据在外汇局远期备案的出口合同规定的期限收汇。出口单位应当在规定的收汇时间后 30 天内凭出口报关单、出口收汇核销专用联向外汇管理部门办理出口收汇核销手续。

二、出口收汇核销单

出口收汇核销单简称核销单，系指由国家外汇管理局制发、出口单位和受托行及解付行填写，海关凭以受理报关，外汇管理部门凭以核销收汇的有顺序编号的凭证，如式样 9－5 所示。出口单位应到当地外汇管理部门申领经外汇管理部门加盖“监督收汇”章的核销单。在货物报关时，出口单位必须向海关出示有关核销单，凭有核销单编号的报关单办理报关手续，否则海关不予受理报关。

式样 9－5

<table>
<tr><td>出口收汇核销单
存根
编号：72C173229</td></tr>
<tr><td>出口单位：</td></tr>
<tr><td>单位编码：</td></tr>
<tr><td>出口币种总价：</td></tr>
<tr><td>收汇方式：</td></tr>
<tr><td>预计收款日期：</td></tr>
<tr><td>报关日期：</td></tr>
<tr><td>备注：</td></tr>
<tr><td>此单报关有效期截止到</td></tr>
</table>

（出口单位盖章）

<table>
<tr><td colspan="5">出口收汇核销单
监制章
编号：</td></tr>
<tr><td colspan="5">出口单位：</td></tr>
<tr><td colspan="5">单位编码：</td></tr>
<tr><td rowspan="2">银行签注栏</td><td>类别</td><td>币种金额</td><td>日期</td><td>盖章</td></tr>
<tr><td></td><td></td><td></td><td></td></tr>
<tr><td colspan="5">海关签注栏：</td></tr>
<tr><td colspan="5">外汇局签注栏
年　月　日
（盖章）</td></tr>
</table>

（出口单位盖章）

<table>
<tr><td colspan="3">出口收汇核销单
监制章
编号：</td></tr>
<tr><td colspan="3">出口单位：</td></tr>
<tr><td colspan="3">单位编码：</td></tr>
<tr><td>货物名称</td><td>数量</td><td>币种总价</td></tr>
<tr><td></td><td></td><td></td></tr>
<tr><td colspan="3">报关单编号：</td></tr>
<tr><td colspan="3">外汇局签注栏
年　月　日
（盖章）</td></tr>
</table>

未经核销此联不得撕开

（1）编号：出口收汇核销单编号。

（2）出口单位：经营单位中文名称，三联都要填写。

（3）单位代码：进出口企业在据地主管海关办理注册登记手续时，海关给企业设置的注册登记编码，三联都要填写。

（4）出口币种总价：按报关单所列货物的成交总值填写，并注明货币名称。

（5）收汇方式：出口货物的发货人或其代理人收结外汇方式，本栏目应按海关规定的《结汇方式代码表》选择填报相应的结汇方式名称或代码，有四种结汇方式可用，它们在《结汇方式代码表》中对应的代码分别为：电汇（T/T），代码为 1；付款交单（D/P），代码为 4；承兑交单（D/A），代码为 5；信用证（L/C），代码为 6。

（6）预计收款日期：根据出口合同或信用证规定预计结汇收款日期。

（7）报关日期：海关放行的日期。

（8）货物名称和数量：此处的货物名称并非货物本身名称，而应填写货物所属类别，可在商品详细资料中查到，如“玩具”。数量即货物销售数量。

三、出口退税管理

国家为支持出口企业多出口，多收汇，采用出口退税制来降低商品的出口成本，以便增强出口商品在国际市场的竞争能力，从而促进我国对外贸易的发展。它实际上是一种出口补贴行为。

我国商务部和海关总署为正确贯彻执行出口产品的退税政策、完善出口产品退税审批制度，加强出口产品的退税管理，规定可以办理出口货物退（免）税的出口商，包括对外贸易经营者、没有出口经营资格委托出口的生产企业、特定退（免）税的企业和人员。凡有产品出口的企业，都可填写《出口货物退（免）税认定表》，到所在地税务机关办理出口货物退（免）税认定手续。当产品出口后，填具“出口产品退税鉴定表”，报经所在地主管出口退税业务的税务机关审核批准后执行。

我国从 1983 年 9 月起开始对轻工产品如自行车、缝纫机、钟表、照相机、电子产品等实施出口退税，又从 1985 年 4 月起规定出口商品无论采用国产还是进口原料，只要商品在出口前已征纳过产品税或增值税，在出口结汇后都按照“征多少、退多少，一退到底”的原则进行退税，逐步扩大了出口退税产品的范围。这种措施极大地鼓励了我国企业产品的出口，为我国外贸发展做出了极大的贡献。但出口退税也使个别企业在对外经营当中不讲经济效益，一味地追求出口数量而忽略了经营效益，使国家遭受了巨大损失。目前我国已成为 WTO 的成员国，按其规则，出口补贴是不允许存在的，而且随着我国经济的进一步发展和我国外贸政策的进一步完善，出口企业经营方针和经营战略的更加成熟，我国开始对出口产品退税的税率进行调整，将最初 17% 的退税税率逐步调低，2003 年 10 月开始又取消了对部分产品的出口退税政策，进而开始对部分出口商品征收出口税。2012 年，国家对出口退（免）税政策进行了调整，按照《财政部国家税务总局关于出口货物劳务增值税和消费税政策的通知》（财税〔2012〕39 号）、《国家税务总局关于发布〈出口货物劳务增值税和消费税管理办法〉的公告》（2012 年第 24 号）文件，从 2012 年 7 月 1 日（报关出口日期）起，生产企业为货物报关出口之日次月起至次年 4 月 30 日前的各增值税纳税申报期内；外贸企业为货物报关出口之日次月起至次年 4 月 30 日前，调整了适用增值税免税政策的出口货物劳务；2018 年 10 月 25 日，财政部、国家税务总局联合发布通知明确，为进一步简化税制、完善出口退税政策，对部分产品增值税出口退税率进行调整，并自 2018 年 11 月 1 日起执行。通知规定，将相纸胶卷、塑料制品、竹地板、草藤编织品、钢化安全玻璃、灯具等产品出口退税率提高至 16%；将润滑剂、航空器用轮胎、碳纤维、部分金属制品等产品出口退税率提高至 13%；将部分农产品、砖、瓦、玻璃纤维等产品出口退税率提高至 10%。取消豆粕出口退税。

1. 出口退税的程序

出口企业产品报关出口后，在财务上作销售处理，按月或旬逐批填具出口产品退税申请书，同时提供四种证明材料：盖有海关验讫章的出口报关单退税专用联（黄色）、出口商业发票副本、进货发票（增值税发票）、结汇水单或银行的收账通知单，报请主管退税的机关申请退税。

2. 出口退税附送的材料

出口退税附送的材料包括报关单、出口销售发票、进货发票、结汇水单或收汇通知书、产品征税证明、出口收汇已核销证明、与出口退税有关的其他材料。另外，属于生产企业直接出口或委托出口自制产品，凡以到岸价 CIF 结算的，还应附送出口货物运单和出口保险单；有进料加工复出口产品业务的企业，还应向税务机关报送进口料件的合同编号和日期、进口料件名称和数量、复出口产品名称，以及进料成本金额和实纳各种税金额等。

3. 出口退税过程中应注意的事项

（1）出口货物报关单退税专用联，必须是盖有海关“验讫章”的原件。

（2）报关单中“贸易方式”一栏若是来样加工、转口贸易的，结汇方式一栏中若是出口不结汇的援外物资、替换国外退货的产品和无偿赠送的样品及展品，则不能办理出口退税；若是进料加工的，在申报退税款中应抵扣进口料件的免税额。

（3）对海关已签发出口退税报关单的货物，如遇特殊情况发生退关或退货的，报关单位应向原出口地海关出示当地主管出口退税的税务机关的证明，证明其货物未办理出口退税或所退税款已退回税务机关，海关方予办理该批货物的退关或退货运回手续。

（4）出口企业或有关单位补办海关已签发的出口退税报关单，应由主管税务机关出具该批货物未办理出口产品退税的证明，并经海关核定货物确已出口，方可补办。

复　习　题

一、填空题

1. 汇票按照付款时间不同可分为________和________。

2. 汇票抬头的写法有________、________和________。

3. 报关单是货物进口或出口时进出口企业向________办理申报手续，以便________凭此查验和验放而填具的单据。

4. 在装运货物后，卖货人应立即（一般在装船后 3 天内）发送________给卖方或其指定的人，从而方便卖方办理保险和安排接货等事宜。

二、选择题

1. 如果其他条件相同，对收款人最为有利的远期汇票是(　　)。

A. 出票后 60 天付款　　B. 见票后 60 天付款

C. 提单日后 60 天付款　　D. 货物抵达目的港后 60 天付款

2. 出口收汇核销单是由(　　)制发的。

A. 中国银行　　B. 中国人民银行

C. 国家外汇管理局　　D. 海关

3. 一般情况下，出口企业应在出口后(　　)天内，向主管出口退税的税务机关提供"出口收汇已核销证明"。

A. 60　　B. 30　　C. 100　　D. 90

4. 有出口收汇的单位，应到当地外汇管理部门领取外汇管理部门(　　)印章的核销单。

A. 外汇管理　　B. 已核销　　C. 验讫章　　D. 监督收汇章

三、判断题

1. 合格的汇票遭拒付时，持票人有权向背书人和出票人追索。(　　)

2. 报关单位若需申请出口退税，应增填一份"出口货物报关单"，并在右上角注明"申请出口产品退税专用联"。(　　)

3. 所有出口商品均可申请出口退税。(　　)

四、单据填制题

根据已经条件填写汇票。

出口方：TIANJIN YIMEI INTERNATIONAL CORP.。

进口方：VALUE TRADING ENTERPRISE, LLC。

合同金额：75 500.00 美元。

发票号码：X118。

付款条件：见票后 60 天付款交单。

托收银行：中国银行天津分行。

出票日期：2018 年 7 月 18 日。

第十章 通关单据

【本章导读】

国际货物贸易是通过货物、物品和运输工具的进出境来实现的。这种国际间货物、物品和运输工具的流动,使得原来受限于特定范围的政治、经济、法律、商业关系的行为跨越了特定的国境(关境),而具有国际性。各种政府都对进出本国国境(关境)的全部的货物、物品和运输工具进行管理,并由特定主体机构执行政府管理制度。报关就是这一要求的具体体现。海关是履行国家进出境监督管理的主体机构,是把守国家经济大门的行政执法机关。按我国《海关法》规定,进出境的运输工具、货物和物品都必须通过设有海关的地方进境或出境,如实向海关申报,接受海关监督。本章主要讲解了进出境货物报关的基础知识,明确了进出境货物报关的一般程序,阐述了报关单基础知识及进出境货物报关单的填制规范。

【学习目标】

海关作为货物进出关境的国家监管机关,对内对外都统一按照有关法律、法规对货物的进出关境实施有效的监管,代表国家执法,以维护国家主权。报关是进出境贸易的关键性环节,是所有运输工具、货物、物品出入境时遵守的规则,是其负责人或所有人必须履行的一项基本义务,进出境货物报关单也是进出境贸易中的重要单据之一。本章要求学生了解进出境货物报关的基础知识,熟悉进出境货物通关程序,掌握报关单基础知识及进出境货物报关单的内容及填制要求。

【关键概念】

报关(Customs Declaration 或 Declare at the Customs)

出境报关单(Export Declaration)

第一节　通关程序

一、申报

申报,也可理解为狭义上的报关,是指货物运输工具和物品的所有人或其代理人在货物、运输工具、物品进出境时,向海关呈交规定的单证并申请查验、放行的手续。申报与否,以及是否如实申报,是区别走私与非走私的重要界限之一。因此,海关法律对货物、运输工具的申报,包括申报的单证、申报时间、申报内容都作了明确的规定,把申报制度以法律的形式固定下来。

海关在接受申报时,将严格审核有关单证。因审核单证是海关监管的第一个环节,是海关是否接受申报的前提。海关通过审核单证可以检查进出境的货物、运输工具和物品是否符合《海关法》和国家规定的有关政策、法令。因此,报关员在准备单证时,必须注意所报单证是否齐全、正确、有效,是否违反国家的有关法令规定,这样,不仅为海关监管的查验和放行环节打下了基础,也为海关的征税、统计、查私工作提供了可靠的单证和资料。

1. 报关地点

根据现行海关法规的规定,进出口货物的报关地点,应遵循以下 3 个原则。

(1)进出境地原则:在正常情况下,进口货物应当由收货人或其代理人,在货物的进境地向海关申报,并办理有关进口海关手续;出口货物应当由发货人或其代理人,在货物的出境地向海关申报并办理有关出口海关手续。

(2)转关运输原则:由于进出口货物的批量、性质、内在包装或其他一些原因,经收发货人或其代理人申请,海关同意,进口货物也可以在设有海关的指运地,出口货物也可以在设有海关的启运地向海关申报,并办理有关进出口海关手续,这些货物的转关运输,应当符合海关监管要求;必要时,海关可以派员押运。

(3)指定地点原则:经电缆、管道或其他特殊方式输送进出境的货物,经营单位应当按海关的要求定期向指定的海关申报并办理有关进出口海关手续。这些以特殊方式输送进出境的货物,输送路线长,往往需要跨越几个海关甚至几个省份;输送方式特殊,一般不会流失;有固定的计量工具,如电表、油表等。因此,上一级海关的综合管理部门协商指定其中一个海关管理,经营单位或其代理人可直接与这一海关联系报关即可。

2. 申报时间与期限

报关期限是指货物运到口岸后,法律规定收发货人或其代理人向海关报关的时间限制。

1)进口货物的申报时间与期限

根据《海关法》第二十四条的规定,进口货物的报关期限为自运输工具申报进境之日起 14 日内。进口货物的收货人或其代理人超过 14 天期限未向海关申报的,由海关征收滞报金。滞报金的日征收金额为进口货物到岸价格的 0.5‰。进口货物滞报金期限的起算日期为运输工具申报进境之日起第15日;邮运的滞报金起收日期为收件人接到邮局通知之日起第15日。转关运输滞报金起收日期有两个:一是运输工具申报进境之日起第15日,二是货物运抵指运地之日起第15日。两个条件只要达到一个,即征收滞报金。如果两个条件均达到则要征收两次滞报金。

进口货物自运输工具申报进境之日起超过三个月还没有向海关申报的,其进口货物由海关提取变卖处理。如果属于不宜长期保存的,海关可根据实际情况提前处理。变卖后所得价款在扣除运输、装卸、储存等费用和税款后尚有余款的,自货物变卖之日起一年内,经收货人申请,予以发还;逾期无人申领,上缴国库。

2)出口货物的申报时间与期限

根据《海关法》第二十四条的规定,出口货物的发货人除海关特准外,应当在装货的24小时以前向海关申报。至于装货24小时以前到什么程度,是三天、五天,还是一个月,可由报关人视口岸的仓储能力自定,海关一般不予过问。

3. 报关时应交验的单证

1)进口货物报关时所需提供的单证

(1)由报关员自行填写或由自动化报关预录入人员录入后打印的报关单。

(2)进口货物属于国家限制或控制进口的,应交验对外经济贸易管理部门签发的进口货物许可证或其他批准文件。

(3)进口货物的发票、装箱单(装箱清单)。

(4)进口货物的提货单(或运单)。

(5)减税、免税或免验的证明文件。

(6)入境货物通关单(法定检验货物)。

(7)海关认为必要时,可以调阅贸易合同、原产地证明和其他有关单证、账册等。

(8)其他有关文件。

2)出口货物报关时所需提供的单证

(1)由报关员自行填写或由自动化报关预录入人员录入打印的报关单一式多份,其所需份数根据各部门需要而定。出口退税时加填一份黄色出口退税专用报关单。

(2)出口货物属于国家限制出口或配额出口的应提供许可证件或其他证明文件。

(3)货物的发票、装箱清单、合同等。

(4)出境货物通关单(法定检验货物)。

(5)对方要求的产地证明。

(6)出口收汇核销单(指创汇企业)。

(7)其他有关文件。

二、海关查验

海关查验也即验关,是指海关接受报关员的申报后,对进口或出口的货物进行实际的核对和检查,以确定货物的自然属性以及货物的数量、规格、价格、金额以及原产地等是否与报关单所列一致。海关查验货物时,出口发货人或代理人应当到场,并负责搬移货物,开拆和重封货物的包装。海关认为必要时,可以径行搬运、拆箱、开验、复验或重封、提取货样。

海关查验,一方面是要复核申报环节中所申报的单证及查证单货是否一致,通过实际的查验发现审单环节不能发现的无证进出问题及走私、违规、逃漏关税等问题;另一方面,通过查验货物才能保证关税的依率计征。因为进口货物税则分类别号及适用税率的确定、申报的货价海关是否予以接受,都决定于查验的结果。如查验不实、税则分类及估价不当,不仅适用的税率可能发生差错,且估价易或高或低,因而使税负不公,国家或进口厂商将蒙受损失。如某市外运分公司申报进口制冷机,应归入税号 8415,但该税号有 8 个子目,子目 84158210 税率为 130%,子目 84158220 税率为 90%,所附单据看不出制冷机的制冷温度和容量。通过实际查验,确定该机应归入税号 84158220,按税率 90%计征关税,从而避免了进口厂商负担其不应负担的关税额,体现了海关征税工作的严肃性,维护了集体的利益。

海关查验的方式有两种:一般查验和重点查验,或者说外形查验与开箱查验。对属于正常往来的进出口货物可以不予查验或者进行一般性的检查,即所谓外形查验,如核对货名、规格、生产国别和收发货单位等标志是否与报关单相符,检查外包装是否有开拆、破损痕迹以及有无反动字样,黄色文字图像等。根据货物的品种、性质、贵重程度,以及国内外走私违规动态、收发货单位经营作风等历史资料,分析认为数量或其他方面可能有问题和存在走私破坏嫌疑(如进口成套组装散件,伪报为零部件化整为零进口等)的货物,则应进行开箱检查,必要时可以逐件细查细验,防止进行经济、政治破坏。

出口货物的查验,一般在海关规定的时间、场所,即海关的监管区域的码头、机场、车站的仓库、场院进行。为了适应当前国家对外开放的需要,促进对外贸易的发展,近年来,海关在货运监管方面进行了许多改革,在坚持必要制度的前提下,进一步简化海关手续,加速验放,方便进出口企业。对进出口的散装货物、大宗货物和危险品等,可以结合装卸环节,到现场直接验收。对于成套设备、精密仪器、贵重物资、急需急用的物资和“门到门”运输的集装箱货物等,在海关规定地区查验有困难的,经报关人申请,海关可以派员到监管区以外的地点,就地查验放行货物,但申请单位应按规定缴纳费用,并提供往返交通工具、住宿等方便条件。

为了保护出口人的合法权益。《海关法》规定:海关查验进出境货物、物品时,损坏被查货物,应当赔偿实际的损失。并颁布实施了《海关查验货物、物品造成损失的赔偿办法》。

三、征税

关税是一国根据本国经济、政治的需要,由海关按照国家制定的关税税法、税则,对准许进出境的货物和物品所征收的一种税。它具有强制性、无偿性和固定性等特点;具有增加财政收入(是国家财政收入的三大来源之一)、保护与促进国内生产、调节进出口商品结构和经济利益分配等作用。关税一般可分为进口税(Import Duties)、出口税(Export Duties)、过境税(Transit Duties,我国不征收)、进口附加税(Import Surtaxes)等。

关税征收的特定对象是进出口货物及进出境的行李物品、邮递物品及其他物品。国家要对上述货物和物品征收关税,是因为进口货物和进境物品要在国内消费,影响了国内经济建设与生产，影响了国内的商品市场；而国内货物出口或物品出境也会影响到国内的经济及资源结构。另外，进出口关税在国际经济贸易活动中，也是国与国之间交往时使用的一种手段。因此，关税体现了国家的经济和对外政策。

海关在审核单证和查验货物以后，根据《中华人民共和国关税条例》规定和《中华人民共和国海关进出口税则》规定的税率，对实际货物征收进口或出口关税。另外，根据有关规定可减、免、缓、退、保税的，报关单位应向海关送交有关证明文件。我国海关还代征增值税、消费税和船舶吨税。

《海关法》规定，进口货物的收货人，出口货物的发货人，进出境物品的所有人，是关税的纳税义务人。同时也规定了有权经营进出口业务的企业和海关准予注册的报关企业也是法定纳税人。上述纳税义务人应当在海关签发税款缴纳证的次日起（节假日包括在内，期末遇节假日顺延）15 日内，向指定银行缴纳税款。逾期不缴纳的，由海关按日征收欠缴税款总额的 0. 5‰的滞纳金。对超过三个月仍未缴纳税款的，海关可责令担保人缴纳税款或者将货物变价抵缴，必要时，可以通知银行在担保人或者纳税义务人存款内扣款。纳税义务人同海关发生纳税争议时，应当先缴纳税款，然后自海关填发税款缴纳证之日起 30 天内向海关书面复议。

四、放行

进出口货物在办完向海关申报、接受查验、完纳税款等手续以后，由海关在货运单据上签印放行。收发货人或其代理人必须凭海关签印放行的货运单据才能提取或发运进、出口货物。未经海关放行的海关监管货物，任何单位和个人不得提取或发运。

货物的放行是海关对一般贸易进出口货物监管的最后一个环节。如果这一环节海关把关不严，把不该放行的货物放了，则会导致经济上的损失甚至不良的政治影响；所以海关必须采取严肃认真的态度对待货物的进出口。放行前，将由专人将该票货物的全部报关单证及查验货物记录等进行一次全面地复核审查并签署认可，然后在货运单据上盖印放行，交货主签收。但对违反进出口政策、法令规定，尚未缴纳应缴纳的税款以及根据上级指示不准放行的进出口货物，海关均不予以放行。

对一般贸易货物来说，放行表示解除海关监管，进境货物可以由收货人自由处置，出境货物可以由发货人装船出运。但是，对于担保放行货物、保税货物、暂时进口货物和海关给予减免税进口的货物来说，放行并不等于办结海关手续，还要在办理核销、结案或者补办进出口和纳税手续后，才能结关。也就是说，海关办理放行手续，有两种方式。

1. 签印放行

一般进出口货物，报关人如实向海关申报并如数缴清应纳税款和有关费用，海关关员应在有关进出口货运单据上签盖“放行章”，进口货物凭以到海关监管仓库提货进境；出口货物凭以装货启运出境。

2. 销案

按照担保管理办法的进口货物或暂时进口货物，在进口收货人全部履行承担的义务后，海关应准予销案。这意味着，取得了海关的最后放行。

经海关查验放行的合法进出口货物，应报关人或货物所有人的要求，可以取得《进（出）

口货物证明书》。《进(出)口货物证明书》是证明某些货物实际进口或出口的文件。进出口货物所有人在办理各种对内、对外业务中,常常需要证明其货物是进口的或已经出口,海关签发《进(出)口货物证明书》是为了方便货物所有人。

五、结关

结关是指对口岸放行后,仍需继续实施后续管理的货物,海关在规定的期限内进行核查,对需要补证、补税货物作出处理,直至完全结束海关监管的工作程序。

第二节　报关单

一、报关单的结构和用途

纸质进口货物报关单一式五联,分别是:海关作业联、海关留存联、企业留存联、海关核销联、进口付汇证明联。纸质出口货物报关单一式六联,分别是:海关作业联、海关留存联、企业留存联、海关核销联、出口收汇证明联、出口退税证明联。海关作业联在海关的审单、征税、查验、放行各部门间流转,各部门需要在该联上作必要的签注和盖章。

1. 进出口货物报关单海关作业联和留存联

该联是报关员配合海关查验、缴纳税费、提取或装运货物的重要单据,也是海关查验货物、征收税费、编制海关统计以及处理其他海关事务的重要凭证。

2. 进口货物报关单付汇证明联、出口货物报关单收汇证明联

该联是海关对已经实际进出境货物所签发的证明文件,是银行和国家外汇管理部门办理售汇、付汇和收汇及核销手续的重要依据之一。

3. 进出口货物报关单加工贸易核销联

进出口货物报关单海关核销联是指口岸海关对已实际申报进口或出口的货物所签发的证明文件,是海关办理加工贸易合同核销、结案手续的重要凭证。加工贸易的货物进出口后,申报人应向海关领取进出口货物报关单海关核销联,并凭此向主管海关办理加工贸易合同核销手续。

4. 出口货物报关单出口退税证明联

出口货物报关单出口退税证明联是海关对已实际申报出口并已装运离境的货物所签发的证明文件,是国家税务部门办理出口货物退税手续的重要凭证之一。对可办理出口退税的货物,出口货物发货人或其代理人应当在载运货物的运输工具实际离境,海关收到载货清单(俗称“清洁舱单”)、办理结关手续后,向海关申领出口货物报关单出口退税证明联。对不属于退税范围的货物,海关不予签发该联。出口货物报关单如式样 10 - 1 所示,进口货物报关单如式样 10 - 2 所示。

式样 10－1

中华人民共和国海关出口货物报关单

预录入编号：　　　　　　　　　　　　　　　　　　　　　　　　海关编号：

<table>
<tr><td colspan="3">出口海岸</td><td colspan="2">备案号</td><td>出口日期</td><td>申报日期</td></tr>
<tr><td colspan="3">经营单位</td><td colspan="2">运输方式</td><td>运输工具名称</td><td>提运单号</td></tr>
<tr><td colspan="3">收货单位</td><td colspan="2">贸易方式</td><td>征免性质</td><td>结汇方式</td></tr>
<tr><td>许可证号</td><td colspan="3">运抵国(地区)</td><td colspan="2">指运港</td><td>境内货源地</td></tr>
<tr><td>批准文号</td><td>成交方式</td><td colspan="2">运费</td><td colspan="2">保费</td><td>杂费</td></tr>
<tr><td>合同协议号</td><td>件数</td><td colspan="2">包装种类</td><td colspan="2">毛重(千克)</td><td>净重(千克)</td></tr>
<tr><td>集装箱号</td><td colspan="5">随附单据</td><td>生产厂家</td></tr>
<tr><td colspan="7">标记唛码及备注</td></tr>
<tr><td colspan="7">项号　商品编号　商品名称、规格型号　数量及单位　最终目的国(地区)　单价　总价　币制　征免</td></tr>
<tr><td colspan="7"></td></tr>
<tr><td colspan="7"></td></tr>
<tr><td colspan="7"></td></tr>
<tr><td colspan="7"></td></tr>
<tr><td colspan="7"></td></tr>
<tr><td colspan="7">税费征收情况</td></tr>
<tr><td colspan="5" rowspan="3">录入员　录入单位
兹申明以上申报无讹并承担法律责任
报关员
单位地址　申报单位(签章)
邮编　电话　填制日期</td><td colspan="2">海关审单批注及放行日期(签章)
审单　审价</td></tr>
<tr><td colspan="2">征税　统计</td></tr>
<tr><td colspan="2">查验　放行</td></tr>
</table>

式样 10－2

中华人民共和国海关进口货物报关单

预录入编号：　　　　　　　　　　　　　　　　　　　　海关编号：

进口口岸		备案号	进口日期	申报日期
经营单位		运输方式	运输工具名称	提运单号
收货单位		贸易方式	征免性质	征税比例
许可证号	起运国(地区)		装货港	境内目的地
批准文号	成交方式	运费	保费	杂费
合同协议号	件数	包装种类	毛重(千克)	净重(千克)
集装箱号	随附单据			用途
标记唛码及备注				

项号	商品编号	商品名称、规格型号	数量及单位	原产国(地区)	单价	总价	币制	征免

税费征收情况

录入员　录入单位	兹申明以上申报无讹并承担法律责任	海关审单批注及放行日期(签章)
报关员		审单　审价
单位地址	申报单位(签章)	征税　统计
邮编　电话	填制日期	查验　放行

二、进出口货物报关单的填制要求

(1)报关单的填报必须真实,要做到两个相符:一是单证相符,即报关单与合同、批文、发票、装箱单等随附单据相符;二是单货相符,即报关单中所报内容与实际出口货物情况相符。

(2)不同合同、不同提运单、不同贸易方式、不同征免性质、不同许可证号的货物,不能填在同一份报关单上。

(3)报关单内容填报要准确、齐全,若有更改,必须在更改项目上加盖校对章。

(4)向海关递交的报关单,事后发现差错,须立即填写报关单更正单,向海关办理更正手续。

三、进出口货物报关单的填制规范

报关单由表头和表体两个部分组成,从“进出口口岸”至“项号”之前30个栏目为表头,“项号”至“征免”为主要表体部分,从“税费征收情况”开始包括“预录入编号”和“海关编号”为其他部分。

1. 预录入编号

预录入编号指预录入单位预录入报关单的编号。预录入编号由接受申报的海关决定编号规则,计算机自动打印。

2. 海关编号

海关接受申报时给予报关单的编号,海关编号由各直属海关在接受申报环节确定,并标识在报关单的每一联上。一般来说,海关编号就是预录入编号,由计算机自动打印。

3. 进口口岸/出口口岸

其指货物实际进(出)我国关境口岸海关的名称。本栏目应根据货物实际进出口的口岸海关选择填报《关区代码表》中相应的口岸海关名称及代码。例如从宁波海关出口货物填:宁波海关 3101。

加工贸易合同项下货物必须在海关核发的《登记手册》(或分册,下同)限定或指定的口岸海关办理报关手续。《登记手册》限定或指定的口岸与货物实际进出境口岸不符的,应向合同备案主管海关办理《登记手册》的变更手续后填报。

进口转关运输货物应填报货物进境地海关名称及代码,出口转关运输货物应填报货物出境地海关名称及代码。按转关运输方式监管的跨关区深加工结转货物,出口报关单填报转出地海关名称及代码,进口报关单填报转入地海关名称及代码。在不同海关特殊监管区域或保税监管场所之间调拨、转让的货物,填报对方特殊监管区域或监管场所所在的海关名称及代码。

其他实际进出境的货物,填报接受申报的海关名称及代码。如果无法确定进出口口岸,则填报接受货物申报的海关名称及代码。

4. 备案号

本栏目填报进出口货物收发货人在海关办理加工贸易合同备案或征、减、免税备案审批等手续时,海关核发的《中华人民共和国海关加工贸易手册》、电子账册及其分册(以下统称《加工贸易手册》、《进出口货物征免税证明》(以下简称《征免税证明》)或其他备案审批文件的编号(见表10－1)。一份报关单只允许填报一个备案号。无备案审批文件的报关单,本栏目免予填报。

表10－1　备案号

首位代码	备案审批文件	首位代码	备案审批文件
B*	加工贸易手册(来料加工)	H	出口加工区电子账册
C*	加工贸易手册(进料加工)	J	保税仓库记账式电子账册
D	加工贸易不作价设备	K	保税仓库备案式电子账册
E*	加工贸易电子账册	Q	汽车零部件电子账册
F	加工贸易异地报关分册	Y*	原产地证书
G	加工贸易深加工结转异地报关分册	Z*	征免税证明

(1)加工贸易项下货物,除少量低值辅料按规定不使用《加工贸易手册》及以后续补税监管方式办理内销征税的外,填报《加工贸易手册》编号。

使用异地直接报关分册和异地深加工结转出口分册在异地口岸报关的,本栏目应填报分册号;本地直接报关分册和本地深加工结转分册限制在本地报关,本栏目应填报总册号。

加工贸易成品凭《征免税证明》转为减免税进口货物的,进口报关单填报《征免税证明》编号,出口报关单填报《加工贸易手册》编号。

(2)涉及征、减、免税备案审批的报关单,填报《征免税证明》编号。

(3)涉及优惠贸易协定项下实行原产地证书联网管理(香港CEPA、澳门CEPA,下同)的报关单,填报原产地证书代码"Y"和原产地证书编号。

(4)减免税货物退运出口,填报《减免税进口货物同意退运证明》的编号;减免税货物补税进口,填报《减免税货物补税通知书》的编号;减免税货物结转进口(转入),填报《征免税证明》的编号;相应的结转出口(转出),填报《减免税进口货物结转联系函》的编号。

(5)涉及构成整车特征的汽车零部件的报关单,填报备案的Q账册编号。

5. 进口日期/出口日期

进口日期指运载所申报货物的运输工具申报进境的日期。本栏目填报的日期必须与相应的运输工具进境日期一致。出口日期是指运载所申报货物的运输工具办结手续出境的日期。本栏目供海关签发打印报关单证明联用,在申报时免予填报。无实际进出境的报关单填报海关接受申报的日期。

本栏目为8位数字,顺序为年(4位)、月(2位)、日(2位)。

6. 申报日期

申报日期指海关接受进出口货物收发货人、受委托的报关企业申报数据的日期。以电子数据报关单方式申报的,申报日期为海关计算机系统接受申报数据时记录的日期。以纸质报关单方式申报的,申报日期为海关接受纸质报关单并对报关单进行登记处理的日期。申报日期为8位数字,顺序为年(4位)、月(2位)、日(2位)。本栏目在申报时免予填报。填报日期顺序为年、月、日,至少比进口日期/出口日期早一天。

7. 经营单位

经营单位指经国家外经贸主管部门及其授权部门核准,并已在海关注册登记,有权在一定的范围内从事对外经济贸易进出口经营活动的法人、其他组织和个人。本栏目填报在海关注册登记的对外签订并执行进出口贸易合同的中国境内法人、其他组织或个人的名称及海关注册编码。

1)编码结构

本栏目应填报经营单位名称及经营单位编码。经营单位编码为10位数字,指进出口企业在所在地主管海关办理注册登记手续时,海关给企业设置的注册登记编码。10位编码结构设置是有规则的,规则如下:

(1)第1至4位:表示经营单位属地的行政区划代码,其中1、2位表示省(自治区、直辖市),例如上海市为“31”;第3位和;第4位表示省辖市(地区、省直辖行政单位),包括省会城市、计划单列城市、沿海开放城市,第3、第4位为“90”的表示未列明的省直辖行政单位。例如,广东省广州市为“4401”;广东省珠海市为“4404”;广东省其他未列名地区为“4490”。

(2)第5位:表示市内经济区域。应记住此前5位代码的含义,因为这前5位代码也是企业所在地的国内地区代码。可以根据此编码的前5位判断和填写“境内目的地”或“境内货源地”栏目。第5位数字的含义分别如下:

“1”——表示经济特区。

“2”——表示经济技术开发区和上海浦东新区。

“3”——表示高新技术开发区。

“4”——表示保税区。

“5”——表示出口加工区。

“6”——保税港区。

“7”——表示物流园区。

“9”——其他未列名地区。

例如,广州经济技术开发区为“44012”、中山市高新技术开发区为“44203”、中山市其他地区为“44209”。

(3)第6位:表示企业经济类型的代码,表明企业性质(应熟记此位代码,报关员考试题目可能需要根据企业性质来判断填写经营单位或判断贸易方式、征免性质等)。第6位数字的含义分别如下:

“1”——表示国有企业(包括专业外贸公司、工贸公司及其他有进出口经营权的国有企业)。

“2”——表示中外合作企业。

“3”——表示中外合资企业。

“4”——表示外商独资企业。

“5”——表示有进出口经营权的集体企业。

“6”——表示有进出口经营权的私营企业。

“7”——表示有进出口经营权的个体工商户。

“8”——表示有报关权而无进出口经营权的企业(主要包括报关行和有报关权的货代

公司等)。

“9”——表示其他(包括外商企业驻华机构、外国驻华使领馆等机构和临时有进出口经营权的单位)。

重点应该记住该位数字2、3、4、8所表示的企业性质。

“浙江嘉宁皮革有限公司331392×× ××”,公司名称后面的10位数字代表该企业的海关编码,其中前2位数字“33”表示的是浙江省,第3、第4位数字“13”表示海宁市,第5位“9”表示其他地区,第6位“2”表示是中外合作企业。所以,该公司是浙江海宁的一家中外合作企业。

(4)第7至10位:表示顺序号。

由于经济区划代码不需要考生记忆,考试时也没有资料可供查询(实际工作中有相关的代码表可供查询),因此,考生只能通过考试时所给资料来判断。比如,“万威微型电机大连有限公司(210224XXXX)”,根据我国的工商注册原则,企业名称中都带有企业属地的城市名称。因此,根据该公司名称中带有“大连”字样就可以确定该企业经营单位编码中的前4位“2102”的含义是行政区划辽宁大连,再根据第五位是“2”知道该企业位于大连开发区内。

2)特殊情况

(1)进出口货物合同的签订者和执行者非同一企业的,填报执行合同的企业。

(2)外商投资企业委托进出口企业进口投资设备、物品的,填报“外商投资企业”,并在“标记唛码及备注”栏注明“委托某进出口企业进口”。

(3)有代理报关资格的报关企业代理其他进出口企业办理进出口报关手续时,填报委托的进出口企业的名称及海关注册编码。

8. 运输方式

指载运货物进出关境所使用的运输工具的分类。本栏目应根据实际运输方式按海关规定的“运输方式代码表”选择填报相应的运输方式。

运输方式包括实际运输方式和海关规定的特殊运输方式。前者指货物实际进出境的运输方式,按进出境所使用的运输工具分类;后者指货物无实际进出境的运输方式,按货物在境内的流向分类。

海关规定的实际运输方式专指用于载运货物实际进出关境的运输方式。主要的运输工具有船舶、火车、飞机、汽车、驮畜等。与运输工具相对应,海关为其定义规定了如下的运输方式并对应有代码:江海运输(2)、铁路运输(3)、汽车运输(4)、航空运输(5)、邮件运输(6)、其他运输(9)。

无实际进出境货物的运输方式,是指在境内的海关监管货物,在不同企业或不同的区域流转或改变性质的情形下需要报关的货物,因没有实际进出境,海关为了对不同的情形加以区别而特别设定的。所以也称海关规定的特殊运输方式。

特殊情况填报要求如下:非邮件方式进出境的快递货物,按实际运输方式填报;进出境旅客随身携带的货物,按旅客所乘运输工具填报;进口转关运输货物,按载运货物抵达进境地的运输工具填报;出口转关运输货物,按载运货物驶离出境地的运输工具填报;不复运出(入)境而留在境内(外)销售的进出境展览品、留赠转卖物品等,填报“其他运输”(代码9)。

9. 运输工具名称

运输工具名称指载运货物进出境的运输工具的名称或运输工具编号。本栏目填报载运货物进出境的运输工具名称或编号。填报内容应与运输部门向海关申报的舱单(载货清单)所列相应内容一致。具体填报要求如下。

(1)江海运输:填报船舶编号(来往港澳小型船舶为监管簿编号)或者船舶英文名称。

(2) 公路运输:填报该跨境运输车辆的国内行驶车牌号。

(3)铁路运输:填报车厢编号或交接单号。

(4)航空运输:填报航班号。

(5)邮件运输:填报邮政包裹单号。

(6)其他运输;填报具体运输方式名称,例如管道、驮畜等。

10. 提运单号

本栏目填报进出口货物提单或运单的编号。一份报关单只允许填报一个提单或运单号,一票货物对应多个提单或运单时,应分单填报。具体填报要求如下。

(1)江海运输,填报进出口提单号。如有分提单的,填报进出口提单号+“*”+分提单号。

(2)公路运输:免予填报。

(3)铁路运输:填报运单号。

(4)航空运输:填报总运单号+“-”+分运单号,无分运单的填报总运单号。

(5)邮件运输:填报邮运包裹单号。

11. 收货单位/发货单位

收货单位指已知的进口货物在境内的最终消费、使用单位,包括:

(1)自行从境外进口货物的单位。

(2)委托有外贸进出口经营权的企业进口货物的单位。

发货单位指出口货物在境内的生产或销售单位,包括:

(1)自行出口货物的单位。

(2)委托有外贸进出口经营权的企业出口货物的单位。

本栏目应填报收发货单位的中文名称或其海关注册编码。加工贸易报关单的收发货单位应与《登记手册》的“货主单位”一致。

有海关注册编码或加工企业编码的收发货单位,本栏目应填报其中文名称及编码;没有编码的应填报其中文名称。使用《加工贸易手册》管理的货物,报关单的收发货单位应与《加工贸易手册》的“经营企业”或“加工企业”一致;减免税货物报关单的收发货单位应与《征免税证明》的“申请单位”一致。

12. 贸易方式(监管方式)

贸易方式指以国际贸易中出口货物的交易方式为基础,结合海关对出口货物监管需要设定的对出口货物的管理方式。本栏目应根据实际情况,并按海关规定的《监管方式代码表》选择相应的贸易方式简称或代码,如填写“一般贸易”或“0110”。一份报关单只允许填报一种贸易方式,重点监管方式代码见表10-2。

表 10－2　重点贸易(监管)方式代码表

代　码	简　称	全　称
0110	一般贸易	一般贸易
0214	来料加工	来料加工装配贸易进口料件及加工出口货物
0255	来料深加工	来料深加工结转货物
0615	进料对口	进料加工
0654	进料深加工	进料深加工结转货物
2025	合资合作设备	合资合作企业作为投资进口设备物品
2225	外资设备物品	外资企业作为投资进口的设备物品
2600	暂时进出货物	暂时进出口货物
3010	货样广告品 A	有经营权单位进出口的货样广告品
3100	无代价抵偿	无代价抵偿进出口货物
4500	直接退运	直接退运
4561	退运货物	因质量不符、延误交货等原因退运进出境货物

13. 征免性质

指海关对进出口货物实施征、减、免税管理的性质类别。本栏目应按照海关核发的《征免税证明》中批注的征免性质填报,或根据实际情况按海关规定的《征免性质代码表》选择填报相应的征免性质简称或代码,重点征免性质代码见表 10－3。

本栏目应根据实际情况按海关规定的《征免性质代码表》选择填报相应的征免性质简称及代码,持有海关核发的《征免税证明》的,应按照《征免税证明》中批注的征免性质填报。一份报关单只允许填报一种征免性质。

加工贸易货物报关单应按照海关核发的《加工贸易手册》中批注的征免性质简称及代码填报。特殊情况填报要求如下:

(1)保税工厂经营的加工贸易,根据《加工贸易手册》填报“进料加工”或“来料加工”。

(2)外商投资企业为加工内销产品而进口的料件,属非保税加工的,填报“一般征税”或其他相应征免性质。

(3)加工贸易转内销货物,按实际情况填报(如一般征税、科教用品、其他法定等)。

(4)料件退运出口、成品退运进口货物填报“其他法定”(代码 0299)。

(5)加工贸易结转货物,本栏目免予填报。

表 10－3　重点征免性质代码

代　码	简　称	全　称
101	一般征税	一般征税进出口货物
299	其他法定	其他法定减免税进出口货物
401	科教用品	大专院校及科研机构进口科教用品
501	加工设备	加工贸易外商提供的不作价的进口设备
502	来料加工	来料加工装配和补偿。贸易进口料件及出口成品
503	进料加工	进料加工贸易进口料件及出口成品

续表

代　码	简　称	全　称
603	中外合资	中外合资经营企业进出口货物
602	中外合作	中外合作经营企业进出口货物
603	外资企业	外商投资企业进出口货物
789	鼓励项目	国家鼓励发展的内外资项目进口设备
799	自由资金	外商投资额度外利用自由资金进口设备、备件、配件

14. 结汇方式

结汇方式指出口货物的发货人或其代理人收结外汇的方式。本栏目应按海关规定的《结汇方式代码表》(表 10 －4)选择相应的结汇方式名称、缩写或代码,如填写“信用证”、“L/C”或“6”。进口报关单本栏目免予填报。出口报关单填报结汇方式,按海关规定的《结汇方式代码表》选择填报相应的结汇方式名称或代码。

表 10 －4　重要结汇方式代码表

代　码	结汇方式名称	缩　写	英文名称
1	信汇	M/T	Mail Transfer
2	电汇	T/T	Telegraphic Transfer
3	票汇	D/D	Remittance by Banker’s Demand Draft
4	付款交单	D/P	Documents against Payment
5	承兑交单	D/A	Documents against Acceptance
6	信用证	L/C	Letter Of Credit

15. 许可证号

许可证号指国务院商务主管部门及其授权发证机关签发的进出口货物许可证的编号。本栏目填报以下许可证的编号:进出口许可证、两用物项和技术进出口许可证、两用物项和技术出口许可证(定向)、纺织品临时出口许可证、出口许可证(加工贸易)、出口许可证(边境小额贸易)。一份报关单只允许填报一个许可证号。

16. 启运国(地区)/运抵国(地区)

启运国(地区)填报进口货物起始发出直接运抵我国或者在运输中转国(地区)未发生任何商业性交易的情况下运抵我国的国家(地区)。

运抵国(地区)填报出口货物离开我国关境直接运抵或者在运输中转国(地区)未发生任何商业性交易的情况下最后运抵的国家(地区)。

不经过第三国(地区)转运的直接运输进出口货物,以进口货物的装货港所在国(地区)为启运国(地区),以出口货物的指运港所在国(地区)为运抵国(地区)。经过第三国(地区)转运的进出口货物,如在中转国(地区)发生商业性交易,则以中转国(地区)作为启运/运抵国(地区)。

本栏目应按海关规定的《国别(地区)代码表》选择填报相应的启运国(地区)或运抵国(地区)中文名称及代码。本栏目应按海关规定的《国别(地区)代码表》填报相应国别(地区)的中文名称或代码,如填写“美国”或“502”。无实际进出境的,填报“中国”(代码 142)。

17. 装货港/指运港

装货港填报进口货物在运抵我国关境前的最后一个境外装运港。指运港填报出口货物运往境外的最终目的港;最终目的港不可预知的,按尽可能预知的目的港填报。

本栏目应根据实际情况按海关规定的《港口航线代码表》选择填报相应的港口中文名称及代码。装货港/指运港在《港口航线代码表》中无港口中文名称及代码的,可选择填报相应的国家中文名称或代码。如填写"旧金山"或"3193"。无实际进出境的,本栏目填报"中国境内"(代码142)。

18. 境内目的地/境内货源地

境内目的地填报已知的进口货物在国内的消费、使用地或最终运抵地,其中最终运抵地为最终使用单位所在的地区。最终使用单位难以确定的,填报货物进口时预知的最终收货单位所在地。

境内货源地填报出口货物在国内的产地或原始发货地。出口货物产地难以确定的,填报最早发运该出口货物的单位所在地。

本栏目按海关规定的《国内地区代码表》选择填报相应的国内地区名称及代码。如"湖州"或"33059"。

19. 批准文号

进口报关单本栏目免予填报。出口报关单本栏目用于填报《出口收汇核销单》编号。出口报关单直接填写出口收汇核销单编号。无长度要求,一份报关单允许填报一份出口收汇核销单编号。

20. 成交方式

成交方式是指在出口贸易中出口商品的价格构成和买卖双方各自应承担的责任、费用和风险,以及货物所有权转移的界限。成交方式在国际贸易中称贸易术语。本栏目应根据实际成交价格条款,按海关规定的《成交方式代码表》选择填报相应的成交方式名称或代码,如填写"CIF"或"1"。无实际进出境的,进口填报"CIF"或其代码,出口填报"FOB"或其代码。

21. 运费

本栏目填报进口货物运抵我国境内输入地点起卸前的运输费用、出口货物运至我国境内输出地点装载后的运输费用。进口货物成交价格包含前述运输费用或者出口货物成交价格不包含前述运输费用的,本栏目免予填报。

运费可按运费单价、总价或运费率三种方式之一填报,注明运费标记(运费标记:"1"表示运费率,"2"表示每吨货物的运费单价,"3"表示运费总价),并按海关规定的《货币代码表》选择填报相应的币种代码。

运保费合并计算的,填报在本栏目。内贸货物出境和进境的报关单,运费填报为"0"。例如:

(1)3%的运费率填报为"3"。

(2)15 美元的运费单价填报为"502/15/2"(注:502 为美元代码)。

(3)5 000 美元的运费总价填报为"502/5000/3"。

22. 保费

本栏目填报进口货物运抵我国境内输入地点起卸前的保险费用、出口货物运至我国境内输出地点装载后的保险费用。进口货物成交价格包含前述保险费用或者出口货物成交价格不包含前述保险费用的，本栏目免予填报。

保费可按保险费总价或保险费率两种方式之一填报，注明保险费标记（保险费标记“1”表示保险费率，“3”表示保险费总价），并按海关规定的《货币代码表》选择填报相应的币种代码。

运保费合并计算的，本栏目免予填报。内贸货物出境和进境的报关单，运费填报为“0”。

如3‰的保险费率填写“0.3”，2 000港元的保险费填写“110/2000/3”。

23. 杂费

本栏目填报成交价格以外的、按照《中华人民共和国进出口关税条例》相关规定应计入完税价格或应从完税价格中扣除的费用。

可按杂费总价或杂费率两种方式之一填报，注明杂费标记（杂费标记：“1”表示杂费率，“3”表示杂费总价），并按海关规定的《货币代码表》选择填报相应的币种代码。

应计入完税价格的杂费填报为正值或正率，应从完税价格中扣除的杂费填报为负值或负率。内贸货物出境和进境的报关单，运费填报为“0”。

24. 合同协议号

买卖双方就买卖的商品所签订的合同或者协议的编号。本栏目应填报进出口货物合同（协议）的全部字头和号码。

25. 件数

件数指按包装种类计数货物的数量。对该含义的理解应该结合包装种类的含义。本栏目应填报有外包装的进出口货物的实际件数。特殊情况下填报要求如下：

（1）舱单件数为集装箱（TEU）的，填报集装箱个数。

（2）舱单件数为托盘的，填报托盘数。

本栏目不得填报为“0”，裸装货物填报为“1”。一般情况下，与提运单中显示的装运件数一致。

26. 包装种类

包装种类是指运输过程中货物外表所呈现的状态，也就是货物运输外包装的种类。本栏目应根据进出口货物的实际外包装种类，按海关规定的《包装种类代码表》选择填报相应的包装种类代码。

27. 毛重（千克）

毛重指货物及其包装材料的重量之和。通常在计算运费中使用毛重。净重是指毛重减去外包装材料后的重量。通常在计算价格中使用净重。净重通常等于法定重量。

本栏目填报所申报的进出口货物实际毛重，计量单位为千克（公斤），不足1千克的填报为“1”。1千克以上，其小数点后保留4位，第5位及其后的略去。

如单证中是“GROSS WEIGHT 1.5MT”，则此栏应填“1500”。

28. 净重（千克）

净重指货物的毛重减去外包装材料后的重量，即商品本身的实际重量。

本栏目填报进出口货物的实际净重，计量单位为千克，不足1千克的填报为1。

29. 集装箱号

本栏目填报装载进出口货物（包括拼箱货物）集装箱的箱体信息。集装箱号是在每个集装箱箱体两侧标示的全球唯一的编号。通常前4位是字母，后跟一串数字。其组成规则是:箱主代号(3 位字母)+设备识别号"U"+顺序号(6 位数字)+校验码(1 位数字)。例如,EASU9809490。

1 个集装箱填 1 条记录,分别填报集装箱号(在集装箱箱体上标示的全球唯一编号)、集装箱的规格和集装箱的自重。非集装箱货物填报为"0"。本栏目只填写一个集装箱号,其余集装箱号填写在备注栏或随附清单上。

30. 随附单据

随附单据指随进出口货物报关单一并向海关递交的单证或文件,合同、发票、装箱单、许可证等必备的随附单证不在本栏目填报。

本栏目根据海关规定的《监管证件代码表》选择填报除《中华人民共和国海关进出口货物报关单填制规范》第十八条规定的许可证件以外的其他进出口许可证件或监管证件代码及编号。

本栏目分为"随附单证代码"和"随附单证编号"两栏,其中,代码栏应按海关规定的《监管证件代码表》选择填报相应证件代码;编号栏应填报证件编号。

31. 用途/生产厂家

进口货物的实际适用方面或范围。海关规定有《用途代码表》,如表 10-5 所示,应根据进口货物的实际用途在代码表中找到适用的用途填写。生产厂家指出口货物的境内生产企业。

表 10-5 用途代码表

代 码	名 称	代 码	名 称	代 码	名 称
01	外贸自营内销	05	加工返销	09	作价提供
02	特区内销	06	借用	10	货样、广告品
03	其他内销	07	收保证金	11	其他
04	企业自用	08	免费提供		

32. 标记唛码及备注

填写货物外包装的标记唛码及其他说明事项(唛头中除图形外的文字、数字)。标记唛码就是指运输的标志,是为方便收货人查找,便于在装卸、运输、储运过程中识别而设。信用证规定多个运输标记的,应一一列明;有多个集装箱的,在此栏目下填写其余集装箱号。

本栏目填报要求如下:

(1)标记唛码中除图形以外的文字、数字。

(2)受外商投资企业委托代理其进口投资设备、物品的进出口企业名称。

(3)与本报关单有关联关系的,同时在业务管理规范方面又要求填报的备案号,填报在电子数据报关单中"关联备案"栏。

33. 项号

项号指同一票货物在报关单中的商品排列序号和在备案文件上的商品序号。

本栏目分两行填报及打印。第一行填报报关单中的商品顺序编号;第二行专用于加工贸易、减免税等已备案、审批的货物,填报和打印该项货物在《加工贸易手册》或《征免税证明》等备案、审批单证中的顺序编号。

优惠贸易协定项下实行原产地证书联网管理的报关单，第一行填报报关单中的商品顺序编号，第二行填报该项商品对应的原产地证书上的商品项号。

加工贸易项下进出口货物的报关单，第一行填报报关单中的商品顺序编号，第二行填报该项商品在《加工贸易手册》中的商品项号，用于核销对应项号下的料件或成品数量。

34. 商品编号

本栏目应填报由《中华人民共和国进出口税则》确定的进出口货物的税则号列和《中华人民共和国海关统计商品目录》确定的商品编码，以及符合海关监管要求的附加编号组成的 10 位商品编号。不同商品编号需分项填报，一张报关单最多允许填报 5 项商品（5 个商品编号）；一份报关单最多允许填报 20 项商品，即最多允许有 20 个商品编号。

35. 商品名称、规格型号

本栏目分两行填报及打印。第一行打印进出口货物规范的中文商品名称，第二行打印规格型号，按合同规定的货物名称和规格的主要项目填写。

36. 数量及单位

填写进出口商品的实际数量及计量单位。数量是指进出口商品的实际数量。单位是指针对数量的计量单位。它包括成交计量单位和法定计量单位。数量和单位是相对应的，因此，报关单中的数量既包括成交计量单位的数量也包括法定计量单位的数量。

本栏目分三行填报及打印。第一行按海关法定第一计量单位及数量填报；第二行按海关法定第二计量单位及数量填报，无第二计量单位的，本栏目第二行为空；第三行填写成交计量单位及数量。成交计量单位与法定计量单位一致时，第三行为空。加工贸易等已备案的货物，成交计量单位必须与备案登记中同项号下货物的计量单位一致。

37. 原产国（地区）/最终目的国（地区）

原产国（地区）应依据《中华人民共和国进出口货物原产地条例》《中华人民共和国海关关于执行（非优惠原产地规则中实质性改变标准）的规定》以及海关总署关于各项优惠贸易协定原产地管理规章规定的原产地确定标准填报。同一批进口货物的原产地不同的，应分别填报原产国（地区）。进口货物原产国（地区）无法确定的，填报“国别不详”（代码 701）。

最终目的国（地区）填报已知的出口货物的最终实际消费、使用或进一步加工制造国家（地区）。不经过第三国（地区）转运的直接运输货物，以运抵国（地区）为最终目的国（地区）；经过第三国（地区）转运的货物，以最后运往国（地区）为最终目的国（地区）。同一批出口货物的最终目的国（地区）不同的，应分别填报最终目的国（地区）。出口货物不能确定最终目的国（地区）时，以尽可能预知的最后运往国（地区）为最终目的国（地区）。

本栏目应按海关规定的《国别（地区）代码表》选择填报相应的国家（地区）名称及代码。

38. 单价

单价是指商品的一个计量单位以某一种货币表示的价格。商品的单价一般应包括：单位商品的价值金额、计量单位、计价货币和价格术语四个部分。如，“AT USD 459/DRUM FOB DALIAN”，价值金额是 459，计量（计价）单位是桶（DRUM），计价货币是美元（USD），价格术语是 FOB DALIAN。

本栏目填报同一项号下进出口货物实际成交的商品单位价格。无实际成交价格的，本栏目填报单位货值。

39. 总价

总价是指进出口货物实际成交的商品总价。本栏目填报同一项号下进出口货物实际成交的商品总价格。无实际成交价格的,本栏目填报货值。

40. 币制

币制指进出口货物实际成交价格的币种。

本栏目应按海关规定的《货币代码表》选择相应的货币名称及代码填报,如《货币代码表》中无实际成交币种,需将实际成交货币按申报日外汇折算率折算成《货币代码表》列明的货币填报,常用货币代码如表 10 -6 所示。

表 10 -6 常用货币代码

代 码	货币符号	货币名称	代 码	货币符号	货币名称	代 码	货币符号	货币名称
110	HKD	港币	116	JPY	日元	132	SGD	新加坡元
142	CNY	人民币	133	KRW	韩元	300	EUR	欧元
302	DKK	丹麦克朗	303	GBP	英镑	330	SEK	瑞典克朗
331	CHF	瑞士法郎	344	SUR	俄罗斯卢布	501	CAD	加拿大元
502	USD	美元	601	AUD	澳大利亚元	609	NZD	新西兰元

41. 征免

征免指海关对进出口货物进行征税、减税、免税或特案处理的实际操作方式。

本栏目应按照海关核发的《征免税证明》或有关政策规定,对报关单所列每项商品选择海关规定的《征减免税方式代码表》中相应的征减免税方式填报,如表 10 -7 所示。

加工贸易货物报关单应根据《加工贸易手册》中备案的征免规定填报;《加工贸易手册》中备案的征免规定为"保金"或"保函"的,应填报"全免"。

表 10 -7 征减免税方式代码

代 码	名 称	代 码	名 称
1	照章征税	6	保证金
2	折半征税	7	保函
3	全免	8	折半补税
4	特案	9	全额退税
5	随征免性质		

42. 税费征收情况

本栏目供海关批注进出口货物税费征收及减免情况。

43. 录入员

本栏目用于预录入和 EDI 报关单,打印录入人员的姓名。

44. 录入单位

本栏目用于预录入和 EDI 报关单,打印录入单位名称。

45. 申报单位

自理报关的,本栏目填报进出口企业的名称及海关注册编码;委托代理报关的,本栏目填报经海关批准的报关企业名称及海关注册编码。

本栏目还包括报关单左下方用于填报申报单位有关情况的相关栏目,包括报关员、报关单位地址、邮政编码和电话号码等栏目。

46. 填制日期

本栏目填报申报单位填制报关单的日期。本栏目为8位数字,顺序为年(4位)、月(2位)、日(2位)。

47. 海关审单批注栏

本栏目是供海关内部作业时签注的总栏目,由海关关员手工填写在预录入报关单上。其中“放行”栏填写海关对接受申报的进出口货物做出放行决定的日期。

第三节　案例讨论

【案例10－1】根据合同及相关材料缮制出口货物报关单。

Sales Contract

No. BR2001218

DATE:MAY 20. 2017

Seller: Ningbo Huadong Food Co. Ltd. (宁波华东食品有限公司)

Buyer: Toko Trade Corporation

Name of commodity: Frozen Peapods(冻豌豆)

Quantity: 30M/T

Unit Price : CIF Osaka USD 1020. 00 Per M/T

Amount : USD 30 600. 00

Shipment : From Ningbo , China To Osaka , Japan Not Later Than June 15,2007

Packing: By Seaworthy cartons

N. W: 20kgs/ctn

G. W:21kgs/ctn

Payment: By irrevocable letter of Credit at Sight

Shipping Marks:

Toko/ Made in China/ No. 1 – up

其他制单材料:

出口口岸:宁波海关(33025)

出口单位编码:3103945120

贸易方式:一般贸易

运输工具名称:Lirong, E33

配舱回单号码:cosu211

境内货源地:宁波其他

出口日期:2017年6月14日

申报日期:2017 年 6 月 11 日

杂费:无

冷藏豌豆:07082000

集装箱号:WWWU2608593

随附单据:出境货物通关单:34567890

运费总价为 220 美元,保险费总价为 210 美元。

中华人民共和国海关出口货物报关单

出口口岸　宁波海关(33025)		备案号	出口日期 2017. 06. 14	申报日期 2017. 06. 11
经营单位 宁波华东食品有限公司　3103945120		运输方式 江海运输	运输工具名称 lirong/E33	提运单号 cosu211
发货单位 宁波华东食品有限公司　3103945120		贸易方式 一般贸易	征免性质 一般征税	结汇方式 信用证
许可证号	运抵国(地区) 日本		指运港 大阪	境内货源地 宁波其他
批准文号	成交方式 CIF	运费 502/220/3	保费 502/210/3	杂费
合同协议号 BR2001218	件数 1 500	包装种类 纸箱	毛重(千克) 31 500	净重(千克) 30 000
集装箱号	随附单据 B:34567890			生产厂家
标记号码及备注 TOKO MADE IN CHINA NO. 1 - 1500				

项号	商品编号	商品名称、规格型号	数量及单位	最终目的国(地区)	单价	总价	币制	征免
	01	冻碗豆	30 公吨	日本	1 020. 00	30 600. 00	USD	照章征税

税费征收情况		
录入员　　录入单位	兹申明以上申报无论并承担法律责任	海关审单批注及放行日期(签章) 审单　　审单
报关员		征税　　统计
单位地址	申报单位(签章)	查验　　放行
邮编　　电话	填制日期	

复　习　题

一、选择题

1. 下面关于报关单份数规定中，正确的是(　　)。

A. 一份电子报关单最多填报 20 项商品

B. 一份纸质报关单最多填报 20 项商品

C. 一份纸质报关单最多允许联单 1 张

D 一份纸质报关单最多联单 2 张

2. 英国生产的产品，中国购自新加坡，经香港转运至内地，填写报关单时起运地为(　　)。

A. 英国　　B. 新加坡　　C. 香港　　D. 不填

3. 海关规定的进口货物的进口日期是指(　　)。

A. 申报货物办结海关进口手续的日期

B. 向海关申报货物进口的日期

C. 运载货物的运输工具申报进境的日期

D. 所申报货物进入海关监管场地或仓库的日期

4. 出口货物报关单上的批准文号一栏内，应填报(　　)。

A.《出口收汇核销单》的编号　　B. 合同的编号

C. 信用证的编号　　D. 出口许可证的编号

5. 对于出口货物报关单的表述，错误的是(　　)。

A. 各地方海关规定单据格式

B. 由出口货物发货人或报关行填制并向海关提交

C. 用于申报货物状况的法律文件

D. 海关依法监管货物出口、征收关税的凭证

二、判断题

1. 不同类别的报关单采用不同的颜色或加注贸易性质的文字以示区别，其主要内容大致相同。(　　)

2. 出口货物报关单上的运单号一栏应填报出口货物提单或运单编号，一票货物多个提运单时，不可分单填写。(　　)

3. 出口货物报关单上的运费与保费一栏，必须填写，不得留空。(　　)

4. 属申领出口许可证的货物，在出口货物报关单上的许可证号一栏内必须填出口货物许可证的编号(10 位数)，不得为空。一份报关单允许填报多个许可证号。(　　)

5. “一般进出口”指的就是以“一般贸易”方式进出口。(　　)

三、制单操作题

1. 根据案例及所给的单证，正确填制出口报关单。

我国苏州市对外贸易公司向日本 DAE YEA CO. LTD(OSAKA JAPAN)出口尼龙布，商品编码:54074100，双方在 2018 年 10 月至 12 月的 2 个月时间通过多次的沟通、谈判，于

2018 年 12 月 5 日在日本订立合同，合同号为 BN092343，贸易条件为 CIF OSAKA。双方确定要在 2019 年 2 月 2 日前装货完成。发货人于 2019 年 1 月 15 日委托上海其田报关行进行报关委托，而该报关行凭有关单证于 2019 年 1 月 17 日正式向上海黄浦海关进行报关。

（1）合同主要条款。

COMMODITY & SPECIFICATION：	NYLON FABRICS 尼龙布 MANUFACTURER：SU ZHOU TEXTILE GROUP
QUANTITY：	100 000 m
PACKING：	6 200 ROLLS
UNIT PRICE：	USD 0.5 PER M
AMOUNT：	USD 50 000
SHIPMENT：	Shipment on Feb. 2$_{ND}$, 2019 100000M from Shanghai to Osaka
INSURANCE：	To be covered by the seller for 110%of total invoice value against All Risks
PAYMENT：	T/T

（2）发票。

<table>
<tr><td colspan="3">Shipper：SU ZHOUFOREIGN TRADE CORP
SU ZHOU CITY，JIANG SU. CHINA</td><td colspan="2" rowspan="3">B/L. SZH－99674
PIC
PACIFIC INTERNATIONAL LINES. LTD
COMBINED TRANSPORT OR DIRECT
BILL OF LADING</td></tr>
<tr><td colspan="3">Consignee：DAE YEA CO. LTD OSAKA JAPAN</td></tr>
<tr><td colspan="3">Notify Party：</td></tr>
<tr><td colspan="2">Vessel and voyage number：
BOTA YJ V098</td><td>Port of loading
SHANG HAI，CHINA</td><td colspan="2">Port of Discharge：
OSAKA，JAPAN</td></tr>
<tr><td colspan="2">Place of Delivery：
OSAKA，JAPAN</td><td colspan="3">Number of Original B/L：
THREE(3)</td></tr>
<tr><td>Container Nos
Mark & Number</td><td>No of packing</td><td>Description of Goods</td><td>Gross Weight</td><td>Net Weight</td></tr>
<tr><td>DAEY
OSAKA，JAPAN

CONTAINER NO.
INBS4049323(20’)
ISBT7197523(40’)</td><td>6200 ROLLS

TOTAL：
SIX THOUSAND
TWO
HUNDRED
ROLLS ONLY</td><td>NYLON FABRICS
尼龙布
MANUFACTURER：
SU ZHOU TEXTILE
GROUP</td><td>50463KGS</td><td>50200KGS</td></tr>
</table>

(3)装箱单。

苏州市对外贸易公司

SU ZHOUFOREIGN TRADE CORP

INVOICE　　　　NO. SY0812170

From:SHANGHAI CHINA T/T	TO: OSAKA,JAPAN Sales confirmation
NO:FAMJO55 Marks&Nos	Quantities and Descriptions　　　　unit price Amount
OSAKA N01 -6200 MADE IN CHINA	NYLON FABRICS 尼龙布　　CIF OSAKA Total:100 000 m　　0. 50/m　　USD 50 000 SAY TOTAL FIFTY THOUSAND US DOLLARS ONLY
	预录入编号: 经营单位海关编号:3120910208,发货人同经营单位 运输费 4800USD

2. 请根据所提供的原始单据以及补充材料,按照报关单填制规范的要求,在报关单相应选项中,选出最合适的答案。

上海亿阳进出口公司

SHANG HAI YI YANG IM/EX TRADE CORP

INVOICE

NO. ZY07972173

From MARSEILLE TO SHANGHAI CHINA Shipped per: VD TAVRVS Voyage:A23W		Payment: L/C
Marks & Nos.	Quantities and Descriptions	Amount
TSP -496FT NO1 -1533 MADEIN FRANCE	WOMENS 100PCT COTTON WOVEN SHIRT 10220DOZS USD22. 08/DOZ AS PER CONTRACT NO. TSP -496FT	USD 2 236 756 FOB MARSEILLES

PACKING LIST

INVOICENO. :ZY0792173.　　　　Date: MAY12th, 2000

Marks & Nos.	Designs　Size assortment	G. W	N. W
TSP -496FT	WOMENS100PCT	1 379 kgs	1 042 kgs
NO1 -1533	SHIRTCOTTON WOVEN		
MADE IN FRANCE		TOTAL CTNS: 1533 CTNS	
CONSIGNEE: SHANGHAI TEXTILE GROUP 583 XUHUI DISTRICT SHANG HAI, CHINA		B/L NO. : CMA 2584HAM	

<table>
<tr><td>NOTIFY PARTY: SAME AS CONSIGNEE

I: 0. 2%</td><td>CMA
COMPAGNIE MARITIME DAFER
Societe Amngme an capital de 30. 00
De France 4 quai d'ARENL, 13002
Marseiue.
Telex 401667
Telefax: 91. 39. 30. 95</td></tr>
<tr><td></td><td></td></tr>
</table>

BILL OF LADING

NO. : CMA2584HAM

<table>
<tr><td colspan="2">Shipper:
PENF IBRF SON BERHAD
13 600 MARSEILLE FRANCE</td><td colspan="2" rowspan="3">中远集装箱运输有限公司
COSCO CONTAINER LINES
ORIGINAL
port – to – port combined transport
BILL OF LADING</td></tr>
<tr><td colspan="2">Consignee:
SHNGHAI GARMENTS</td></tr>
<tr><td colspan="2">Notify party:
SHANGHAI YIYANG IM&EX CORP.</td></tr>
<tr><td>Kind of packagers</td><td>Description of goods</td><td>G. W.</td><td>Measurement</td></tr>
<tr><td>1533Cartons</td><td>WOMENS 100PCT COTTON WOVEN SHIRT
TWO CONTAINERS:
GSTV2426243/20/2275
DFDV1322819/40/4485
SAY ONE THOUSAND FIVE HUNDRED
THIRTY THREE CARTONS ONLY</td><td>1 379 kgs</td><td>87. 9 CBM</td></tr>
</table>

补充材料:HSCODE:62080090;该货物进境后,2000 年 5 月 18 日 由上海顺驰报关有限公司向上海吴淞海关申报;海关法定计量单位:千克;经营单位海关注册编号:3215810289;上海纺织集团委托上海亿阳进出口公司进口一批女士全棉针织衬衫。

回答问题:

(1)申报日期栏应填(　　)。

A. 2000. 05. 12　　B. 2000. 05. 18　　C. 2000. 05. 22　　D. 2000. 05. 28

(2)进口口岸栏应填(　　)。

A. 深圳海关　　B. 黄浦海关　　C. 上海海关　　D. 吴淞海关

(3)运输方式栏应填(　　)。
A. 江海运输　B. 汽车运输　C. 铁路运输　D. 其他运输

(4)经营单位栏应填(　　)。
A. 上海服装厂(3216710423)　B. 上海亿阳国际贸易公司(3215810289)
C. 上海顺驰报关有限公司　D. 中远集装箱运输有限公司

(5)提运单号栏应填(　　)。
A. CMA2584HAM　B. 2911900780　C. 0871029　D. 2Y07972173

(6)贸易方式栏应填(　　)。
A. 进料加工　B. 一般贸易　C. FOB　D. CIF

(7)运输工具名称栏应填(　　)。
A. VD TAVRVSV. A23W　B. VD TAVRVS/ 00/05/10
C. VD TAVRVSV. A23W/00/15/12　D. VD TAVRVS V. A23W/ 00/05/18

(8)征免性质栏应填(　　)。
A. 一般贸易　B. 来样加工　C. 一般征税　D. FOB

(9)收货单位栏应填(　　)。
A. 上海纺织集团　B. 上海亿阳进出口公司
C. 上海顺驰报关有限公司　D. 中远集装箱运输有限公司

(10)装运港应填(　　)。
A. 法国　B. 马赛　C. 中国香港　D. 上海

(11)境内目的地栏应填(　　)。
A. 深圳　B. 中国香港　C. 上海吴淞　D. 上海徐汇区

(12)件数栏应填(　　)。
A. 10 220　B. 1 533　C. 10　D. 13 797

(13)如果运费为每吨 25 美元,运费栏应填(　　)。
A. 25　B. 502/25/2　C. 502/0. 25/2　D. 0. 25%

(14)保费栏应填(　　)。
A. 0. 25 %　B. 205/25/2　C. 502/0. 25/2　D. 0. 25

(15)净重栏应填(　　)。
A. 1 379　B. 1 533　C. 1 042　D. 1 300

(16)数量及单位栏应填(　　)。
A. 10 200 打　B. 87. 9 CBM　C. 1 379 kgs　D. 1 042 kgs

(17)集装箱号栏应填(　　)。
A. GSTU2426243/20/2275　B. GSTU2426243/40/2275
C. DFDV1322819/40/4485　D. GSTU2426243/GSTU2426243/20/2275

(18)原产国栏应填(　　)。
A. 德国　B. 法国　C. 中国　D. 马赛

(19)总价栏应填(　　)。
A. 1 379　B. 87. 9　C. 223 657. 6　D. 22. 8/0

第十一章 外贸单证模拟演练

综合实训一

根据给出的售货合同、信用证及相关资料,填制要求的单据。

1. 售货合同

售 货 合 同

SALES CONTRACT

Contract No. : 98SGQ468001
Date: NOV. 15,2018

Signed at: GUANGZHOU
Seller: GUANGZHOU LONGHUA TRADING CO. LTD
Address: 152, ZHENGLONG ROAD,GUANGZHOU,CHINA
Tel:
Fax: 083556688

Buyer: ABC COMPANY LIMITD,FINLAND
Address: AKEDSANTERINK AUTO P. O. BOX,FINLAND
Tel:
Fax:833 – 6754433

This Sales Contract is made by and between the Sellers and the Buyers, whereby the sellers agree to sell and the Buyers agree to buy the under – mentioned goods according to the terms and conditions specified below:

(1)货号、品名及规格 Name of Commodity and specification,	(2)数量 Quantity	(3)单价 Unit Price	(4)金额 Amount
TRIANGLE BRAND 3U – SHAPE ELECTRONIC ENERGY SAVING LAMPS		CIF HELSINKI	
TR – 3TR – 3U – A 110V 5W E27/B22	5 000PCS	USD 2. 50/PC	USD 12 500. 00
TR – 3TR – 3U – A 110V 7W E27/B22	5 000PCS	USD 3. 00/PC	USD 15 000. 00
TR – 3TR – 3U – A 110V 22W E27/B22	5 000PCS	USD 3. 80/PC	USD 19 000. 00
TR – 3TR – 3U – A 110V 26W E27/B22	5 000PCS	USD 4. 20/PC	USD 21 000. 00
Total: USD 67 500. 00 Say:US DOLLARS SIXTYSEVEN THOUSAND FIVE HUNDRED ONLY			

(5) Shipping Mark : ABC

HELSINKI

NO. 1 – 400

(6) Time of Shipment: Within 28 days after receipt of L/C.

Transshipment: ALLOWED

Partial shipments: ALLOWED

(7) Port of Loading: GUANGZHOU

(8) Port of Destination: HELSINKI

(9) Packing : in cartons of 50 pieces each

(10) Terms of Payment: By 100% irrevocable Letter of Credit in favor of the Sellers to be available by sight draft to be opened and to reach China before DEC. 1, 2018 and to remain valid for negotiation in China until the 15_{TH} days after the foresaid Time of Shipment.

L/C must mention this contract number. L/C advised by BANK OF CHINA , GUANGZHOU BRANCH, all banking Charges outside China are for account of the Drawee.

(11) Insurance: To be effected by Sellers for 110% of full invoice value covering F. P. A. up to HELSINKI as per PICC Clauses.

(12) QUALITY/QUANTITY DISCREPANCY: In case of quality discrepancy, claim should be field by the Buyers within 3 months after the arrival of the goods at port of destination. It is understood that the Sellers shall not be liable for any discrepancy of the goods shipped due to causes for which the Insurance company, Shipping company, other transportation organization or post Office are liable.

(13) Special Provisions: If anything contained in the above printed Clause(s) is(are) inconsistent with the provisions stipulated below, the above printed clause(s) shall automatically be null and void to the extent of such inconsistency.

Arbitration: All disputes arising from the execution of or in connection with this contract shall be settled by friendly negotiation. In case of settlement can not be reached through negotiation, the case shall then be submitted for arbitration to the China Council for the Promotion of International Trade Beijing in accordance with the "Provisional rules of Procedure of the Foreign Economic and Trade Arbitration Commission of the China Council for the Promotion of International Trade". The arbitral award shall be accepted as final and binding upon both parties.

(14) The Sellers shall not be held responsible for failure or delay in delivery of the entire lot or a portion of the goods under this Sales Confirmation in consequence of force Majeure incidents.

(15) Shipping advice must be sent to buyer within 2days after shipment advising number of packages, gross& net weight, vessel name, bill of lading No. and date, contract No. value.

The Seller(s) ______________　　　　The Buyer(s) ______________

(Signature)　　　　(Signature)

2. 信用证

Issue of a documentary credit

Sequence of Total 27: 1/1

Form of Doc. Credit 40A: IRREVOCABLE

Doc. Credit Number 20: LRT9802457

Date of Issue 31C: NOV. 25, 2018

Expiry 31D: JAN. 10, 2019

Applicant 50: A. B. C. CORP.

AKEKSANTERINK AUTO

P. O. BOX 9, FINLAND

Beneficiary 59: GUANGDONG LONGHUA TRADING CO. LTD.

152, ZHENGLONG ROAD, GUANGZHOU, CHINA

Amount 32B: CURRENCY USD AMOUNT67500.00 (SAY US DOLLARS

SIXTYSEVEN THOUSAND FIVE HUNDRED ONLY)

Available with / by 41D: ANY BANK BY NEGOTIATION

Drafts at… 42C: SIGHT

Drawee 42A: METITA BANK LTD., FINLAND

Partial Shipment 43P: ALLOWED

Transshipment 43T: ALLOWED

Loading in Charge 44A: GUANGZHOU

For Transport to… 44B: HELSINKI

Latest Date of Shipment 44C: LATEST DEC. 28, 2018

Description of Goods 45A:

TRIANGLE BRAND 3U – SHAPE ELECTRONIC ENERGY SAVING LAMP

TR – 3U – A 110V 5W E27/B22 5000PCS USD2.50/PC

TR – 3U – A 110V 7W E27/B22 5000PCS USD3.00/PC

TR – 3U – A 110V 22W E27/B22 5000PCS USD3.80/PC

TR – 3U – A 110V 26W E27/B22 5000PCS USD4.20/PC

CIF HELSINKI AS PER S/C 98SGQ468001 DD 15, 11, 18

Documents Required 46A:

+COMMERCIAL INVOICE IN 5 COPIES

+PACKING LIST IN 5 COPIES

+ FULL SET OF CLEAN SHIPPED ON BOARD MARINE OCEAN BILL OF LADING, MADE OUT TO ORDER, MARKED "FREIGHT PREPAID" AND NOTIFY APPLICANT

+MARINE INSURANCE POLICY/CERTIFICATE COVERING RISKS F. P. A. OF PICC. INCLUDING WAREHOUSE TO WAREHOUSE CLAUSE UP TO FINAL DESTINATION AT HELSINKI, FOR AT LEAST 110 PERCENT OF CIF VALUE

+SHIPPING ADVICE MUST BE SENT TO APPLICANT WITHIN 2 DAYS AFTER SHIPMENT, ADVISING NUMBER OF PACKAGES, GROSS AND NET WEIGHT, VESSEL NAME, BILL OF LADING NO. AND DATE, CONTRACT NO. AND VALUE.

Additional Conditions 47A:

IF BILLS OF LADING ARE REQUIRED ABOVE, PLEASE FORWARD DOCUMENTS IN TWO MAILS. ORIGINALS SEND

BY COURIER AND DUPLICATES BY REGISTERED AIRMAIL.

Charges　　71B：BANK CHARGES EXCLUDING ISSUING BANK ARE FOR ACCOUNT OF BENEFICIARY

Presentation Period　　48：DOCUMENTS TO BE PRESENED WITHIN 15 DAYS FROM SHIPMENT DATE

Confirmation　　49：WITHOUT

Instructions　　78：

DISCREPANT DOCUMENTS，IF ACCEPTABLE，WILL BE SUBJECT TO A DISCREPANCY HANDLING FEE OF USD50.00 OR EQUIVALENT WHICH WILL BE FOR ACCOUNT OF BENEFICIARY.

Send to rec. info.　　72：THIS CREDIT IS ISSUED SUBJECT 2007 REVISION ICC

PUBLICATION600

3. 其他信息

合同签订日期：2018 年 11 月 15 日　　合同签订地点：广州

合同号码：98SGQ468001　　唛头：ABC/HELSINGKI/NO. 1 - 400

发票号：LH03 - 29038　　发票日期：2018 年 12 月 3 日

PACKING LIST DATE：DEC. 3，2003

G. W.：@9KGS　　N. W.：@7.50KGS　　MEASUREMENT：@(50 * 50 * 28)CM

托运单号：KEN - 98 - 25401　　船名、航次：SUISUN V. 103

托运日期：2018 年 12 月 1 日　　装运日期：2018 年 12 月 13 日

集装箱号：MAEU6150875　　货物存放地点：大朗仓库

H. S. 编码：85393190　　货物产地：中山

报检日期：2018 年 12 月 3 日　　报验单位登记号：4401091349

报关日期：2018 年 12 月 10 日　　申报海关：新凤罗冲口岸

广东龙华贸易有限公司海关注册登记编码：4401A13217

报关单预录入编号：002102133

出口核销单单位代码：25H28998 - 0　　核销单号：44K782591

投保日期：2018 年 12 月 12 日　　保险单号次：PICC - 98 - 225

卖方：GUANGZHOU LONGHUA TRADING CO. LTD

ADDRESS：152，ZHENGLONG ROAD，GUANGZHOU，CHINA

TELEX：0835 GDLEA CN

FAX：083556688

买方：ABC COMPANY LIMITD，FINLAND

ADDRESS：AKEDSANTERINK AUTO P. O. BOX，FINLAND

FAX：833 - 675

广东龙华贸易有限公司

GUANGDONG LONGHUA TRADING COMPANY LIMITED

152, ZHENGLONG ROAD, GUANGZHOU, VHINA

商 业 发 票

COMMERCIAL INVOICE

ORIGINAL

<table>
<tr><td rowspan="4" colspan="3">MESSRS:</td><td colspan="2">INVOICE DATE:</td></tr>
<tr><td colspan="2">INVOICE NO. :</td></tr>
<tr><td colspan="2">L/C NO. :</td></tr>
<tr><td colspan="2">CONTRACT NO. :</td></tr>
<tr><td colspan="5">TRANSPORT DETAILS:
FROM TO BY</td></tr>
<tr><td>MARKS & NOS.</td><td>DESCRIPTION</td><td>QUANTITY</td><td>UNIT PRICE</td><td>AMOUNT</td></tr>
<tr><td></td><td></td><td></td><td></td><td></td></tr>
<tr><td>TOTAL</td><td></td><td></td><td></td><td></td></tr>
</table>

PACKING:

TOTAL:

GUANGDONG LONGHUA TRADING COMPANY LIMITED

152, ZHENGLONG ROAD, GUANGZHOU, VHINA

(SIGNED)

广东龙华贸易有限公司

GUANGDONG LONGHUA TRADING COMPANY LIMITED

152, ZHENGLONG ROAD, GUANGZHOU, VHINA

装　箱　单

PACKING　LIST

ORIGINAL

EXPORTER:

TRANSPORT DETAILS:

FROM TO BY

INVOICENO.

DATE:

CONTRACT NO. :

L/C NO. :

标记唛码 Shipping Mark	品名规格 Description of goods	件数 Quantity	毛重 Gr. weight (kgs)	净重 Nt. weight (kgs)	箱外尺寸 Measurement (m^3)
TOTAL					

广东龙华贸易有限公司

GUANGDONG LONGHUA TRADING COMPANY LIMITED

(SIGNED)

海运出口货物托运单

<table>
<tr><td colspan="8">托运人
Shipper ________
编号　　　　　　　　船名
No. ________　　　S/S ________
目的港
For ________</td></tr>
<tr><td colspan="2">标志及号码
Marks & Nos.</td><td colspan="2">数量
Quantity</td><td colspan="2">货名
Description of Goods</td><td colspan="2">重量 Weight Kilos
净 Net ｜ 毛 Gross</td></tr>
<tr><td colspan="2"></td><td colspan="2"></td><td colspan="2"></td><td></td><td></td></tr>
<tr><td colspan="3">共计件数（大写）Total Number of Packages（In Writing）</td><td colspan="3"></td><td>运费付款方式</td><td></td></tr>
<tr><td>运费计算</td><td colspan="2"></td><td colspan="3">尺码
Measurement</td><td colspan="2"></td></tr>
<tr><td>备注</td><td colspan="7"></td></tr>
<tr><td>抬头</td><td colspan="2"></td><td>可否转船</td><td></td><td>可否分批</td><td colspan="2"></td></tr>
<tr><td rowspan="2">通知人</td><td rowspan="2" colspan="2"></td><td>装运期</td><td></td><td>有效期</td><td colspan="2">提单张数</td></tr>
<tr><td>金额</td><td colspan="4"></td></tr>
<tr><td></td><td colspan="2"></td><td>银行编号</td><td></td><td>信用证号</td><td colspan="2"></td></tr>
<tr><td colspan="8">制单日期______年______月______日</td></tr>
</table>

中华人民共和国出入境检验检疫
出境货物报检单

报检单位（加盖公章）：　　　　　　　　　　　　　　　　　　＊编号________________

报检单位登记号：　　联系人：　　电话：　　报检日期：　年　月　日

发货人	（中文）
	（外文）
收货人	（中文）
	（外文）

货物名称（中/外文）	H. S. 编码	产地	数/重量	货物总值	包装种类及数量

运输工具名称号码		贸易方式		货物存放地点	
合同号		信用证号		用途	
发货日期		输往国家（地区）		许可证/审批号	
启运地		到达口岸		生产单位注册	
集装箱规格、数量及号码					

合同、信用证订立的检验检疫条款或特殊要求	标记及号码	随附单据（划“√”或补填）	
		□合同	□包装性能结果单
		□信用证	□许可/审批文件
		□发票	□
		□换证凭单	□
		□装箱单	□
		□厂检单	□

需要证单名称（划“√”或补填）			＊检验检疫费	
□品质证书	正	副	总金额（人民币元）	
□重量证书	正	副		
□数量证书	正	副	计费人	
□兽医卫生证书	正	副		
□健康证书	正	副		
□卫生证书	正	副	收费人	
□动物卫生证书	正	副		

报检人郑重声明：	领取证单	
1. 本人被授权报检。	日期	
2. 上列填写内容正确属实，货物无伪造或冒用他人的厂名、标志、认证标志，并承担货物质量责任。		
签名：__________	签名	

注：有“＊”号栏由出入境检验检疫机关填写　　　　◆国家出入境检验检疫局制

中华人民共和国海关出口货物报关单

预录入编号：　　　　　　　　　　　　　　　　　　　　　　　　　海关编号：

出口口岸		备案号	出口日期	申报日期
经营单位		运输方式	运输工具名称	提运单号
收货单位		贸易方式	征免性质	结汇方式
许可证号	运抵国（地区）		指运港	境内货源地
批准文号	成交方式	运费	保费	杂费
合同协议号	件数	包装种类	毛重（千克）	净重（千克）
集装箱号	随附单据			生产厂家
标记号码及备注				
项号　商品编号　商品名称、规格型号　数量及单位　最终目的地（地区）　单价　总价　币制　征免				
税费征收情况				

录入员　　录入单位	兹申明以上申报无讹并承担法律责任	海关审单批注及放行日期（签章） 审单　　审单
报关员 单位地址 邮编　　电话	申报单位（签章） 填制日期	征税　　统计 查验　　放行

PICC 中国人民保险公司　上海市分公司

The People's Insurance Company of China, ShangHai Branch

总公司设于北京　一九四九年创立

Head Office Beijing　Established in 1949

货物运输保险单

CARGO TRANSPORTATION INSURANCE POLICY

发票号:(INVOICE NO.)　　保单次号

合同号:(CONTRACT NO.)　　POLICY NO.　FC－03324

信用证号:(L/C NO.)

被保险人:

Insured:________________

中国人民财产保险股份有限公司(以下简称本公司)根据被保险人的要求,由被保险人向本公司缴付约定的保险费,按照本保险单承保险别和背面所载条款与下列特款承保下述货物运输保险,特立本保险单。

THIS POLICY OF INSURANCE WITNESSES THAT THE PICC PROPERTY AND CASUALTY COMPANY LIMITED (HEREINAFTER CALLED "THE COMPANY") AT THE REQUEST OF THE INSURED AND IN CONSIDERATION OF THE AGREED PREMIUM PAID TO THE COMPANY BY THE INSURED. UNDERTAKES TO INSURE THE UNDERMENTIONED GOODS IN TRANSPORTATION SUBJECT TO THE CONDITIONS OF THIS POLICY AS PER THE CLAUSES PRINTED OVERLEAF AND OTHER SPECIAL CLAUSES ATTACHED HEREON.

标记 MARKS &NOS.	包装及数量 QUANTITY	保险货物项目 DESCRIPTION OF GOODS	保险金额 AMOUNT INSURED

总保险金额:

TOTAL AMOUNT INSURED:________________.

保费:　　启运日期:　　装载运输工具:

PREMIUM:__________　DATE OF COMMENCEMENT:__________　PER CONVEYANCE:__________

自　　经　　至

FROM __________ VIA __________ TO __________

承保险别:(CONDITIONS)

所保货物,如发生保单项下可能引起索赔的损失或损坏,应立即通知本公司下述代理人查勘。如有索赔,应向本公司提交保单正本(本保单共有三份正本)及有关文件。如一份正本已用于索赔,其余正本自动失效。

IN THE EVENT OF LOSS OR DAMAGE WHICH MAY RESULT IN A CLAIM UNDER THIS POLICY. IMMEDIATE NOTICE MUST BE GIVEN TO THE COMPANY'S AGENT AS MENTIONED HEREUNDER. CLAIMS, IF ANY, ONE OF THE ORIGINAL POLICY WHICH HAS BEEN ISSUED IN THREE ORIGINAL(S) TOGETHER WITH THE RELEVANT DOCUMENTS SHALL BE SURRENDERED TO THE COMPANY. IF ONE OF THE ORIGINAL POLICY HAS BEEN ACCOMPLISHED, THE OTHERS TO BE VOID.

中国人民保险公司上海市分公司

The People's Insurance Company of China ShangHai Branch

赔款偿付地点

CLAIM PAYABLE AT __________

出单日期

ISSUING DATE __________　　__________ Authorized Signature

<table>
<tr><td colspan="2">Shipper(Principal or Seller)</td><td rowspan="6" colspan="2">OCEAN BILL OF LADING
SHIPPED on board in apparent good order and condition (unless otherwise indicated) the goods or packages specified herein and to be discharged at the mentioned port of discharge or as near thereto as the vessel may safely get and be always afloat.
The weight, measure, marks and numbers, quality, contents and value, being particularly furnished by the Shipper, are not checked by the Carrier on loading.
The Shipper, Consignee and the Holder of this Bill of lading hereby expressly accept and agree to all printed, written or stamped provisions, exceptions and conditions of this Bill of Lading, including those on the back hereof.
IN WITNESS whereof the number of original Bills of Lading stated below have been signed, one of which being accomplished, the other(s) to be void.
ORIGINAL</td></tr>
<tr><td colspan="2">Consigned To(If "To order" so Indicate)</td></tr>
<tr><td colspan="2">Notify Party</td></tr>
<tr><td>Pre-carriage by</td><td>Port of loading</td></tr>
<tr><td>Vessel Voyage</td><td>Port of transshipment</td></tr>
<tr><td>Port of discharge</td><td>Final destination</td></tr>
<tr><td>Container/Seal No. Or Marks and Numbers</td><td>Number and kind of packages Description of goods</td><td>Gross Weight(kgs)</td><td>Measurement(m^3)</td></tr>
<tr><td colspan="2">Freight and charges</td><td colspan="2">REGARADING TRANSHIPMENT INFORM ATION PLEASE CONTACT</td></tr>
<tr><td rowspan="2">Ex. rate</td><td>Prepaid at</td><td>Freight payable at</td><td>Place and date of issue</td></tr>
<tr><td>Total Prepaid</td><td>Number of original Bs/L</td><td>Signed for or on behalf of the Master
TRIPLE EAGLE CONTAINER LINE
By ____________
As Agent for the Carrier Authorized Signature</td></tr>
</table>

广东龙华贸易有限公司

GUANGDONG LONGHUA TRADING COMPANY LIMITED

152 ZHENGLING ROAD, GUANGZHO,CHINA

FAX:833 - 675

REF. NO:GDP982653

TO MESSRS:

ADVICE OF SHIPMENT

(1) NAME OF COMMODITY:

(2) QUANTITY:

(3) INVOICE VALUE:

(4) NAME OF CARRYING STEAMER:

(5) DATE OF SHIPMENT:

(6) CREDIT NO.:

(7) SHIPPING MARKS:

____

（签名）

凭
Drawn under ______________________________
信用证　　　　第　　　　号
L/C　No. ______________________________
日期　　　　年　　　月　　　日
Dated ______________________________
按　　息　　　　　　　　付款
Payable with interest@ __________ % per annum
号码　　　　　　汇票金额
No. ____________ **Exchange** for __________
见票　　　　　　日后（本汇票之副本未付）付
At ____________ Sight of this **FIRST** of Exchange(Second of exchange being unpaid)
Pay to the order of ______________________________ 或其指定人
金额
The sum of ______________________________
此致
To: ______________________________

(Official seal and signature)

1

凭
Drawn under ______________________________
信用证　　　　第　　　　号
L/C　No. ______________________________
日期　　　　年　　　月　　　日
Dated ______________________________
按　　息　　　　　　　　付款
Payable with interest@ __________ % per annum
号码　　　　　　汇票金额
No. ____________ **Exchange** for __________
见票　　　　　　日后（本汇票之副本未付）付
At ____________ Sight of this **SECOND** of Exchange(First of exchange being unpaid)
Pay to the order of ______________________________ 或其指定人
金额
The sum of ______________________________
此致
To: ______________________________

(Official seal and signature)

2

综合实训二

根据下述的资料制作发票、汇票、提单、装箱单。

信　用　证

SEQUENCE OF TOTAL　*27：1/1

FORM OF DOC. CREDIT *40A：IRREVOCABLE

DOC. CREDIT NUMBER　*20：DC LDI300954

DATE OF ISSUE　31C：180624

EXPIRY　*31D：DATE 180824 PLACE IN COUNTRY OF BENEFICIARY

APPLICANT　*50：VIRSONS LIMITED
23 COSGROVE WAY
LUTON，BEDFORDSHIRE
LU1 1XL

BENEFICIARY　*59：HANGZHOU WANSHILI IMP. AND EXP. CO. LTD.，
309 JICHANG ROAD，
HANGZHOU，
CHINA

AMOUNT　*32B：CURRENCY USD AMOUNT 74 150. 00

AVAILABLE WITH/BY　*41D：ANY BANK
BY NEGOTIATION

DRAFT AT …　42C：AT SIGHT

DRAWEE　*42A：MIDLGB22B × × ×
* HSBC BANK PLC（FORMERLYMIDLAND BANK PLC）
* LONDON
*（ALLU. K. OFFICES）

PARTIAL SHIPMENT　43P：ALLOWED

TRANSSHIPMENT　43T：NOT ALLOWED

LOADING IN CHARGE　44A：CHINA

FOR TRANSPORT TO….　44B：FELIXSTOWE PORT

LATEST DATE OF SHIP.　44C：180809

DESCRIPT. OF GOODS　45A：

DEVORE CUSHION COVERS AND RUGS AS PER VIRSONS ORDER NO.
RAP－599/2018.
CIF FELIXSTOWE PORT

DOCUMENTS REQUIRED 46A：

\+ ORIGINAL SIGNED INVOICE PLUS THREE COPIES.

\+ FULL SET OF ORIGINAL CLEAN ON BOARD MARINE BILL OF LADING MADE OUT TO SHIPPERS ORDER AND BLANK ENDORSED，MARKED
FREIGHT PREPAID AND NOTIFY APPLICANT QUOTING FULL NAME AND ADDRESS.

\+ ORIGINAL PACKING LIST PLUS THREE COPIES INDICATING DETAILED PACKING OF EACH CARTON.

+MARINE INSURANCE POLICY FOR 110PCT OF INVOICE VALUE, BLANK ENDORSED, COVERING ALL RISKS AND WAR RISK, CLAIMS PAYABLE AT DESTINATION.

+ORIGINAL CERTIFICATE OF ORIGIN PLUS ONE COPY ISSUED BY CHAMBER OF COMMERCE.

+ORIGINAL GSP FORM A CERTIFICATE OF ORIGIN IN OFFICIAL FORM ISSUED BY A TRADE AUTHORITY OR GOVERNMENT BODY PLUS ONE COPY.

+COPY OF FAX SENT BY BENEFICIARY TO APPLICANT, EVIDENCING THAT COPIES OF INVOICE, BILL OF LADING AND PACKING LIST HAVE BEEN FAXED TO APPLICANT ON FAX NO. 01582. 434708 WITHIN 3 DAYS OF BILL OF LADING DATE.

ADDITIONAL COND. 47A:

+VIRSONS ORDER NUMBER MUST BE QUOTED ON ALL DOCUMENTS.

+UNLESS OTHERWISE EXPRESSLY STATE, ALL DOCUMENTS MUST BE IN ENGLISH.

+EXCEPT SO FAR AS OTHERWISE EXPRESSLY STATE, THIS DOCUMENTARY CREDIT IS SUBJECT TO UNIFORM CUSTOMS AND PRACTICE FOR DOCUMENTARY CREDIT ICC PUBLICATION NO. 600.

+ALL BANK CHARGES IN CONNECTION WITH THIS DOCUMENTARY CREDIT EXCEPT ISSUING BANK'S OPENING COMMISSION AND TRANSMISSION COSTS ARE FOR THE BENEFICIARY.

PRESENTATION PERIOD 48: WITHIN 15 DAYS AFTER THE DATE OF SHIPMENT BUT WITHIN THE VALIDITY OF THE CREDIT.

CONFIRMATION *49: WITHOUT

INSTRUCTION 78: ON RECEIPT OF DOCUMENTS CONFIRMING TO THE TERMS OF THIS DOCUMENTARY CREDIT, WE UNDERTAKE TO REIMBURSE YOU IN THE CURRENCY OF THE CREDIT IN ACCORDANCE WITH YOUR INSTRUCTIONS, WHICH SHOULD INCLUDE YOUR UID NUMBER AND THE ABA CODE OF THE RECEIVING BANK.

SEND. TO REC. INFO. 72: DOCUMENTS TO BE DESPATCHED BY COURIER SERVICE IN ONELOT TO HSBC BANK PLC, TRADE SERVICES, LD1 TEAM. LEVEL 26, 8 CANADA SQUARE, LONDON E14 5HQ.

有关资料：

发票号码:03WSL05F092

发票日期:2018年8月5日

提单号码:SD1750416270

提单日期:2018年8月8日

集装箱号码:TGHU4693235

集装箱封号:2973385

1×40'FCL,CY/CY

船名:HAN JIANG HE

航次:V. 331E

装运港:SHANGHAI

CUSHION COVER:坐垫套,H. S. CODE(税则号):6304. 9390

规格:45×45 CMS

数量:20 000 个,USD2.20/个,100pcs/箱,纸箱尺码:46 ×46 ×34 CMS

毛重:22 KGS/箱,净重:20 KGS/箱

唛头:

VIRSONS

RAP - 599/2018

FELIXSTOWE

NO. 1 - 200

RUG:挂毯,H. S. CODE(税则号):5803.0010.30

规格:127 ×152 CMS

数量:4500 个,USD 6.70/个,30 PCS/箱,纸箱尺码:153 ×15 ×128 CMS

毛重:18KGS/箱,净重:15 KGS/箱

唛头:

VIRSONS

RAP - 599/2003

FELIXSTOWE

NO. 1 - 150

附录 A 《UCP600》(《跟单信用证统一惯例》)中文版

第一条　UCP 的适用范围

《跟单信用证统一惯例》(2007 年修订本,国际商会第 600 号出版物)乃是一套规则,适用于所有的其文本中明确表明受本惯例约束的跟单信用证(下称信用证)(在其可适用的范围内,包括备用信用证)。除非信用证明确修改或排除,本惯例各条文对信用证所有当事人均具有约束力。

第二条　定义

就本惯例而言:

通知行:指应开证行的要求通知信用证的银行。

申请人:指要求开立信用证的一方。

银行工作日:指银行在其履行受本惯例约束的行为的地点通常开业的一天。

受益人:指接受信用证并享受其利益的一方。

相符交单:指与信用证条款、本惯例的相关适用条款以及国际标准银行实务一致的交单。

保兑:指保兑行在开证行承诺之外做出的承付或议付相符交单的确定承诺。

保兑行:指根据开证行的授权或要求对信用证加具保兑的银行。

信用证:指一项不可撤销的安排,无论其名称或描述如何,该项安排构成开证行对相符交单予以承付的确定承诺。

承付,指:

a. 如果信用证为即期付款信用证,则即期付款。

b. 如果信用证为延期付款信用证,则承诺延期付款并在承诺到期日付款。

c. 如果信用证为承兑信用证,则承兑受益人开出的汇票并在汇票到期日付款。

开证行:指应申请人要求或者代表自己开出信用证的银行。

议付:指指定银行在相符交单下,在其应获偿付的银行工作日当天或之前向受益人预付或者同意预付款项,从而购买汇票(其付款人为指定银行以外的其他银行)及/或单据的行为。

指定银行:指信用证可在其处兑用的银行,如信用证可在任一银行兑用,则任何银行均为指定银行。

交单:指向开证行或指定银行提交信用证项下单据的行为,或指按此方式提交的单据。

交单人:指实施交单行为的受益人、银行或其他人。

第三条　解释

就本惯例而言:

如情形适用,单数词形包含复数含义,复数词形包含单数含义。

信用证是不可撤销的,即使未如此表明。

单据签字可用手签、摹样签字、穿孔签字、印戳、符号或任何其他机械或电子的证实方法为之。

诸如单据须履行法定手续、签证、证明等类似要求,可由单据上任何看似满足该要求的签字、标记、印戳或标签来满足。

一家银行在不同国家的分支机构被视为不同的银行。

用诸如"第一流的"、"著名的"、"合格的"、"独立的"、"正式的"、"有资格的"或"本地的"等词语描述单据的出单人时,允许除受益人之外的任何人出具该单据。

除非要求在单据中使用,否则诸如"迅速地"、"立刻地"或"尽快地"等词语将被不予理会。

"在或大概在(on or about)"或类似用语将被视为规定事件发生在指定日期的前后五个日历日之间,起讫日期计算在内。

"至(to)"、"直至(until、till)"、"从……开始(from)"及"在……之间(between)"等词用于确定发运日期时包含提及的日期,使用"在……之前(before)"及"在……之后(after)"时则不包含提及的日期。

"从……开始(from)"及"在……之后(after)"等词用于确定到期日时不包含提及的日期。

"前半月"及"后半月"分别指一个月的第一日到第十五日及第十六日到该月的最后一日,起讫日期计算在内。

一个月的"开始(beginning)"、"中间(middle)"及"末尾(end)"分别指第一到第十日、第十一日到第二十日及第二十一日到该月的最后一日,起讫日期计算在内。

第四条　信用证与合同

a. 就其性质而言,信用证与可能作为其开立基础的销售合同或其他合同是相互独立的交易,即使信用证中含有对此类合同的任何援引,银行也与该合同无关,且不受其约束。因此,银行关于承付、议付或履行信用证项下其他义务的承诺,不受申请人基于与开证行或与受益人之间的关系而产生的任何请求或抗辩的影响。

受益人在任何情况下不得利用银行之间或申请人与开证行之间的合同关系。

b. 开证行应劝阻申请人试图将基础合同、形式发票等文件作为信用证组成部分的做法。

第五条　单据与货物、服务或履约行为

银行处理的是单据,而不是单据可能涉及的货物、服务或履约行为。

第六条　兑用方式、截止日和交单地点

a. 信用证必须规定可在其处兑用的银行,或是否可在任一银行兑用。规定在指定银行兑用的信用证同时也可以在开证行兑用。

b. 信用证必须规定其是以即期付款、延期付款、承兑还是议付的方式兑用。

c. 信用证不得开成凭以申请人为付款人的汇票兑用。

d. ⅰ. 信用证必须定一个交单的截止日。规定的承付或议付的截止日将被视为交单的截止日。

ⅱ.可在其处兑用信用证的银行所在地即为交单地点。可在任一银行兑用的信用证其交单地点为任一银行所在地。除规定的交单地点外,开证行所在地也是交单地点。

e.除非如第二十九条 a 款规定的情形,否则受益人或者代表受益人的交单应在截止日当天或之前完成。

第七条　开证行责任

a.只要规定的单据提交给指定银行或开证行,并且构成相符交单,则开证行必须承付,如果信用证为以下情形之一:

ⅰ.信用证规定由开证行即期付款、延期付款或承兑;

ⅱ.信用证规定由指定银行即期付款但其未付款;

ⅲ.信用证规定由指定银行延期付款但其未承诺延期付款,或虽已承诺延期付款,但未在到期日付款;

ⅳ.信用证规定由指定银行承兑,但其未承兑以其为付款人的汇票,或虽然承兑了汇票,但未在到期日付款。

ⅴ.信用证规定由指定银行议付但其未议付。

b.开证行自开立信用证之时起即不可撤销地承担承付责任。

c.指定银行承付或议付相符交单并将单据转给开证行之后,开证行即承担偿付该指定银行的责任。对承兑或延期付款信用证下相符交单金额的偿付应在到期日办理,无论指定银行是否在到期日之前预付或购买了单据。开证行偿付指定银行的责任独立于开证行对受益人的责任。

第八条　保兑行责任

a.只要规定的单据提交给保兑行,或提交给其他任何指定银行,并且构成相符交单,保兑行必须:

ⅰ.承付,如果信用证为以下情形之一:

a)信用证规定由保兑行即期付款、延期付款或承兑;

b)信用证规定由另一指定银行延期付款,但其未付款;

c)信用证规定由另一指定银行延期付款,但其未承诺延期付款,或虽已承诺延期付款但未在到期日付款;

d)信用证规定由另一指定银行承兑,但其未承兑以其为付款人的汇票,或虽已承兑汇票未在到期日付款;

e)信用证规定由另一指定银行议付,但其未议付。

ⅱ.无追索权地议付,如果信用证规定由保兑行议付。

b.保兑行自对信用证加具保兑之时起即不可撤销地承担承付或议付的责任。

c.其他指定银行承付或议付相符交单并将单据转往保兑行之后,保兑行即承担偿付该指定银行的责任。对承兑或延期付款信用证下相符交单金额的偿付应在到期日办理,无论指定银行是否在到期日之前预付或购买了单据。保兑行偿付指定银行的责任独立于保兑行对受益人的责任。

d.如果开证行授权或要求一银行对信用证加具保兑,而其并不准备照办,则其必须毫不延误地通知开证行,并可通知此信用证而不加保兑。

第九条　信用证及其修改的通知

a. 信用证及其任何修改可以经由通知行通知给受益人。非保兑行的通知行通知信用及修改时不承担承付或议付的责任。

b. 通知行通知信用证或修改的行为表示其已确信信用证或修改的表面真实性,而且其通知准确地反映了其收到的信用证或修改的条款。

c. 通知行可以通过另一银行(“第二通知行”)向受益人通知信用证及修改。第二通知行通知信用证或修改的行为表明其已确信收到的通知的表面真实性,并且其通知准确地反映了收到的信用证或修改的条款。

d. 经由通知行或第二通知行通知信用证的银行必须经由同一银行通知其后的任何修改。

e. 如一银行被要求通知信用证或修改但其决定不予通知,则应毫不延误地告知自其处收到信用证、修改或通知的银行。

f. 如一银行被要求通知信用证或修改但其不能确信信用证、修改或通知的表面真实性,则应毫不延误地通知看似从其处收到指示的银行。如果通知行或第二通知行决定仍然通知信用证或修改,则应告知受益人或第二通知行其不能确信信用证、修改或通知的表面真实性。

第十条　修改

a. 除第三十八条别有规定者外,未经开证行、保兑行(如有的话)及受益人同意,信用证既不得修改,也不得撤销。

b. 开证行自发出修改之时起,即不可撤销地受其约束。保兑行可将其保兑扩展至修改,并自通知该修改时,即不可撤销地受其约束。但是,保兑行可以选择将修改通知受益人而不对其加具保兑。若然如此,其必须毫不延误地将此告知开证行,并在其给受益人的通知中告知受益人。

c. 在受益人告知通知修改的银行其接受该修改之前,原信用证(或含有先前被接受的修改的信用证)的条款对受益人仍然有效。受益人应提供接受或拒绝修改的通知。如果受益人未能给予通知,当交单与信用证以及尚未表示接受的修改的要求一致时,即视为受益人已作出接受修改的通知,并且从此时起,该信用证被修改。

d. 通知修改的银行应将任何接受或拒绝的通知转告发出修改的银行。

e. 对同一修改的内容不允许部分接受,部分接受将被视为拒绝修改的通知。

f. 修改中关于除非受益人在某一时间内拒绝修改否则修改生效的规定应被不予理会。

第十一条　电讯传输的和预先通知的信用证和修改

a. 以经证实的电讯方式发出的信用证或信用证修改即被视为有效的信用证或修改文据,任何后续的邮寄确认书应被不予理会。

如电讯声明“详情后告”(或类似用语)或声明以邮寄确认书为有效信用证或修改,则该电讯不被视为有效信用证或修改。开证行必须随即不迟延地开立有效信用证或修改,其条款不得与该电讯矛盾。

b. 开证行只有在准备开立有效信用证或作出有效修改时,才可以发出关于开立或修改信用证的初步通知(预先通知)。开证行作出该预先通知,即不可撤销地保证不迟延地开立或修改信用证,且其条款不能与预先通知相矛盾。

第十二条　指定

a. 除非指定银行为保兑行,对于承付或议付的授权并不赋予指定银行承付或议付的义务,除非该指定银行明确表示同意并且告知受益人。

b. 开证行指定一银行承兑汇票或做出延期付款承诺,即为授权该指定银行预付或购买其已承兑的汇票或已做出的延期付款承诺。

c. 非保兑行的指定银行收到或审核并转递单据的行为并不使其承担承付或议付的责任,也不构成其承付或议付的行为。

第十三条　银行之间的偿付安排

a. 如果信用证规定指定银行("索偿行")向另一方("偿付行")获取偿付时,必须同时规定该偿付是否按信用证开立时有效的 ICC 银行间偿付规则进行。

b. 如果信用证没有规定偿付遵守 ICC 银行间偿付规则,则按照以下规定:

ⅰ. 开证行必须给予偿付行有关偿付的授权,授权应符合信用证关于兑用方式的规定,且不应设定截止日。

ⅱ. 开证行不应要求索偿行向偿付行提供与信用证条款相符的证明。

ⅲ. 如果偿付行未按信用证条款见索即偿,开证行将承担利息损失以及产生的任何其他费用。

ⅳ. 偿付行的费用应由开证行承担。然而,如果此项费用由受益人承担,开证行有责任在信用证及偿付授权中注明。如果偿付行的费用由受益人承担,该费用应在偿付时从付给索偿行的金额中扣取。如果偿付未发生,偿付行的费用仍由开证行负担。

c. 如果偿付行未能见索即偿,开证行不能免除偿付责任。

第十四条　单据审核标准

a. 按指定行事的指定银行、保兑行(如果有的话)及开证行须审核交单,并仅基于单据本身确定其是否在表面上构成相符交单。

b. 按指定行事的指定银行、保兑行(如有的话)及开证行各有从交单次日起至多五个银行工作日用以确定交单是否相符。这一期限不因在交单日当天或之后信用证截止日或最迟交单日届至而受到缩减或影响。

c. 如果单据中包含一份或多份受第十九、二十、二十一、二十二、二十三、二十四或二十五条规制的正本运输单据,则须由受益人或其代表在不迟于本惯例所指的发运日之后的二十一个日历日内交单,但是在任何情况下都不得迟于信用证的截止日。

d. 单据中的数据,在与信用证、单据本身以及国际标准银行实务参照解读时,无须与该单据本身中的数据、其他要求的单据或信用证中的数据等同一致、但不得矛盾。

e. 除商业发票外,其他单据中的货物、服务或履约行为的描述,如果有的话,可使用与信用证中的描述不矛盾的概括性用语。

f. 如果信用证要求提交运输单据、保险单据或者商业发票之外的单据,却未规定出单人或其数据内容,则只要提交的单据内容看似满足所要求单据的功能,且其他方面符合第十四条 d 款,银行将接受该单据。

g. 提交的非信用证所要求的单据将被不予理会,并可被退还给交单人。

h. 如果信用证含有一项条件,但未规定用以表明该条件得到满足的单据,银行将视为未作规定并不予理会。

i. 单据日期可以早于信用证的开立日期,但不得晚于交单日期。

j. 当受益人和申请人的地址出现在任何规定的单据中时,无须与信用证或其他规定单据中所载相同,但必须与信用证中规定的相应地址同在一国。联络细节(传真、电话、电子邮件及类似细节)作为受益人和申请人地址的一部分时将被不予理会。然而,如果申请人的地址和联络细节为第十九、二十、二十一、二十二、二十三、二十四或二十五条规定的运输单据上的收货人或通知方细节的一部分时,应与信用证规定的相同。

k. 在任何单据中注明的托运人或发货人无须为信用证的受益人。

l. 运输单据可以由任何人出具,无须为承运人、船东、船长或租船人,只要其符合第十九、二十、二十一、二十二、二十三或二十四条的要求。

第十五条　相符交单

a. 当开证行确定交单相符时,必须承付。

b. 当保兑行确定交单相符时,必须承付或者议付并将单据转递给开证行。

c. 当指定银行确定交单相符并承付或议付时,必须将单据转递给保兑行或开证行。

第十六条　不符单据、放弃及通知

a. 当按照指定行事的指定银行、保兑行(如有的话)或者开证行确定交单不符时,可以拒绝承付或议付。

b. 当开证行确定交单不符时,可以自行决定联系申请人放弃不符点。然而这并不能延长第十四条 b 款所指的期限。

c. 当按照指定行事的指定银行、保兑行(如有的话)或开证行决定拒绝承付或议付时,必须给予交单人一份单独的拒付通知。

该通知必须声明:

ⅰ. 银行拒绝承付或议付;及

ⅱ. 银行拒绝承付或议付所依据的每一个不符点;及

ⅲ. a)银行留存单据听候交单人的进一步指示;或者

b)开证行留存单据直到其从申请人处接到放弃不符点的通知并同意接受该放弃,或者其同意接受对不符点的放弃之前从交单人处收到其进一步指示;或者

c)银行将退回单据;或者

d)银行将按之前从交单人处获得的指示处理。

d. 第十六条 c 款要求的通知必须以电讯方式,如不可能,则以其他快捷方式,在不迟于自交单之翌日起第五个银行工作日结束前发出。

e. 按照指定行事的指定银行、保兑行(如有的话)或开证行在按照第十六条 c 款 iii 项 a)或 b)发出了通知后,可以在任何时候将单据退还交单人。

f. 如果开证行或保兑行未能按照本条行事,则无权宣称交单不符。

g. 当开证行拒绝承付或保兑行拒绝承付或者议付,并且按照本条发出了拒付通知后,有权要求返还已偿付的款项及利息。

第十七条　正本单据及副本

a. 信用证规定的每一种单据须至少提交一份正本。

b. 银行应将任何带有看似出单人的原始签名、标记、印戳或标签的单据视为正本单据，除非单据本身表明其非正本。

c. 除非单据本身另有说明，在以下情况下，银行也将其视为正本单据：

ⅰ. 单据看似由出单人手写、打字、穿孔或盖章；或者

ⅱ. 单据看似使用出单人的原始信纸出具；或者

ⅲ. 单据声明其为正本单据，除非该声明看似不适用于提交的单据。

d. 如果信用证要求提交单据的副本，提交正本或副本均可。

e. 如果信用证使用诸如“一式两份(in duplicate)”、“两份(in two fold)”、“两套(in two copies)”等用语要求提交多份单据，则提交至少一份正本，其余使用副本即可满足要求，除非单据本身另有说明。

第十八条　商业发票

a. 商业发票：

ⅰ. 必须在表面上看来系由受益人出具(第三十八条规定的情形除外)；

ⅱ. 必须出具成以申请人的名称为抬头(第三十八条 g 款规定的情形除外)；

ⅲ. 必须与信用证的货币相同；

ⅳ. 无须签字。

b. 按指定行事的指定银行、保兑行(如有话)或开证行可以接受金额大于信用证允许金额的商业发票，其决定对有关各方均有约束力，只要该银行对超过信用证允许金额的部分未作承付或者议付。

c. 商业发票中的货物、服务或履约行为的描述必须与信用证中的描述一致。

第十九条　涵盖至少两种不同运输方式的运输单据

a. 涵盖至少两种不同运输方式的运输单据(多式或联合运输单据)，无论名称如何，必须看似：

ⅰ. 表明承运人名称并由以下人员签署：

- 承运人或其具名代理人，或
- 船长或其具名代理人。

承运人、船长或代理人的任何签字，必须标明其承运人、船长或代理人的身份。

代理人签字必须表明其系代表承运人还是船长签字。

ⅱ. 通过以下方式表明货运站物已经在信用证规定的地点发送、接管或已装船。

- 事先印就的文字，或者
- 表明货物已经被发送、接管或装船日期的印戳或批注。

运输单据的出具日期将被视为发送、接管或装船的日期，也即发运的日期。然而如单据以印戳或批注的方式表明了发送、接管或装船日期，该日期将被视为发运日期。

ⅲ. 表明信用证规定的发送、接管或发运地点，以及最终目的地，即使：

a) 该运输单据另外还载明了一个不同的发送、接管或发运地点或最终目的地，或者

b)该运输单据载有“预期的”或类似的关于船只、装货港或卸货港的限定语。

ⅳ.为唯一的正本运输单据,或者,如果出具为多份正本,则为运输单据中表明的全套单据。

ⅴ.载有承运条款和条件,或提示承运条款和条件参见别处(简式/背面空白的运输单据)。银行将不审核承运条款和条件的内容。

ⅵ.未表明受租船合同约束。

b.就本条而言,转运指在从信用证规定的发送、接管或者发运地点最终目的地的运输过程中从某一运输工具上卸下货物并装上另一运输工具的行为(无论其是否为不同的运输方式)。

c. ⅰ.运输单据可以表明货物将要或可能被转运,只要全程运输由同一运输单据涵盖。

ⅱ.即使信用证禁止转运,注明将要或者可能发生转运的运输单据仍可接受。

第二十条 提单

a.提单,无论名称如何,必须看似:

ⅰ.表明承运人名称,并由下列人员签署:

- 承运人或其具名代理人,或者
- 船长或其具名代理人。

承运人、船长或代理人的任何签字必须标明其承运人、船长或代理人的身份。

代理人的任何签字必须标明其系代表承运人还是船长签字。

ⅱ.通过以下方式表明货物已在信用证规定的装货港装上具名船只:

- 预先印就的文字,或
- 已装船批注注明货物的装运日期。

提单的出具日期将被视为发运日期,除非提单载有表明发运日期的已装船批注,此时已装船批注中显示的日期将被视为发运日期。

如果提单载有“预期船只”或类似的关于船名的限定语,则需以已装船批注明确发运日期以及实际船名。

ⅲ.表明货物从信用证规定的装货港发运至卸货港。

如果提单没有表明信用证规定的装货港为装货港,或者其载有“预期的”或类似的关于装货港的限定语,则需以已装船批注表明信用证规定的装货港、发运日期以及实际船名。即使提单以事先印就的文字表明了货物已装载或装运于具名船只,本规定仍适用。

ⅳ.为唯一的正本提单,或如果以多份正本出具,为提单中表明的全套正本。

ⅴ.载有承运条款和条件,或提示承运条款和条件参见别处(简式/背面空白的提单)。银行将不审核承运条款和条件的内容。

ⅵ.未表明受租船合同约束。

b.就本条而言,转运系指在信用证规定的装货港到卸货港之间的运输过程中,将货物从一船卸下并再装上另一船的行为。

c. ⅰ.提单可以表明货物将要或可能被转运,只要全程运输由同一提单涵盖。

ⅱ.即使信用证禁止转运,注明将要或可能发生转运的提单仍可接受,只要其表明货物由集装箱、拖车或子船运输。

d. 提单中声明承运人保留转运权利的条款将被不予理会。

第二十一条　不可转让的海运单

a. 不可转让的海运单,无论名称如何,必须看似:

ⅰ. 表明承运人名称并由下列人员签署:

- 承运人或其具名代理人,或者
- 船长或其具名代理人。

承运人、船长或代理人的任何签字必须标明其承运人、船长或代理人的身份。

代理签字必须标明其系代表承运人还是船长签字。

ⅱ. 通过以下方式表明货物已在信用证规定的装货港装上具名船只:

- 预先印就的文字,或者
- 已装船批注表明货物的装运日期。

不可转让海运单的出具日期将被视为发运日期,除非其上带有已装船批注注明发运日期,此时已装船批注注明的日期将被视为发运日期。

如果不可转让海运单载有“预期船只”或类似的关于船名的限定语,则需要以已装船批注表明发运日期和实际船名。

ⅲ. 表明货物从信用证规定的装货港发运至卸货港。

如果不可转让海运单未以信用证规定的装货港为装货港,或者如果其载有“预期的”或类似的关于装货港的限定语,则需要以已装船批注表明信用证规定的装货港、发运日期和船只。即使不可转让海运单以预先印就的文字表明货物已由具名船只装载或装运,本规定也适用。

ⅳ. 为唯一的正本不可转让海运单,或如果以多份正本出具,为海运单上注明的全套正本。

ⅴ. 载有承运条款的条件,或提示承运条款和条件参见别处(简式/背面空白的海运单)。银行将不审核承运条款和条件的内容。

ⅵ. 未注明受租船合同约束。

b. 就本条而言,转运系指在信用证规定的装货港到卸货之间的运输过程中,将货物从一船卸下并装上另一船的行为。

c. ⅰ. 不可转让海运单可以注明货物将要或可能被转运,只要全程运输由同一海运单涵盖。

ⅱ. 即使信用证禁止转运,注明转运将要或可能发生的不可转让的海运单仍可接受,只要其表明货物装于集装箱、拖船或子船中运输。

d. 不可转让的海运单中声明承运人保留转运权利条款将被不予理会。

第二十二条　租船合同提单

a. 表明其受租船合同约束的提单(租船合同提单),无论名称如何,必须看似:

ⅰ. 由以下员签署:

- 船长或其具名代理人,或
- 船东或其具有名代理人,或
- 租船人或其具有名代理人。

船长、船东、租船人或代理人的任何签字必须标明其船长、船东、租船人或代理人的身份。

代理人签字必须表明其系代表船长、船东还是租船人签字。

代理人代表船东或租船人签字时必须注明船东或租船人的名称。

ⅱ. 通过以下方式表明货物已在信用证规定的装货港装上具名船只：

- 预先印就的文字，或者
- 已装船批注注明货物的装运日期。

租船合同提单的出具日期将被视为发运日期，除非租船合同提单载有已装船批注注明发运日期，此时已装船批注上注明的日期将被视为发运日期。

ⅲ. 表明货物从信用证规定的装货港发运至卸货港。卸货港也可显示为信用证规定的港口范围或地理区域。

ⅳ. 为唯一的正本租船合同提单，或如以多份正本出具，为租船合同提单注明的全套正本。

b. 银行将不审核租船合同，即使信用证要求提交租船合同。

第二十三条　空运单据

a. 空运单据，无论名称如何，必须看似：

ⅰ. 表明承运人名称，并由以下人员签署：

- 承运人，或
- 承运人的具名代理人。

承运人或其代理人的任何签字必须标明其承运人或代理人的身份。

代理人签字必须表明其系代表承运人签字。

ⅱ. 表明货物已被收妥待运。

ⅲ. 表明出具日期。该日期将被视为发运日期，除非空运单据载有专门批注注明实际发运日期，此时批注中的日期将被视为发运日期。

空运单据中其他与航班号和航班日期相关的信息将不被用来确定发运日期。

ⅳ. 表明信用证规定的起飞机场和目的地机场。

ⅴ. 为开给发货人或托运人的正本，即使信用证规定提交全套正本。

ⅵ. 载有承运条款和条件，或提示条款和条件参见别处。银行将不审核承运条款和条件的内容。

b. 就本条而言，转运是指在信用证规定的起飞机场到目的地机场的运输过程中，将货物从一飞机卸下再装上另一飞机的行为。

c. ⅰ. 空运单据可以注明货物将要或可能转运，只要全程运输由同一空运单据涵盖。

ⅱ. 即使信用证禁止转运，注明将要或可能发生转运的空运单据仍可接受。

第二十四条　公路、铁路或内陆水运单据

a. 公路、铁路或内陆水运单据，无论名称如何，必须看似：

ⅰ. 表明承运人名称，并且

- 由承运人或其具名代理人签署，或者
- 由承运人或其具名代理人以签字、印戳或批注表明货物收讫。

承运人或其具名代理人的收货签字、印戳或批注必须标明其承运人或代理人的身份。

代理人的收货签字、印戳或批注必须标明代理人系代理承运人签字或行事。

如果铁路运输单据没有指明承运人，可以接受铁路运输公司的任何签字或印戳作为承运人签署单据的证据。

ⅱ. 表明货物的信用规定地点的发运日期，或者收讫待运或待发送的日期。运输单据的出具日期将被视为发运日期，除非运输单据上盖有带日期的收货印戳，或注明了收货日期或发运日期。

ⅲ. 表明信用证规定的发运地及目的地。

b. ⅰ. 公路运输单据必须看似为开给发货人或托运人的正本，或没有任何标记表明单据开给何人。

ⅱ. 注明"第二联"的铁路运输单据将被作为正本接受。

ⅲ. 无论是否注明正本字样，铁路或内陆水运单据都被作为正本接受。

c. 如运输单据上未注明出具的正本数量，提交的份数即视为全套正本。

d. 就本条而言，转运是指在信用证规定的发运、发送或运送的地点到目的地之间的运输过程中，在同一运输方式中从一运输工具卸下再装上另一运输工具的行为。

e. ⅰ. 只要全程运输由同一运输单据涵盖，公路、铁路或内陆水运单据可以注明货物将要或可能被转运。

ⅱ. 即使信用证禁止转运，注明将要或可能发生转运的公路、铁路或内陆水运单据仍可接受。

第二十五条　快递收据、邮政收据或投邮证明

a. 证明货物收讫待运的快递收据，无论名称如何，必须看似：

ⅰ. 表明快递机构的名称，并在信用证规定的货物发运地点由该具名快递机构盖章或签字；并且

ⅱ. 表明取件或收件的日期或类似词语，该日期将被视为发运日期。

b. 如果要求显示快递费用付讫或预付，快递机构出具的表明快递费由收货人以外的一方支付的运输单据可以满足该项要求。

c. 证明货物收讫待运的邮政收据或投邮证明，无论名称如何，必须看似在信用证规定的货物发运地点盖章或签署并注明日期。该日期将被视为发运日期。

第二十六条　"货装舱面""托运人装载和计数""内容据托运人报称"及运费之外的费用

a. 运输单据不得表明货物装于或者将装于舱面。声明货物可能装于舱面的运输单据条款可以接受。

b. 载有诸如"托运人装载和计数"或"内容据托运人报称"条款的运输单据可以接受。

c. 运输单据上可以以印戳或其他方法提及运费之外的费用。

第二十七条　清洁运输单据

银行只接受清洁运输单据，清洁运输单据指未载有明确宣称货物或包装有缺陷的条款或批注的运输单据。"清洁"一词并不需要在运输单据上出现，即使信用证要求运输单据为"清洁已装船"的。

第二十八条　保险单据及保险范围

a. 保险单据,例如保险单或预约保险项下的保险证明书或者声明书,必须看似由保险公司或承保人或其代理人或代表出具并签署。

b. 如果保险单据表明其以多份正本出具,所有正本均须提交。

c. 暂保单将不被接受。

d. 可以接受保险单代预约保险项下的保险证明书或声明书。

e. 保险单据日期不得晚于发运日期,除非保险单据表明保险责任不迟于发运日生效。

f. ⅰ. 保险单据必须表明投保金额并以与信用证相同的货币表示。

ⅱ. 信用证对于投保金额为货物价值、发票金额或类似金额的某一比例的要求,将被视为对最低保额的要求。

如果信用证对投保金额未做规定,投保金额须至少为货物的 CIF 或 CIP 价格的 110% 。

如果从单据中不能确定 CIF 或者 CIP 价格,投保金额必须基于要求承付或议付的金额,或者基于发票上显示的货物总值来计算,两者之中取金额较高者。

ⅲ. 保险单据须表明承保的风险区间至少涵盖从信用证规定的货物接管地或发运地开始到卸货地或最终目的地为止。

g. 信用证应规定所需投保的险别及附加险(如有的话)。如果信用证使用诸如“通常风险”或“惯常风险”等含义不确切的用语,则无论是否有漏保之风险,保险单据将被照样接受。

h. 当信用证规定投保“一切险”时,如保险单据载有任何“一切险”批注或条款,无论是否有“一切险”标题,均将被接受,即使其声明任何风险除外。

i. 保险单据可以援引任何除外条款。

j. 保险单据可以注明受免赔率或免赔额(减除额)约束。

第二十九条　截止日或最迟交单日的顺延

a. 如果信用证的截止日或最迟交单日适逢接受交单的银行非因第三十六条所述原因而歇业,则截止日或最迟交单日,视何者适用,将顺延至其重新开业的第一个银行工作日。

b. 如果在顺延后的第一个银行工作日交单,指定银行必须在其致开证行或保兑行的面函中声明交单是在根据第二十九条 a 款顺延的期限内提交的。

c. 最迟发运日不因第二十九条 a 款规定的原因而顺延。

第三十条　信用证金额、数量与单价的伸缩度

a. “约”或“大约”用于信用证金额或信用证规定的数量或单价时,应解释为允许有关金额或数量或单价有不超过 10% 的增减幅度。

b. 在信用证未以包装单位件数或货物自身件数的方式规定货物数量时,货物数量允许有 5% 的增减幅度,只要总支取金额不超过信用证金额。

c. 如果信用证规定了货物数量,而该数量已全部发运,及如果信用证规定了单价,而该单价又未降低,或当第三十条 b 款不适用时,则即使不允许部分装运,也允许支取的金额有 5% 的减幅。若信用证规定有特定的增减幅度或使用第三十条 a 款提到的用语限定数量,则该减幅不适用。

第三十一条　部分支款或部分发运

a. 允许部分支款或部分发运。

b. 表明使用同一运输工具并经由同次航程运输的数套运输单据在同一次提交时，只要显示相同目的地，将不视为部分发运，即使运输单据上表明的发运日期不同或装货港、接管地或发运地点不同。如果交单由数套运输单据构成，其中最晚的一个发运日将被视为发运日。

含有一套或数套运输单据的交单，如果表明在同一种运输方式下经由数件运输工具运输，即使运输工具在同一天出发运往同一目的地，仍将被视为部分发运。

c. 含有一份以上快递收据、邮政收据或投邮证明的交单，如果单据看似由同一快递或邮政机构在同一地点和日期加盖印戳或签字并且表明同一目的地，将不视为部分发运。

第三十二条　分期支款或分期发运

如信用证规定在指定的时间段内分期支款或分期发运，任何一期未按信用证规定期限支取或发运时，信用证对该期及以后各期均告失效。

第三十三条　交单时间

银行在其营业时间外无接受交单的义务。

第三十四条　关于单据有效性的免责

银行对任何单据的形式、充分性、准确性、内容真实性、虚假性或法律效力，或对单据中规定或添加的一般或特殊条件，概不负责；银行对任何单据所代表的货物、服务或其他履约行为的描述、数量、重量、品质、状况、包装、交付、价值或其存在与否，或对发货人、承运人、货运代理人、收货人、货物的保险人或其他任何人的诚信与否、作为或不作为、清偿能力、履约或资信状况，也概不负责。

第三十五条　关于信息传递和翻译的免责

当报文、信件或单据按照信用证的要求传输或发送时，或当信用证未作指示，银行自行选择传送服务时，银行对报文传输或信件、单据的递送过程中发生的延误、中途遗失、残缺或其他错误产生的后果，概不负责。

如果指定银行确定交单相符并将单据发往开证行或保兑行，无论指定银行是否已经承付或议付，开证行或保兑行必须承付或议付，或偿付指定银行，即使单据在指定银行送往开证行或保兑行的途中丢失，或保兑行送往开证行的途中丢失。

银行对技术术语的翻译或解释上的错误，不负责任，并可不加翻译地传送信用证条款。

第三十六条　不可抗力

银行对由于天灾、暴动、骚乱、叛乱、战争、恐怖主义行为或任何罢工、停工或其无法控制的任何其他原因导致的营业中断的后果，概不负责。

银行恢复营业时，对于在营业中断期间已逾期的信用证，不再进行承付或议付。

第三十七条　关于被指示方行为的免责

a. 为了执行申请人的指示，银行利用其他银行的服务，其费用和风险由申请人承担。

b. 即使银行自行选择了其他银行，如果发出的指示未被执行，开证行或通知行对此亦不负责。

c. 指示另一提供服务的银行有责任负担被指示方因执行指示而发生的任何佣金、手续费、成本或开支(“费用”)。

如果信用证规定费用由受益人负担,而该费用未能收取或从信用证款项中扣除,开证行依然承担支付此费用的责任。

信用证或其修改不应规定向受益人的通知以通知行或第二通知行收到其费用为条件。

d. 外国法律和惯例加诸于银行的一切义务和责任,申请人应受其约束,并就此对银行负补偿之责。

第三十八条　可转让信用证

a. 银行无办理信用证转让的义务,除非其明确同意。

b. 就本条而言:

可转让信用证系指特别注明“可转让(transferable)”字样的信用证。可转让信用证可应受益人(第一受益人)的要求转为全部或部分由另一受益人(第二受益人)兑用。

转让行系指办理信用证转让的指定银行,或当信用证规定可在任何银行兑用时,指开证行特别如此授权并实际办理转让的银行。开证行也可担任转让行。

已转让信用证指已由转让行转为可由第二受益人兑用的信用证。

c. 除非转让时另有约定,有关转让的所有费用(诸如佣金、手续费,成本或开支)须由第一受益人支付。

d. 只要信用证允许部分支款或部分发运,信用证可以分部分地转让给数名第二受益人。

已转让信用证不得应第二受益人的要求转让给任何其后受益人。第一受益人不视为其后受益人。

e. 任何转让要求须说明是否允许及在何条件下允许将修改通知第二受益人。已转让信用证须明确说明该项条件。

f. 如果信用证转让给数名第二受益人,其中一名或多名第二受益人对信用证修改的拒绝并不影响其他第二受益人接受修改。对接受者而言该已转让信用证即被相应修改,而对拒绝改的第二受益人而言,该信用证未被修改。

g. 已转让信用证须准确转载原证条款,包括保兑(如果有的话),但下列项目除外:

——信用证金额;

——规定的任何单价;

——截止日;

——交单期限,或

——最迟发运日或发运期间。

以上任何一项或全部均可减少或缩短。

必须投保的保险比例可以增加,以达到原信用证或本惯例规定的保险金额。

可用第一受益人的名称替换原证中的开证申请人名称。

如果原证特别要求开证申请人名称应在除发票以外的任何单据出现时,已转让信用证必须反映该项要求。

h. 第一受益人有权以自己的发票和汇票(如有的话)替换第二受益人的发票和汇票,其金额不得超过原信用证的金额。经过替换后,第一受益人可在原信用证项下支取自己发票与第二受益人发票间的差价(如有的话)。

i. 如果第一受益人应提交自己的发票和汇票(如有的话),但未能在第一次要求时照办,或第一受益人提交的发票导致了第二受益人的交单中本不存在的不符点,而其未能在第一次要求时修正,转让行有权将从第二受益人处收到的单据照交开证行,并不再对第一受益人承担责任。

j. 在要求转让时,第一受益人可以要求在信用证转让后的兑用地点,在原信用证的截止日之前(包括截止日),对第二受益人承付或议付。本规定并不得损害第一受益人在第三十八条 h 款下的权利。

k. 第二受益人或代表第二受益人的交单必须交给转让行。

第三十九条　款项让渡

信用证未注明可转让,并不影响受益人根据所适用的法律规定,将该信用证项下其可能有权或可能将成为有权获得的款项让渡给他人的权利。本条只涉及款项的让渡,而不涉及在信用证项下进行履行行为的权利让渡。

附录 B　国际贸易单据样本

单据一：商业发票(一)

<table>
<tr><td colspan="6">公司名称地址
COMMERCIAL INVOICE</td></tr>
<tr><td rowspan="4">TO：</td><td colspan="3" rowspan="4"></td><td>INVOICE NO.：</td><td></td></tr>
<tr><td>INVOICE DATE：</td><td></td></tr>
<tr><td>S/C NO.：</td><td></td></tr>
<tr><td>S/C：DATE：</td><td></td></tr>
<tr><td>FROM：</td><td colspan="2"></td><td>TO：</td><td colspan="2"></td></tr>
<tr><td colspan="2">L/C NO.</td><td></td><td rowspan="2">ISSUED BY：</td><td colspan="2" rowspan="2"></td></tr>
<tr><td colspan="2">DATE OF ISSUE：</td><td></td></tr>
<tr><td colspan="2">MARKS AND NUMBERS</td><td>NUMBER AND KIND OF PACKAGE DESCRIPTION OF GOODS</td><td>QUANTITY</td><td>UNIT PRICE</td><td>AMOUNT</td></tr>
<tr><td colspan="2"></td><td></td><td></td><td></td><td></td></tr>
<tr><td colspan="3">TOTAL：</td><td></td><td></td><td></td></tr>
<tr><td colspan="2">SAY TOTAL：</td><td colspan="4"></td></tr>
<tr><td colspan="6">SIGNATURE</td></tr>
</table>

单据二：商业发票（二）

SHENZHEN SHENGDA INT'L FREIGHT CO. ,LTD.

Address：Rm411 –414,4/F,SouthHotel&MarineBuilding,No. 4025JiaBin Road,LuoHu,ShenZhen,P. R. China.

E – mail：cousinxiong@ hotmail. com　　　　http：//www. sz – shd. com

TEL：755 –2559 × × × ×　　　　1371700 × × × ×　　　　FAX：0086 –755 –2559 × × × ×

COMMERCIAL INVOICE

INTERNATIONAL AIR WAYBILL NO. :	SHIPPER'S EXPORT REFERENCES：
DATE OF EXPORTATION：	
SHIPPER/EXPORTER：	CONSIGNEE：
COUNTRY OF EXPORT：	IMPORTER – IF OTHER THAN CONSIGNEE：
REASON FOR EXPORT：	
COUNTRY OF ULTIMATE DESTINATION：	

COUNTRY OF ORIGIN	MARKS/ NO'S.	NO. OF PKGS	TYPE OF PACK-AGING	FULL DESC-RIPTION OF GOODS	HS CODE	QTY	WEIGHT	UNIT VALUE	TOTAL VALUE
		TOTAL PKGS					TOTAL WEIGHT		TOTAL INVOICE VALUE

I DECLARE ALL THE INFORMATION CONTAINED IN THE INVOICE TO BE TRUE AND CORRECT.		L/C NO. :	
SIGNATURE OF SHIPPER / EXPORTER：			
NAME：		TITLE：	DATE：

单据三:商业发票(三)

天津化工进出口公司

TIANJIN CHEMICALS IMPORT AND EXPORT CORPRATION

16 BINHE LU,TIANJIN

商业发票

COMMERCIAL INVOICE

To			日期 Date	
			发票号 Invoice No.	
			合约号 Contract No.	
信用证号 L/C No.				
装由 Shipped per			开船日期 Sailing about	
出 From			至 To	

唛头 SHIPPING MARK	货 名 数 量 QUANTITIES AND DESCRIPTIONS	单价 UNIT PRICE	金额 AMOUNET

SIGNATURE

单据四：加拿大海关发票

Revenue Canada　　　　　　　　**CANADA CUSTOMS INVOICE**

Customs and Excise Dounanes et Accise FACTURE DES DOU ANES CANADIENNE

<table>
<tr><td colspan="2" rowspan="1">1. Vendor(Name and address)/
Vendeur (Name et adresse)/</td><td colspan="4">2 Date of Direct Shipment to Canada

3 Other References (Include Purchaser's Order No.)</td></tr>
<tr><td colspan="2" rowspan="3">4 Consignee (Name and Address)/
Destinataire (Name et adresse)</td><td colspan="4">5 Purchaser's Name and Address (if other than Consignee)</td></tr>
<tr><td colspan="4">6 Country of Transhipment</td></tr>
<tr><td>7 Country of Origin of Goods</td><td colspan="3">IF SHIPMENT INCLUDS GOODS OF DIFFERENT ORIGINS ENTER ORIGINS AGAINST ITEMS IN 12.</td></tr>
<tr><td colspan="2" rowspan="2">8 Transportation Give Mode and Place of Direct Shipment to Canada</td><td colspan="4">9 Conditions of Sale and Terms of Payment
(i. e. Sale, Consignment Shipment. Leased Goods, etc.)</td></tr>
<tr><td colspan="4">10 Currency of Settlement</td></tr>
<tr><td rowspan="2">11 No. of Pkgs</td><td rowspan="2">12 Specification of Commodities (Kind of Packages, Marks and Numbers, General Description and Characteristics, i. e. Grade, Quality)</td><td rowspan="2">13 Quantity (State Unit)</td><td colspan="3">Selling Price</td></tr>
<tr><td colspan="2">14 Unit Price</td><td>15 Total</td></tr>
<tr><td colspan="2" rowspan="2">18 If any of fields 1 to 17 are included on an attached commercial invoice. Check this box □X
Commercial Invoice No. ______________</td><td colspan="3">16 Total Weight</td><td rowspan="2">17 Invoice Total</td></tr>
<tr><td>Net</td><td colspan="2">Gross</td></tr>
<tr><td colspan="2">19 Exporter's Name and Address (If other than Vendor)</td><td colspan="4">20 Originator (Name and Address)</td></tr>
<tr><td colspan="2">21 Department Ruling (If applicable)</td><td colspan="4">22 If fields 23 to 25 are not applicable, check this box □</td></tr>
<tr><td colspan="2">23 If included in field 17 indicate amount
(i) Transportation charges, expenses and insurance from the place of direct shipment to Canada
____
(ii) Costs for construction, erection and assembly incurred after importation into Canada. N/A
____
(iii) Export packing
______________</td><td colspan="2">24 If not included in field 17 indicate amount
(i) Transportation charges. Expenses and insurance to the place of direct shipment to Canada
____
(ii) Amounts for commissions other than buying commissions
____
(iii) Export packing
______________</td><td colspan="2">25 Check (If applicable)
Cocher (S'il y a ;ieu);
(i) Royalty payments or subsequent proceeds are paid or payable by the purchaser.
□N/A
(ii) The purchaser has supplied goods or services for use in the production of these goods.
□N/A</td></tr>
</table>

单据五:美国海关发票

DEPARTMENT OF THE TREASURY

UNITED STATES CUSTOMS SERVICE SPECIAL CUSTOMS INVOICE Form Approved

19U. S. C. 1481. 1482. 1484. (Use separate invoice for purchased and non-purchased goods.) O. M. B. No. 48 – RO342

<table>
<tr><td colspan="3" rowspan="2">1. SELLER</td><td colspan="2">2. DOCUMENT NR. *</td><td colspan="2">3. INCOICE NR. AND DATE *</td></tr>
<tr><td colspan="4">4. REFERENCES *</td></tr>
<tr><td colspan="3" rowspan="2">5. CONSIGNER</td><td colspan="4">6. BUYER (if other than consignee)</td></tr>
<tr><td colspan="4">7. ORIGIN OF GOODS</td></tr>
<tr><td colspan="3" rowspan="2">8. NOTIFYPARTY *
10. ADDITIONAL TRANSPORTATION INFORMATION *
ACCEPIED</td><td colspan="4">9. TERMS OF SALE, PAYMENT, AND DISCOUNT</td></tr>
<tr><td colspan="4">11. CURRENCY USED USD   12. EXCH RATE (If fixed or agreed)   13. DATE ORDER</td></tr>
<tr><td rowspan="2">14. MARKS AND NUMBERS ON SHIPPING PACKAGES</td><td rowspan="2">15. NUMBER OF PACKAGES</td><td rowspan="2">16. FULL DES CRI-TION OF GOODS</td><td rowspan="2">17. QUANTITY</td><td colspan="2">UNIT PRICE</td><td rowspan="2">20. INVOICE TOTALS</td></tr>
<tr><td>18. HOME MARKET</td><td>19. INVOICE</td></tr>
<tr><td></td><td></td><td></td><td></td><td colspan="2"></td><td></td></tr>
<tr><td colspan="4">If the production of these goods involved furnishing goods or services to the seller
21. □(e. g. , assisted such as dies, molds, tools, engineering work) and the value is not included in the invoice price, check box (21) and explain below.</td><td colspan="2">22. PACKING COSTS</td><td></td></tr>
<tr><td colspan="4">27. DECLARATION OF SELLER/SHIPPER (OR AGENT)</td><td colspan="2">23. OCEAN OR</td><td></td></tr>
<tr><td colspan="4" rowspan="4">I declare: If there are any rebates, Drawbacks or bounties allowed
(A) □ upon the exportation of goods, I have checked box (A) and itemized separately below.
I further declare that there is no other Invoice differing from this one (unless otherwise described below) and that all statements contained in this invoice and declaration are true and correct.

If the goods were not sold or agreed to be sold, I have checked
(B) □ box (B) and have indicated in column 19 the price I would be Willing to receive.

(C) SIGNATURE OF SELLER/SHIPPER (OR AGENT):</td><td colspan="2">INTERNATIONAL FREIGHT</td><td></td></tr>
<tr><td colspan="2">24. DOMESTIC FREIGHT CHARGES</td><td></td></tr>
<tr><td colspan="2">25. INSURANCE COSTS</td><td></td></tr>
<tr><td colspan="2">26. OTHER COSTS (Specify Below)</td><td></td></tr>
<tr><td colspan="4">28. THIS SPACE FOR CONTINUING ANSWERS</td><td colspan="2"></td><td></td></tr>
<tr><td colspan="7">THIS FORM OF INVOICE REQUIRED GENERALLY IF RATE OF DUTY BASED UPON OR REGULATED BY VALUE OF GOODS AND PURCHASE PRICE OR VALUE OF SHIPMENT EXCEEDS $500. OTHERWISE USE COMMERCIAL INVOICE.</td></tr>
</table>

单据六:装箱单(一)

PACKING LIST

ISSUER		INVOICE NO.:				
		INVOICE DATE:				
TO		S/C NO.:				
		S/C DATE:				
FROM:		TO:				
Letter of Credit No.:		Date of Shipment:				
Marks and Numbers	Number and kind of package; Description of goods	Quantity	PACKAGE	G. W	N. W	Meas.
	Total:					
SAY TOTAL:						

单据七:装箱单(二)

公司名称地址						
PACKING LIST						
To:		Invoice No.:				
		Invoice Date:				
		S/C No.:				
		S/C Date:				
From:		To:				
Letter of Credit No.:		Date of Shipment:				
Marks and Numbers	Number and kind of package Description of goods	Quantity	Package	G. W	N. W	Meas.
TOTAL:						
SAY TOTAL:						

单据八：汇票

BILL OF EXCHANGE

NO. ______________________　　　　　　　　Date: ______________________

FOR ______________________

At ______________________ Sight of THIS SECOND BILL of EXCHANGE

(First of the tenor and date being unpaid) Pay to ______________________ or order the sum of

____

Drawn under ____

L/C NO. ______________________ Dated ______________________

TO: ______________

____

单据九：本票

Promissory Note　　　　New York, April 1, 2001

For　USD 99 999.00

On the 20th June 2018 fixed by the promissory note we promise to pay BA the sum of ninety – nine thousand and nine hundred ninety – nine U. S. Dollars only.

For and on behalf of

CD

(signed)

单据十：支票

Check

Check for USD 10 000.　　　　Shanghai, May 4, 2018

Pay to the order of John Smith the sum of ten thousand U. S. Dollars only

To: Bank of China,

Shanghai, China

For China National Arts&Crafts

Import & Export Corp.

(Signed)

单据十一：国际货物托运委托书

上海速达物流有限公司

SHANGHAI SUDA LOGISTICS CO. , LTD.

国际货物托运书

SHIPPER'S LETTER OF INSTRUCTION

TO：　　　　　　　　　　　　　　　　　　　　　　　进仓编号：

<table>
<tr><td>托运人</td><td colspan="5"></td></tr>
<tr><td>发货人
SHIPPER</td><td colspan="5"></td></tr>
<tr><td>收货人
CONSIGNEE</td><td colspan="5"></td></tr>
<tr><td>通知人
NOTIFY PARTY</td><td colspan="5"></td></tr>
<tr><td>起运港</td><td></td><td>目的港</td><td></td><td>运费</td><td></td></tr>
<tr><td>标记唛头
MARKS</td><td>件数
NUMBER</td><td colspan="2">中英文品名
DESCRIPTION OF GOODS</td><td>毛重（千克）
G. W（KGS）</td><td>尺码（立方米）
SIZE（m^3）</td></tr>
<tr><td></td><td></td><td colspan="2"></td><td></td><td></td></tr>
<tr><td colspan="2">1. 货单到达时间：</td><td colspan="3">2. 航班：</td><td>运价：</td></tr>
<tr><td colspan="2">电　话：
传　真：
联系人：
地　址：</td><td colspan="4">★如改配航空公司请提前通知我司

（公章）</td></tr>
<tr><td colspan="2">托运人签字：</td><td colspan="4">制单日期：　　　年　　　月　　　日</td></tr>
</table>

单据十二:集装箱货物托运单

海运出口货物托运单

<table>
<tr><td colspan="8">托运人
Shipper ____________
编号　　　　　　　　　船名
No. ____________　　S/S ____________
目的港
For ____________</td></tr>
<tr><td colspan="2">标志及号码
Marks & Nos.</td><td>数量
Quantity</td><td colspan="2">货名
Description of Goods</td><td colspan="3">重量 Weight Kilos
净 Net　　毛 Gross</td></tr>
<tr><td colspan="2"></td><td></td><td colspan="2"></td><td colspan="2"></td><td></td></tr>
<tr><td colspan="2">共计件数(大写)
Total Number of Packages
(In Writing)</td><td colspan="3"></td><td colspan="2">运费付款方式</td><td></td></tr>
<tr><td>运费
计算</td><td></td><td colspan="2">尺码
Measurement</td><td colspan="4"></td></tr>
<tr><td>备注</td><td colspan="7"></td></tr>
<tr><td>抬头</td><td></td><td>可否
转船</td><td></td><td>可否
分批</td><td colspan="3"></td></tr>
<tr><td rowspan="2">通知人</td><td rowspan="2"></td><td>装运期</td><td></td><td>有效期</td><td colspan="3">提单
张数</td></tr>
<tr><td>金额</td><td colspan="5"></td></tr>
<tr><td></td><td></td><td>银行编号</td><td></td><td>信用证号</td><td colspan="3"></td></tr>
<tr><td colspan="8">制单日期________年________月________日</td></tr>
</table>

单据十三：航空运单

<table>
<tr><td colspan="2">Shipper's name and address</td><td>NOT NEGOTIABLE
Air Waybill
Issued by</td></tr>
<tr><td colspan="2">Consignee's name and address</td><td rowspan="3">It is agreed that the goods described herein are accepted in apparent good order and condition (except as noted) for carriage SUBJECT TO THE CONDITIONS OF CONTRACT ON THE REVERSE HEREOF, ALL GOODS MAY BE CARRIED BY ANY OTHER MEANS. INCLUDING ROAD OR ANY OTHER CARRIER UNLESS SPECIFIC CONTRARY INSTRUCTIONS ARE GIVEN HEREON BY THE SHIPPER. THE SHIPPER'S ATTENTION IS DRAWN TO THE NOTICE CONCERNING CARIER'S LIMITATION OF LIABILITY.
Shipper may increase such limitation of liability by declaring a higher value of carriage and paying a supplemental charge if required.</td></tr>
<tr><td colspan="2">Issuing Carrier's Agent Name and City</td></tr>
<tr><td>Agents IATA Code</td><td>Account No.</td></tr>
<tr><td colspan="2">Airport of Departure(Add. of First Carrier) and Requested Routing</td><td>Accounting Information</td></tr>
</table>

to	By first carrier	to	by	to	by	Currency	Declared Value for Carriage	Declared Value for Customs

Airport of Destination	Flight/Date	Amount of Insurance	INSURANCE-If carrier offers insurance and such insurance is requested in accordance with the conditions thereof indicate amount to be insured in figures in box marked "Amount of Insurance"

Handling Information

No. of Pieces	Gross Weight	Rate Class	Chargeable Weight	Rate/Charge	Total	Nature and Quantity of Goods

<table>
<tr><td colspan="2">Prepaid Weight charge Collect</td><td colspan="2" rowspan="3">Other Charges</td></tr>
<tr><td colspan="2">Valuation Charge</td></tr>
<tr><td colspan="2">Tax</td></tr>
<tr><td colspan="2">Total Other Charges Due Agent</td><td colspan="2" rowspan="3">Shipper certifies that the particulars on the face hereof are correct and that insofar as any part of the consignment contains dangerous goods, such part is properly described by name and is in proper condition for carriage by air according to the applicable Dangerous Goods Regulations.

____
Signature of Shipper or his agent</td></tr>
<tr><td colspan="2">Total Other Charges Due Carrier</td></tr>
<tr><td colspan="2"></td></tr>
<tr><td>Total Prepaid</td><td>Total Collect</td><td colspan="2" rowspan="2">Executed on ________ at ________ Signature of issuing Carrier or as Agent</td></tr>
<tr><td>Currency Conversion Rates</td><td>CC Charges in des. Currency</td></tr>
<tr><td>For Carrier's Use Only at Destination</td><td>Charges at Destination</td><td>Total Collect Charges</td><td>AIR WAYBILL NUMBER</td></tr>
</table>

单据十四：装运通知

SHIPPING ADVICE

Messrs：

Dear Sirs：

Re：Invoice No. ________________ L/C No. ________________

We hereby inform you that the goods under the above mentioned credit have shipped. The details of the shipment are as follows：

Commodity：

Quantity：

Amount：

Bill of Lading No.：

Ocean Vessel：

Port of Loading：

Port of Destination：

Date of Shipment：

We hereby certify that the above content is true and correct.

Company name：

Address： Signature：

单据十五:保险单

货物运输保险单

CARGO TRANSPORTATION INSURANCE POLICY

发票号:(INVOICE NO.)______________　　保单号:

合同号:(CONTRACT NO.)______________　　PLOLICY NO. ____________

信用证号:(L/C NO.)______________

被保险人:______________

Insured:______________

中国人民保险公司(以下简称本公司)根据被保险人的要求,由被保险人向本公司缴付约定的保险费,按照本保险单承保险别和背面所列条款与下列条款承保下述货物运输保险,特立保险单。

THIS POLICY OF INSURANCE WITNESSES THAT THE PEOPLE'S INSURANCE COMPANY OF CHINA (HEREINAFTER CALLED "THE COMPANY") AT THE REQUEST OF THE INSURED AND IN CONSIDERATION OF THE AGREED PREMIUM PAID TO THE COMPANY BY THE INSURED, UNDERTAKES TO INSURED THE UNDER MENTIONED GOODS IN TRANSPORTATION SUBJECT TO THE CONDITIONS OF THIS CONDITIONS OF THIS POLICY AS PER THE CLAUSES PRINTED OVERLEAF AND OTHER SPECIAL CLAUSES ATTACHED HEREON.

标　记 MARKS & NOS.	包装数量 QUANTITY	保险货物项目 DESCRIPTION OF GOODS	保险金额 AMOUNT INSURED

总保险金额:

TOTAL AMOUNT INSURED:______________

保费　　启运日期　　装载运输工具

PREMIUM:__________ DATE OF COMMENCEMENT:__________ PER CONVEYANCE:__________

自　　经　　至

FROM ______________ VIA ______________ TO ______________.

承保险别:(CONDITIONS)

____

所保货物,如发生保险单项下可能引起索赔的损失或损坏,应立即通知本公司下述代理人查勘。如有索赔,应向本公司提交保单正本(保险单共有 3 份正本)及有关文件。如一份正本已用于索赔,其余正本自动失效。

IN THE EVENT OF LOSS OR DAMAGE WHICH MAY RESULT IN A CLAIM UNDER THIS POLICY. IMMEDIATE NOTICE MUST BE GIVEN TO THE COMPANY'S AGENT AS MENTIONED HEREUNDER. CLAIMS, IF ANY, ONE OF THE ORIGINAL POLICY WHICH HAS BEEN ISSUED IN 3 ORIGINAL TOGETHER WITH THE RELEVENT DOCUMENTS SHALL BE SURRENDERED TO THE COMPANY. IF ONE OF THE ORIGINAL POLICY HAS BEEN ACCOMPLISHED, THE OTHERS TO BE VOID.

赔款偿付地点

CLAIM PAYABLE AT ____________

出单日期

ISSUING DATE ____________

Authorized Signature

中国人民保险公司上海市分公司

The People's Insurance Company of China Shanghai Branch

单据十六：进口货物报关单

中华人民共和国海关出口货物报关单

预录入编号：　　　　　　　　　　　　　　　　　　　　海关编号：

<table>
<tr><td colspan="2">出口海岸</td><td>备案号</td><td colspan="2">出口日期</td><td>申报日期</td></tr>
<tr><td colspan="2">经营单位</td><td>运输方式</td><td colspan="2">运输工具名称</td><td>提运单号</td></tr>
<tr><td colspan="2">收货单位</td><td>贸易方式</td><td colspan="2">征免性质</td><td>结汇方式</td></tr>
<tr><td>许可证号</td><td colspan="2">运抵国(地区)</td><td colspan="2">指运港</td><td>境内货源地</td></tr>
<tr><td>批准文号</td><td>成交方式</td><td>运费</td><td colspan="2">保费</td><td>杂费</td></tr>
<tr><td>合同协议号</td><td>件数</td><td>包装种类</td><td colspan="2">毛重(千克)</td><td>净重(千克)</td></tr>
<tr><td>集装箱号</td><td colspan="4">随附单据</td><td>生产厂家</td></tr>
<tr><td colspan="6">标记唛码及备注</td></tr>
<tr><td colspan="6">项号　商品编号　商品名称、规格型号　数量及单位　最终目的国(地区)　单价　总价　币制　征免</td></tr>
<tr><td colspan="6"></td></tr>
<tr><td colspan="6"></td></tr>
<tr><td colspan="6"></td></tr>
<tr><td colspan="6"></td></tr>
<tr><td colspan="6"></td></tr>
<tr><td colspan="6">税费征收情况</td></tr>
<tr><td colspan="4" rowspan="3">录入员　录入单位　　　兹申明以上申报无讹并承担法律责任

报关员

单位地址　　　　　　申报单位(签章)

邮编　　　　电话　　　　填制日期</td><td colspan="2">海关审单批注及放行日期(签章)

审单　　　　审价</td></tr>
<tr><td colspan="2">征税　　　　统计</td></tr>
<tr><td colspan="2">查验　　　　放行</td></tr>
</table>

单据十七：出口收汇核销单

出口收汇核销单存根

编号

出口单位
出口总价
收汇方式
预计收款日期
报关日期
出口单位备注： 1. 发票编号； 2. 合同(契约)编号； 3. 其他：

出口收汇核销单

编号

外汇指定银行结汇/收账情况： 我行已凭此单办理结汇/收账 年　月　日（盖章）
海关核放情况： 年　月　日
外汇管理局核销情况： 年　月　日（盖章）

出口收汇核销单

出口退税专用

编号

出口单位（盖章）：		
货物名称	货物数量	出口单价
报关单编号：		
外汇管理局核销情况： 年　月　日（盖章）		

附录 C　世界各国货币代码

代　码	中文名称	英文名称	报关代码
IDR	印度尼西亚卢比	Rupiah	112
JPY	日本元	Yen	116
MYR	马来西亚林吉特	Malaysian Ringgit	122
PHP	菲律宾比索	Philippine Piso	129
SGD	新加坡元	Singapore Dollar	132
KRW	韩元	Won	133
THB	泰国铢	Baht	136
CNY	人民币	Yuan Renminbi	142
EUR	欧元	Euro	300
DKK	丹麦克朗	Danish Krone	302
GBP	英镑	Pound Sterling	303
NOK	挪威克朗	Norwegian Krone	326
SEK	瑞典克朗	Swedish Krona	330
CHF	瑞士法郎	Swiss Franc	331
RUB	俄罗斯卢布	Russian Ruble	344
CAD	加拿大元	Canadian Dollar	501
USD	美元	US Dollar	502
AUD	澳大利亚元	Australian Dollar	601
NZD	新西兰元	New Zealand Dollar	609

附录 D　国别编码

英文缩写	英文名称	中文名称	所属洲
AE	United Arab Emirates	阿联酋	亚洲
AF	Afghanistan	阿富汗	亚洲
AL	Albania	阿尔巴尼亚	亚洲
AO	Angola	安哥拉	非洲
AR	Argentina	阿根廷	南美洲
AT	Austria	奥地利	欧洲
AU	Australia	澳大利亚	大洋洲
AZ	Azerbaijan	阿塞拜疆	亚洲
BD	Bangladesh	孟加拉	亚洲
BE	Belgium	比利时	欧洲
BG	Bulgaria	保加利亚	欧洲
BH	Bahrain	巴林	亚洲
BI	Burundi	布隆迪	非洲
BJ	Benin	贝宁	非洲
BM	Bermuda	百慕大	北美洲
BN	Brunei	文莱	亚洲
BO	Bolivia	玻利维亚	南美洲
BR	Brazil	巴西	南美洲
BS	Bahamas	巴哈马	北美洲
BT	Bhutan	不丹	亚洲
BW	Botswana	博茨瓦纳	非洲
CA	Canada	加拿大	北美洲
CF	Central Africa	中非共和国	非洲
CG	Congo	刚果	非洲
CH	Switzerland	瑞士	欧洲
CK	Cook Is.	库克群岛	大洋洲
CL	Chile	智利	南美洲
CM	Cameroon	喀麦隆	非洲
CN	China	中国	亚洲
CO	Colombia	哥伦比亚	南美洲

续表

英文缩写	英文名称	中文名称	所属洲
CR	Costa Rica	哥斯达黎加	北美洲
CU	Cuba	古巴	北美洲
CV	Cape Verde Is.	佛得角群岛	非洲
CY	Cyprus	塞浦路斯	亚洲
CZ	Czech	捷克共和国	欧洲
DE	Germany	德国	欧洲
DK	Denmark	丹麦	欧洲
DZ	Algeria	阿尔及利亚	非洲
EC	Ecuador	厄瓜多尔	南美洲
EE	Estonia	爱沙尼亚	欧洲
EG	Egypt	埃及	非洲
ES	Spain	西班牙	欧洲
ET	Ethiopia	埃塞俄比亚	非洲
FI	Finland	芬兰	欧洲
FJ	Fiji	斐济	大洋洲
FR	France	法国	欧洲
GA	Gabon	加蓬	非洲
GB	Great Britain	英国	欧洲
GD	Grenada	格林纳达	北美洲
GH	Ghana	加纳	非洲
GM	Gambia	冈比亚	非洲
GN	Guinea – Bissau	几内亚	非洲
GQ	Equatorial Guinea	赤道几内亚	非洲
GR	Greece	希腊	欧洲
GT	Guatemala	危地马拉	北美洲
GU	Guam	关岛	大洋洲
GY	Guyana	圭亚那	南美洲
HN	Honduras	洪都拉斯	北美洲
HR	Croatia	克罗地亚	欧洲
HT	Haiti	海地	北美洲
HU	Hungary	匈牙利	欧洲
ID	Indonesia	印度尼西亚	亚洲
IE	Ireland	爱尔兰	欧洲
IL	Israel	以色列	亚洲
IN	India	印度	亚洲
IQ	Iraq	伊拉克	亚洲
IR	Iran	伊朗	亚洲

续表

英文缩写	英文名称	中文名称	所属洲
IS	Iceland	冰岛	欧洲
IT	Italy	意大利	欧洲
JM	Jamaica	牙买加	北美洲
JO	Jordan	约旦	亚洲
JP	Japan	日本	亚洲
KE	Kenya	肯尼亚	非洲
KH	Cambodia	柬埔寨	亚洲
KP	R. O. Korea	韩国	亚洲
KR	D. P. R. Korea	朝鲜	亚洲
KW	Kuwait	科威特	亚洲
KZ	Kazakhstan	哈萨克斯坦	亚洲
LA	Laos	老挝	亚洲
LB	Lebanon	黎巴嫩	亚洲
LT	Lithuania	立陶宛	欧洲
LU	Luxembourg	卢森堡	亚洲
LV	Latvia	拉脱维亚	欧洲
LY	Libya	利比亚	非洲
MA	Morocco	摩洛哥	非洲
MC	Monaco	摩纳哥	欧洲
MD	Moldova	摩尔多瓦	欧洲
MG	Madagascar	马达加斯加	非洲
ML	Mali	马里	非洲
MN	Mongolia	蒙古	亚洲
MR	Mauritania	毛里塔尼亚	非洲
MT	Malta	马耳他	欧洲
MU	Mauritius	毛里求斯	非洲
MV	Maldives	马尔代夫	亚洲
MX	Mexico	墨西哥	北美洲
MY	Malaysia	马来西亚	亚洲
MZ	Mozambique	莫桑比克	非洲
NA	Namibia	纳米比亚	非洲
NE	Niger	尼日尔	非洲
NG	Nigeria	尼日利亚	非洲
NI	Nicaragua	尼加拉瓜	北美洲
NL	Netherlands	荷兰	欧洲
NO	Norway	挪威	欧洲
NP	Nepal	尼泊尔	亚洲

续表

英文缩写	英文名称	中文名称	所属洲
NZ	New Zealand	新西兰	大洋洲
OM	Oman	阿曼	亚洲
PA	Panama	巴拿马	北美洲
PE	Peru	秘鲁	南美洲
PG	Papua New Guinea	巴布亚新几内亚	大洋洲
PH	Philippines	菲律宾	亚洲
PK	Pakistan	巴基斯坦	亚洲
PL	Poland	波兰	欧洲
PT	Portugal	葡萄牙	欧洲
PY	Paraguay	巴拉圭	南美洲
QA	Qatar	卡塔尔	亚洲
RO	Romania	罗马尼亚	欧洲
RU	Russia	俄罗斯	欧洲
RW	Rwanda	卢旺达	非洲
SA	Saudi Arabia	沙特阿拉伯	亚洲
SD	Sudan	苏丹	非洲
SE	Sweden	瑞典	欧洲
SG	Singapore	新加坡	亚洲
SK	Slovakia	斯洛伐克	欧洲
SM	San Marino	圣马力诺	欧洲
SN	Senegal	塞内加尔	非洲
SO	Somalia	索马里	非洲
SY	Syria	叙利亚	亚洲
TH	Thailand	泰国	亚洲
TJ	Tadzhikistan	塔吉克斯坦	亚洲
TM	Turkmenistan	土库曼斯坦	亚洲
TN	Tunisia	突尼斯	非洲
TO	Tonga	汤加	大洋洲
TZ	Tanzania	坦桑尼亚	非洲
UA	Ukraine	乌克兰	欧洲
UG	Uganda	乌干达	非洲
UK	United Kingdom	英国	欧洲
US	United States	美国	北美洲
UY	Uruguay	乌拉圭	南美洲
UZ	Uzbekistan	乌兹别克斯坦	亚洲
VA	Vatican City	梵蒂冈	欧洲
VE	Venezuela	委内瑞拉	北美洲

续表

英文缩写	英文名称	中文名称	所属洲
VN	Viet Nam	越南	亚洲
YE	Yemen	也门	亚洲
YU	Yugoslavia	南斯拉夫	欧洲
ZA	South Africa	南非	非洲
ZM	Zambia	赞比亚	非洲
ZR	Zaire	扎伊尔	非洲
ZW	Zimbabwe	津巴布韦	非洲

参 考 文 献

[1]谢娟娟．对外贸易单证实务与操作[M]．北京:中国人民大学出版社,2017.
[2]梁树新．外贸单证实务[M]．北京:清华大学出版社,2019.
[3]黄秀丹．外贸单证实务[M]．北京:电子工业出版社,2014.
[4]曾虹．外贸单证实务技能训练教程[M]．北京:电子工业出版社,2019.
[5]孟祥年．外贸单证实务[M]．北京:中国财政经济出版社,2014.
[6]刘云．外贸技巧与邮件实战[M]．北京:中国海关出版社,2018.
[7]程颖慧,孙晓然．外贸单证实务[M].3 版．大连:东北财经大学出版社,2015.
[8]童宏祥．外贸单证实务[M].3 版．上海:上海财经大学出版社,2016.
[9]张东庆．外贸单证实务[M].2 版．北京:人民邮电出版社,2019.
[10]胡越明．外贸单证实务[M]．北京:北京理工大学出版社,2018.
[11]广银芳．外贸单证制作实务[M]．北京:清华大学出版社,2014.
[12]李贺．外贸单证实务[M].2 版．上海:上海财经大学出版社,2017.
[13]姚大伟．外贸单证实务[M]．北京:中国商务出版社,2017.
[14]蔡丽娟．新编外贸单证实务[M]．北京:中国铁道出版社,2016.
[15]曾珎．外贸单证实务[M]．北京:科学出版社,2016.
[16]吴穗珊．外贸单证实务[M].2 版．北京:电子工业出版社,2017.
[17]曹康,唐艳红．外贸单证实务与实训[M]．北京:电子工业出版社,2014.
[18]包振华,张耘．纺织品外贸单证实务[M]．北京:人民邮电出版社,2014.
[19]陆梦青．外贸单证实务学习指导与训练[M]．北京:高等教育出版社, 2011.
[20]王群飞．外贸单证实务[M].2 版．北京:北京大学出版社,2016.
[21]王盛恩,周宝玉．外贸单证实务[M]．重庆:重庆大学出版社,2019.
[22]李敏华,张晓．外贸单证实务[M]．北京:北京理工大学出版社,2012.
[23]李嘉倩．外贸单证实务[M]．北京:北京理工大学出版社,2019.
[24]曹康,唐艳红．外贸单证实务与实训[M]．北京:电子工业出版社,2014.
[25]沈生．国际贸易单证实训教程 [M].2 版．大连:东北财经大学出版社,2014.
[26]王茜．国际贸易实训教程[M]．北京:北京大学出版社,2019.
[27]田运银．国际贸易操作实训精讲[M]．北京:中国海关出版社,2015.